KB128933

21세·기·에·다·시·읽·는
프로이트 심리학

Michael Kahn, Ph. D. 저 · 안창일 역

학지사

꿈속에서든, 밝은 대낮에든 또는 정신착란 상태에서든 간에 무의식은 온갖 종류의 망상, 괴이한 생각, 공포, 혼란스러운 심상들을 우리 마음속으로 떠올려 보낸다. 우리가 의식이라고 부르는 비교적 깔끔하고 작은 거처의 마룻바닥 밑에 있는 인간 왕국은 미지의 알라딘 동굴 속으로 이어지기 때문이다. 그 동굴 속에는 갖가지 보물들이 가득 차 있지만 위험한 악귀도 살고 있다. 그 악귀는 우리가 생각해 본 일도 없고 또 우리 삶의 일부라고 감히 생각지도 않았던 불편하고 저항적인 심리적 힘들이다. 그것은 정체를 드러내지 않은 채 그냥 머물러 있거나 갑자기 떠오른 어떤 단어, 싱그러운 풀냄새, 한 잔의 차 맛 또는 한 번의 눈짓만으로도 신비스럽게 튀어 올라서 그 위험한 메신저들이 뇌 속에 나타나기 시작한다. 이러한 것들은 우리가 이룩해 놓은 우리들 자신이나 가족이라는 안전망을 위협하기 때문에 매우 위험하다. 그러나 그것들은 자기를 발견하려는 바람직스럽고도 두려운 대장정의 전 여정을 시작케 하는 열쇠를 가지고 있어 몸서리치게 매혹적이기도 한 것이다.

– 조셉 캠블의 『천의 얼굴을 가진 영웅』

|역|자|서|문

프로이트는 심리학을 공부하는 학도들의 영원한 스승이다. 1896년 독일의 분트가 심리학에 과학적 연구방법을 도입한 이래 심리학의 여러 현상들을 과학적으로 연구하기 시작하였다. 그 후부터 경험을 바탕으로 하는 프로이트식 연구방법은 과학적 심리학의 영역에서 차츰 제외되기 시작하였다. 그러나 아무리 과학적인 방법을 중요시하고 이를 사용하여도 프로이트의 탁월한 통찰은 무시될 수 없음이 밝혀졌다. 무의식, 전의식, 이드, 자아, 초자아가 어떻게 생겼는지 눈으로 볼 수 없으며 과학적으로 분석하여 설명할 수도 없다. 그렇지만 그것들이 존재하지 않는다는 것 또한 과학적으로 증명할 수 없는 것이다.

현대의 과학문명이 첨단적으로 발전되어 있다 해도 인간의 마음과 행동은 역시 프로이트의 시대에서와 똑같이 작용하고 있음은 어느 누구도 부인할 수 없을 것이다. 행동주의 심리학은 눈에 보이는 행동만을 연구대상으로 해야 한다고 강조하면서 행동을 하게 하는 기본적인 원인을 막연히 자극이라고만 했다. 똑같은 자극을 받아도 사람마다 또는 상황마다 다르게 반응하는 이유는 설명하지 못하고 있다. 비록 인지심리학에서 정보처리이론을 가지고 이를 설명해 보려 하지만 그래도 부족한 것이다.

결국 인간의 여러 가지 불가해한 행동을 이해하고 설명하기 위해서는 프로이트에게 돌아가지 않으면 안 되었다. 최근에 프로이트 이론이 다시 각광을 받고 융과 여러 정신역동이론들이 중요시되는 것은 극히 자연스러운 이치라 생각한다. 인간을 종합적으로 이해하기 위해서는 엄격한 과학적 방법과 주관적이고 경험적인 방법을 함께 사용해야 한다.

　내가 프로이트 이론에 매혹된 것은 심리학에 처음으로 관심을 갖고 심리학을 배우기 시작했던 1960년대 초였다. 아무것도 모르는 대학 신입생이었지만 『프로이트 심리학 입문』이라는 번역서를 읽고 매료되어 칼 메닝거의 『인간의 마음』이란 책을 읽게 되었고, 이 때문에 심리학을 내 인생의 벗으로 삼게 되었다. 반세기가 지난 2007년 3월 심리학 교수로서의 마지막 강의를 준비할 때, 나는 학생들에게 무엇을 가르칠까를 고민하였다. 네 권의 교재를 선택하였는데 그중 하나가 바로 이 책 *Basic Freud*였다. 우리 학생들이 심리치료에 관한 많은 이론을 공부했고 또 실습도 했지만 가장 기초가 되는 프로이트에 대한 체계적인 공부를 할 기회가 별로 없었기에, 비록 개론서에 소개될 정도의 기본적인 개념들이지만 그것부터 철저히 배우는 것이 필요하다는 생각에서였다. 학생들도 만족스러워하며 공부를 했고, 다른 사람들에게도 읽히고 싶다는 마음에서 함께 번역하자는 의견에 합의를 보았다. 7명의 박사과정 수강생들이 일차적으로 번역을 하였고, 그 후 내가 원서를 한 줄 한 줄 읽고 비교하면서 수정하고 보완하기를 여러 차례 하였다. 이 책의 저자가 문장을 멋을 내어 썼기 때문에 번역하기에 다소 어색한 부분도 있었다. 되도록 저자의 뜻을 살려 보려 애썼으나 아주 만족스럽지는 않다. 그러나 이 책의 내용들은 프로이트 심리학의 가장 기본이 되는 무의식의 개념들을 사례를 들어 설명해 주기 때문에 내담자는 물론 우리들 자신을 이해하는 데에도 많은 도움이 되리라 생각한다.

이 책에서 저자는 자신이 치료한 여러 사례들을 소개하면서 'I'라는 1인칭을 주로 사용하였다. 그래서 번역할 때도 '나'라는 1인칭으로 번역하였다. 이 번역서에 나오는 '나'는 저자인 마이클 칸 박사임을 밝혀 둔다. 더불어 이 책에 나오는 학자들과 유명인들의 이름은 우리말로 옮겼으며 원명은 '찾아보기'에 수록하였다.

나의 심리학자로서의 시작과 교수로서의 공식적인 끝맺음을 프로이트로 한 것은 내게는 크게 의미 있는 일이 아닐 수 없다. 프로이트는 심리학의 시작이요 마지막이며 프로이트 이론을 기초로 하여 모든 유용한 심리치료 이론들이 발전되었다고 나는 확신하기 때문이다. 이 책을 충분히 이해하고 나면 좀 더 높은 수준에서의 정신역동이론들을 이해하는 데 큰 어려움이 없을 것이다.

이 책을 초역하고 출판하는 데 힘을 모아 준, 나의 마지막 강의를 수강한 **김근향, 오가혜, 유은승, 윤혜영, 이원혜, 이혜경, 정지영** 등 고려대학교 임상심리학 박사과정생들의 노고를 치하한다. 이들은 모두 임상심리전문가와 정신보건임상심리사(1급) 자격증을 취득하였으며, 현재 서울의 유명 병원 정신과에서 임상심리전문가로 활약하고 있다. 이들이 앞으로 더욱 훌륭한 심리치료자가 되어 고통받는 많은 사람들에게 마음의 평안과 행복을 찾아줄 수 있기를 기원한다. 끝으로 이 번역서를 기꺼이 출판해 주신 학지사 김진환 사장 이하 편집부 직원 여러분께 감사의 뜻을 표한다.

2008. 8.

안창일

내가 세계대전에 참전했기 때문에 나의 대학 시절은 중단되었다. 그 시절은 내 일생에서 결코 다시 반복될 수 없을 것 같은 크고 작은 경험들로 꽉 차 있었다. 나는 강력한 새로운 감정과 갈등에 휩싸였고, 이들의 누적된 영향으로 인해 어찌할 바를 몰라 했다. 나는 자기 충족의 삶을 살 것인가, 아니면 군에 입대할 것인가? 많은 군인들이 그러했던 것처럼 흐트러진 생활을 결혼과 가족들의 기대에 어떻게 통합시킬 것인가? 등등.

대학에 복학했을 때, 나는 프로이트의 무의식이론을 배우게 되었고 상상조차 못했던 세계 속으로 빠져들어 갔다. 나는 흥분되어 어찌할 바를 몰랐다. 나는 여기에 나의 방황을 다룰 수 있는 길이 있다고 생각했고, 여기서 나의 감정과 갈등의 의미를 찾을 수 있었다. 나는 이 이론의 우아함과 각본의 철저한 아름다움을 발견했다. 나는 이 이론을 오랫동안 연구하고 가르쳤지만 단 한 번도 그 매력을 잊은 적이 없다. 내담자들에게 자신들을 이해하도록 도와주려 노력한 오랜 세월 동안, 나는 이처럼 그들의 세계를 밝혀 주는 어떤 다른 이론도 보지 못했다.

이 책은 그러한 아름다움과 효율성을 전달하려 시도한 것이다. 나는 프로이트의 이론 중 자신의 내면세계를 더 잘 이해하고 싶어 하는 사람들에게 도움이 될 것이라고 생각되는 부분들을 다루고자 했다. 이 책은 또한 내담자들을 더 잘 이해하고 싶어 하는 임상가들에게도 도움이 되리라고 믿는다. 정신분석을 전적으로 연구하지 않고 그 이론으로 훈련받지 않은 치료자들은 프로이트의 이론을 겨우 초보 수준에서만 배웠을 것이다. 그래서는 내담자들을 이해하고 도와주는 데 필수불가결한 도구를 충분히 갖추었다고 생각할 수 없다.

내가 이 책을 쓴 기본 정신과 독자들이 발견하기를 바라는 그 정신에 대해서는 프로이트의 정통적인 추종자인 브루노 베틀하임이 다음과 같이 명확히 표현하였다.

[우리들 영혼 속 깊숙이 자리 잡고 있는 힘들]의 출처와 잠재력을 탐색하고 이해함으로써 우리는 이러한 것들에 훨씬 더 잘 대응할 수 있을 뿐 아니라 우리 동료 인간들을 더 깊고 더 열정적으로 이해할 수 있게 될 것이다.[1]

차　례

01 서 론

이 모든 공격들의 핵심은 무엇인가? 프로이트를 구실 삼아 공격하고
자 하는 진짜 대상은 인간이 무의식적 동기를 가지고 있다는 바로 그
생각이다. 싸움은 프로이트를 둘러싸고 일어나지만, 실제 전쟁은 서양
문화가 인간 영혼에 대해 가지고 있는 이미지를 두고 일어나고 있다.
우리는 인간을 심층적인 존재, 즉 겉으로 알 수 있는 것과는 다르게
내면에 여러 겹의 다른 의미들을 숨기고 있는 복잡한 심리적 유기체
로 볼 것인가? 아니면 투명하고 숨김없는 존재로 우리 자신을 받아들
일 것인가?

— 조나단 리어의 『열린 마음』에서

프로이트의 이론 중에 비판할 만한 것을 찾아내는 것은 어렵지
않다. 철학자이자 정신분석가인 조나단 리어는 단호하게 프로이
트를 옹호하면서도, "프로이트가 가장 중요한 사례들 중 일부를
서투르게 다루었고, 그가 세운 가설들 중 잘못된 것이 많았으며,

그가 사용한 분석기법 또한 비타협적이고 강요적인 데다가, 그의 추론은 무모해 보이기까지 한다"[1]라고 순순히 인정했다. 실제 프로이트에 대한 많은 비판들은 타당한 것이어서, 그의 이론은 물론 기법들까지도 이후에 끊임없이 개선되면서 점점 더 다듬어졌다. 그럼에도 불구하고 프로이트는 사람들이 자기 자신과 자신의 마음을 바라보는 관점에 급격한 변화를 일으키게 하였다. 프로이트와 그의 후계자들의 통찰은 우리들에게 두말할 것 없이 교육적이고 본받을 만한 것이며 임상가들에게 없어서는 안 될 것들이다.

오늘날 대학에서는 프로이트나 다른 **정신분석**이론에 대한 강의가 흔치 않고, 대부분의 심리학 개론서에도 프로이트는 간단하게 그리고 단지 역사적 인물로만 언급되고 있을 뿐이다. 그의 저서 중 하나인 『문명과 그 대가(Civilization and Its Discontents)』는 비정규적인 추천도서 프로그램에서만 가끔 소개되고, 수박 겉핥기 식의 인류학, 문학 강의에서 프로이트를 약간 다루는 정도이다. 그러나 프로이트의 저서가 처음 출판된 이후로 극히 소수의 대학만이 그를 중요한 심리학자로 지목하여 학생들에게 가르쳤다. 대부분의 학문적 권위자들은 프로이트의 작업을 비과학적이고 사변적인 것으로 보았고, 그래서 학부생들에게는 적절하지 않다고 생각했다. 무의식적 동기에 관심이 있는 우리로서는 무의식에 관한 이론이 학문적 권위자들을 동요시키고 심란하게 만드는 또 다른 이유가 있지 않을까 추정해 본다.

오늘날 심리치료를 배우는 학생들에게조차 왜 정신분석이론은 가르쳐지지 않는 것일까? 제2차 세계대전과 1960년대 사이에 심리치료를 배운 대부분의 학생들은 많은 양의 정신역동이론을 공부했고, 정신역동이론을 알아야만 제대로 훈련받은 것이라고 여겼다. 그러나 현재는 그렇지 못하다. 무엇이 변했는가? 아마도 가장 적절한 설명은 프로이트의 인기가 떨어졌다는 것이 될 것이다. 많은 **여성주의자**들은 그의 이론에 나타난 바람직하지 못한 여성상에 대해 이의를 제기했으며, 1960년대의 정치적 상황 속에서 프로이트는 가부장적 압제의 상징이 되었다. 인간주의 심리학자들은 프로이트를 비관적이라고 여겼다. 1960년대 이전에도 사람들이 프로이트에게 등을 돌렸던 시기가 있었고, 그의 이론은 1800년대에 **비엔나 의학협회**에 발표된 이후로 사람들의 지지를 얻었다가 잃었다가 하는 과정을 되풀이했다.

프로이트의 생각을 받아들이느냐 마느냐를 놓고 서로 논쟁하는 두 가지 세력이 있다. 첫째는 프로이트의 이론들을 좋아하지 못하게 만드는 그 이론의 당황스러운 본질에 대한 저항이다. 그 이론이 암시하는 못마땅한 점은 곧 인간의 의식적 마음은 단지 빙산의 일각일 뿐이며 우리의 생각과 감정, 특히 동기가 중요한데 그것은 우리가 알 수 없을 뿐 아니라 때로는 순수하지도 않고 선량하지도 않다는 것이다. 그것은 마치 우리가 가벼운 희극배우들이라고 믿고 있었는데 갑자기 아무것도 모르는 **시극**(poetic drama)에서 실제로 배역을 담당한다고 생각하도록 요청받는 것과 같다. 프로이트식 사고가 주기적으로 각광을 받게 되는 배후에 있는 또 다른 힘은 바로 이 극의 매력이었으며 또 이 극에 대해 알게 되면 정서적 고통이 감소될 수 있다는 신념이었다.

프로이트의 인기는 다양한 하위문화에서 높아지기도 하고 낮아지기도 한다. 많은 여성주의자들이 그의 생각을 파괴적이라고 했던 1970년대 이후에 일부 중요한 여성주의 사회학자와 심리학자들은 그 이론이 주장하는 무의식의 역동을 이해하지 않고서는 여성들에 대한 성차별적 생각의 근본을 이해할 수 없음을 증명하였다. 우리는 뒤에서 낸시 초도로와 제시카 벤자민이 여성주의와 정신분석학을 어떻게 통합시켰는지를 살펴보게 될 것이다. 또한 1970년대에는 정치적 감각이 있는 치료자들은 덜 권위적인 방식으로 정신분석을 하는 방법을 보여 주기 시작했다. 치료자는 절대로 틀리지 않고 환자는 절대로 옳지 않다는 전통적인 견해에 그들은 도전했고, 보다 친절하고 인간적인 치료 분위기를 발전시켰다. 그들은 치료실에서 두 사람의 동등한 **협조자***가 환자의 심리적 해방을 위해 노력한다는 것을 깨달았다. 이로써 우리가 프로이트를 덜 악마시하는 시기에 접어들게 된다.

그러나 정신분석의 역사에서 인기의 상승에는 반드시 하락이 뒤따랐다. 1990년대에는 현대의 신경학과 정신약물학에 의해 프로이트의 이론이 부적절하다는 것이 발견되었다고 주장하는 책들과 논문들이 넘쳐났다. 1998년 미국의회도서관에서 프로이트 연구물 전시에 대한 공고가 났을 때 상당한 감정적 저항이 일어났다. 프로이트가 그러한 상황을 보았다면 놀라기보다는 아마도 박물관 전시에 대해 그토록 감정적으로 반응한다는 바로 그것이 자

---

* 역주: 치료자와 환자가 동등한 입장에서 함께 노력한다는 뜻임.

신의 이론으로 가장 잘 설명될 수 있다고 지적했을 것이다.

1990년대 심리학자들에 의한 프로이트 비판 중 하나는 그의 생물학적 오리엔테이션과 관련이 있었다. 19세기 생물학에 기원을 둔 프로이트 이론은 본능과 그 발달의 필연성을 강조하였다. 프로이트에게 있어 본능이란 곧 욕구를 의미했다. 즉, 본능은 모든 인간들의 타고난 욕구로서 충족되기를 원하는 것이다. 예를 들면, 음식 섭취, 성, 자기 보존 등에 대한 욕구들이 있다. 프로이트는 이러한 본능들을 반복적으로 분류하면서 상충하는 욕구들 사이에서의 인간의 기본적인 갈등을 이해하는 방법을 찾으려 했다. 그의 삶의 마지막에 와서 그는 이 모든 본능들이 결국에는 **'삶의 본능'**과 **'죽음의 본능'**이라는 두 가지 부류로 묶인다고 믿게 되었다. 이 두 가지는 문자 그대로 서로 반대되는 성향을 가지고 있어서 둘 사이의 싸움이 우리를 끊임없이 고통스럽게 하는 원인이 된다.

프로이트가 생물학적 훈련의 영향을 입었다고 하는 또 하나의 예는 그가 나중에 발전시킨 잠복기라는 개념이다. 프로이트는 성적 추동이 7세 전후로 눈에 띄게 감소하다가 사춘기에 다시 극적으로 되살아나는 선천적인 생물학적 경향이 있다고 믿었다. 이러한 두 가지 단계의 **성적 추동**(sex drive)은 인간이 신경증에 걸리게 되는 원인 중 하나이다. 그는 이 **잠복기**에 욕정의 양과 애정의 양에 변화가 생기면서 욕정 쪽이 멈추는 동안 애정 쪽은 계속 발달한다고 생각했다. 이후의 내용에서 보게 되겠지만, 이러한 불균형 상태("욕망은 있으나 사랑할 수 없고, 사랑하지만 욕망은 없다")는 불행의 주요 원인 중 하나다. 이러한 문제가 존재할 뿐 아니라 실제로 일어나고 또 고통을 야기한다는 점을 부정하는 현대의 치료자는 거의 없다. 그러나 이에 대한 프로이트의 생물학적 설명을 받아들이는 치료자 또한 현재로서는 거의 없을 것이다.

삶의 본능과 죽음의 본능 사이의 갈등 그리고 잠복기의 영향은 프로이트의 생물학적 오리엔테이션을 보여 주는 여러 가지 예들 중 단지 두 가지에 불과하다. 유전이냐 환경이냐의 논쟁에서 많은 경우 프로이트는 확고하게 유전, 즉 본능을 주장하는 쪽에 서 있다. 이렇듯 편향된 그의 생각에 대한 비판은 일찍 시작되었고 아직도 수그러들지 않고 있다. 프로이트가 초기 경험의 영향, 특히 아동이 양육자와 맺는 초기 관계의 영향을 무시했다는 논쟁이 있는데, 이는 확실히 타당한 논쟁이다. 프로이트는 본능적 추동을 포함한 무의식의 초기 발달에만 집중했을 뿐 양육자와의 초기 관계가 어떤 영향을 가져오는지에 대해서는 전혀 연구하지 않았다. 그래서 이러한 관계를 강조하는 '대상관계(object relations)'에 대한 연구가 필요하게 되었고, 정신역동에 관한 연구에 기꺼이 추가할 연구 주제로 받아들여졌다.

심리학자들은 때때로 '추동이론'과 '대상관계이론'을 놓고 논쟁하기도 한다. 그러나 두 이론 모두가 옳기 때문에 이러한 논쟁은 불필요한 것으로 보인다. 성적 추동은 분명히 존재하는 것이고, 또 이 추동이 표현되는 방식은 초기 관계에 의해 크게 결정된다는 것 또한 분명하다.

이제 우리는 많은 치료자들이 무의식에 관한 프로이트의 이론 없이도 심리치료를 해 나갈 수 있다고 믿었던 오랜 시기를 벗어나기 시작했다. 물론 **행동주의자**들과 **인지치료자**들처럼 아직도 그렇게 생각하는 치료학파들이 있다. 그러나 이런 **비정신역동학파**들을 제외하고는 비록 그들이 프로이트를 따르든 따르지 않든 간에 점점 더 많은 치료자들이 행동을 결정하는 무의식적 힘이 무엇인지 알지 못하고서는 내담자를 이해하기 어렵다고 생각한다.

프로이트에 대한 관심이 새롭게 살아나고 있다는 증거로 정신분석을 훈련시키는 기관의 수가 늘어나고 있다는 점을 들 수 있을 것이다. 예를 들어, 샌프란시스코에는 수십 년 동안 그러한 기관이 오직 한 곳뿐이었지만, 지금은 4개나 되고 정신분석 훈련을 받으려는 지원자 수 또한 증가하는 추세다. 이와 비슷한 양상이 뉴욕이나 로스앤젤레스에서도 나타나고 있다.

아마도 프로이트의 인기가 떨어졌다가도 되살아나는 이유는 모든 말과 행동을 이해하려면 그의 이론이 꼭 필요하기 때문일 것이다. 임상가에게 있어 프로이트 이론이 필요한 이유는 무의식적인 과정에 대한 지식과 내담자의 무의식적 내용에 대한 프로이트의 지침 없이는 내담자를 이해하기가 어렵기 때문이다. 한 예로 그러한 지식과 지침이 없었더라면 나는 샘이라는 내담자를 상담하기가 매우 어려웠을 것이다.

샘은 한 여자만을 사랑할 수 없는 자신이 못마땅했다. 한 여자만 사랑하는 것은 마치 배신처럼 느껴진다는 것이다. 무엇에 대한 그리고 누구에 대한 배신인지는 알 수 없었다. 사실 그는 12세 때 사랑하는 어머니를 잃었는데, 그에게 가장 소중한 기억은 어머니가 돌아가실 즈음 곰돌이 푸 이야기의 끝부분을 읽어 주며 우셨던 것이다. 크리스토퍼 로빈은 자신이 곰인형을 가지고 놀기에는 나이가 너무 많아지고 있다는 것을 알았다. 그는 푸를 숲속의 아름다운 곳으로 데리고 가서 "이곳에서 한 소년과 그의 곰이 영원토록 친구가 되기로 했음을 기억하자"라고 말했다. 이제 나는 샘이 자기 삶의 이런 측면을 이해할 수 있도록 돕기 위해 무엇부터 시작해야 할지 알게 되었다. 샘의 마음속에는 그가 알지 못하는 어떤 연결고리가 있음을 나는 알았다. 그것은 어머니를 잃은 슬픔과 어머니가 돌아가시기 전에 둘 사이에 무언의 약속을 했다고 믿는 것과 관련이 있다고 나는 생각했다. 그리고 한 여자만을 사랑한다는 것이 어머니와의 무언의 약속에 대한 배신이라고 그가 믿고 있을 가능성이 크다고 생각했다. 프로이트로부터 나는 이런 연결이 무의식적으로 일어날 수 있다는 것을 배웠고, 4장에서 보게 되겠지만 12세 소년과 그의 어머니 사이에 있을 법한 관계에 대해서도 많은 것을 배웠다.

『천의 얼굴을 가진 영웅(The Hero with a Thousand Faces)』에서 캠블은 우리 마음의 지하세계와 소통하는 것의 아름다움과 그 힘에 대해 일깨워 준다. 『열린 마음(Open Minded)』에서 리어는 프로이트를 단순히 신경증 치료자로 생각하는 것은 실수라고 말한다. 그는 소포클레스와 셰익스피어로 거슬러 올라가는 전통에서의 인간의 조건을 심오하게 탐구하였으며, 그 결과 지금 당장에는 알지 못하는 인간 행복에 대한 중요한 의미를 찾게 되었다.

정신분석과 **푸로작**(Prozac)을 단지 같은 목표를 위한 다른 수단으로 생각하는 것은 실수다. 정신분석은 우리로 하여금 우리의 목적이 무엇이어야 하는지를 명확하면서도 훨씬 더 융통성 있고 창조적으로 알 수 있게 해 준다. "우리는 어떻게 살 것인가?"는 소크라테스에게 있어 인간 존재의 근본적인 질문이었고, 그에 답하려는 시도는 그에게 인간의 삶을 가치 있게 만드는 것이었다. 그리고 어둠 속에서 유리를 통해 얼핏 볼 수 있는 인간 영혼을 관통하고 때로는 역류하기도 하는 의미의 깊은 흐름이 있다고 주장하여 이 문제를 복잡하게 만든 사람들이 바로 플라톤, 셰익스피어, 프루스트, 니체였으며 가장 최근에는 프로이트다. 이것은 굳이 말하자면 서구의 전통이라고 할 수 있다. 즉, 어떤 특정한 가치들이 아니라, 어떻게 살아야 하는가에 대한 질문에 쉽게 답하기에는 인간의 영혼이 너무 심오한 곳에 있다고 하는 신념이다.[2]

프로이트의 공헌 중 핵심은 바로 무의식에 대한 서술일 것이다. 무의식이라는 단어는 많은 의미를 지니고 있다. '잠들어 있는' 이라는 의미도 있고, 빨간 신호등을 보고 멈추는 것과 같은 '자동적'이라는 의미도 있으며, 주위에서 어떤 일이 벌어지고 있는지 모르는 '멍한' 상태를 의미하기도 하며, 많은 연습 후에 야구공을 쳐낼 수 있는 것처럼 **신경학적으로 프로그램된** 것을 의미할 수도 있다. 프로이트는 **무의식**이란 용어를 다음과 같은 의미로 사용하였는데 나도 이 책에서 같은 뜻으로 사용할 것이다. 즉, 무의식이란 정신생활의 가장 큰 부분을 차지하고 있지만 우리가 의식하지 못하는 충동과 생각, 소망과 공포로서 암암리에 우리의 태도와 행동에 강력한 영향력을 발휘하는 부분이다.

정신생활의 많은 부분을 알 수 없으므로, 우리는 종종 저변에 깔려 있는 동기들에 대해 까맣게 모른 채 행동한다. 알렉스라는 내담자가 여자친구와 결별하기로 작정했을 때, 그는 그녀가 매력적인 동반자가 아니기 때문이라고 생각했고 그것이 자신에게는 결별의 동기처럼 보였다. 그러나 내가 알렉스에 대해 아는 바에 따르면, 프로이트의 이론에서처럼 알렉스는 그녀와 헤어지는 것에 대한 숨겨진 동기가 있기 때문에 충분히 '매력적인' 동반자를 절대로 찾을 수 없을 것이다. 동기에 대한 정신분석학적 이론은 우리가 하고 있는 어떤 행동이나 생각 또는 신념의 이유를 밝혀 주려 한다. 이러한 행동과 사고 및 신념들은 대체로 무의식적인 동기의 결과인데, 이것이 바로 이 책의 주제이다.

내담자들은 종종 자신이 가진 문제 때문에 고민한다. 자신의 행동이 마음먹은 것과는 반대로 될 때가 있는데 그 이유를 이해할 수 없기 때문이다. 이 때문에 사람들은 치료를 받으러 오게 된다. 만약 사람들이 자신의 생각이나 감정, 충동, 두려움, 태도, 동기를 다 이해할 수 있다면 치료자가 필요하지 않을 것이다. 이렇듯 고민하게 되는 이유는 자신의 마음 상태의 대부분이 무의식적이어서 알 수 없기 때문이다. 치료자는 내담자가 그 숨겨진 내용을 알아볼 수 있도록 돕기 위해 무의식에 대한 실용적인 지식을 갖추어야 한다. 이 영역에 대한 통찰만으로 내담자가 편안해질 가능성은 거의 없지만—내담자는 상담을 통해 치유되는 경험 또한 필요하다—통찰은 확실히 필요한 것이다.

정신분석 이론가 로버트 스톨로로와 그 동료들에 따르면,[3] 우리는 우리가 살고 있는 복잡한 세상을 이해하기 위해 어릴 때부터 사물을 구분하는 체계적 원칙들을 발달시킨다. 이 원칙들은 기본적으로 잘 변하지 않는 성질이 있어 그에 반대되는 증거가 있을 때조차도 바꾸기가 어렵다. 그중 대다수는 무의식적인데, 그것은 아주 어린 시절에 형성되었기 때문이거나 정서적으로 너무 위협적이어서 억압할 수밖에 없는 상황과 연결되어 있기 때문이다. 아주 어릴 때 사랑하는 부모를 잃은 사람은 자신이 누군가를 사랑하는 것은 위험하다는 무의식적인 원칙을 세워 가질 수 있다. 또 자신을 시기하는 부모를 가진 사람은 무의식적으로 자신이 아름다워져서는 안 된다는 원칙을 세워 놓았을 수 있다. 이렇듯 우리 모두는 스스로는 의식하지 못해도 우리 행동에 강력한 영향을 미치고 있는 체계적 원칙들을 가지고 있다. 스톨로로는 치료의 가장 중요한 측면이 바로 이 보이지 않는 원칙들을 내담자에게 보이게 만들어서 그중 어떤 것을 활용할 것인지를 선택하게 하는 것이라고 하였다. 다음은 우리가 감당하기 어려운 두 가지 체계적 원칙을 보여 주는 사례다.

아서는 성공이 임박할 때마다 포기하고 싶은 욕구가 일어나 치료자를 찾았다. 가족사에 대해 얘기하던 중 한 가지 생각이 떠올랐다. 아주 어렸을 적의 일이 기억났는데, 어린 남동생이 정신적으로 지체되어 있어서 학교생활 적응에 어려움을 겪었다. 그에게 남동생은 그가 아는 가장 사랑스러운 사람이자 가장 친한 친구였다. 아서는 졸업을 하고 학위를 받아 경력을 쌓았지만 성공의 문턱에 이르러 매번 좌절하고 마는 경향이 있었다. 치료를 받으면서 그는 자신이 사랑하는 동생을 뒤에 멀리 남겨 두고 앞서 나가는 것에 대한 슬픔이 일종의 '생존자 죄책감' 을 야기했고, 그로 인해 성공이 임박할 때마다 포기하고 마는 행동을 반복한다는 사실을 명확히 알게 되었다. '만약에 내 동생이 성공하지 못한다면 나 역시 성공의 영광을 누릴 권리가 없다' 는 것이 그의 무의식적인 체계적 원칙이었다.

치료자는 어떤 방법으로도 데보라를 기쁘게 할 수 없다는 생각이 들어 고민하기 시작했다. 그녀는 치료자가 냉담하다고 불평하는가 하면, 때로는 치료자의 따뜻한 태도에 대해서도 불평하기를 반복했다. 치료를 통해 마침내 그녀의 어머니는 사랑스럽고 가련해 보이고 매혹적이었던 반면, 아버지는 멋있지만 감정 표현이 없는 사람이었다는 것이 밝혀졌다. 그녀는 모든 인간관계에서 그런 두 가지 선택만이 가능하다고 무의식적으로 믿으며 치료를 받기 시작한 것이다. 치료자는 그녀가 치료자를 때로는 어머니로 때로는 아버지로 대하는 것을 무의식적으로 반복하고 있음을 이해하게 되었다. 치료자는 데보라에게 그녀가 가진 원칙 때문에 다른 사람에게 기대하는 정도가 극히 제한적이었음을 알려 줌으로써 그녀를 도울 수 있었다.

무의식적 동기가 내담자를 힘들게 한다는 것이 명확해짐에 따라 치료자는 두 가지 과제를 수행해야 한다. 첫째는 내담자를 힘들게 하는 무의식의 역동을 파악하는 것이고, 둘째는 그것을 내담자에게 잘 설명해 줄 수 있는 방법을 찾는 것이다. 내담자의 감정과 동기를 파악하기 위해서는 무의식의 역동을 이해해야 한다. 이렇게 이해한 내용을 내담자가 잘 활용할 수 있도록 전달하는 것은 치료의 가장 미묘하고 정교한 부분이다. 이에 대해서 좀 더 알아보도록 하자.

앞서 언급했지만, 보이지 않는 동기를 보이게 만드는 것이 치료에서 필요하지만 그것만으로는 충분치 않다. 이 책에서 다루고자 하는 주제는 무의식적인 동기란 무엇이며 그것을 어떻게 이해하여 내담자에게 전달할 것인가 하는 것이다. 그 밖의 다른 치료 요소들도 중요하지만 이 책에서는 다루지 않겠다. 그러나 그 요소들의 필요성은 강조된다. 환자의 증상이 무의식적 동기를 표상한다는 것을 처음 발견했을 때 프로이트는 자기가 알아낸 그 내용을 환자에게 알려 주기만 해도 그것이 야기하는 증상을 없앨 수 있다고 생각했다. 그러나 무의식을 밝히는 것만으로는 증상이 경감되지 않았고, 그랬다 해도 일시적인 것에 불과했음을 알고 매우 실망했다.

그 이후로 치료자들은 심리치료를 통해 변화를 일으키려면 통찰 외에 무엇이 더 필요한지를 알려고 노력해 왔다. 대다수의 정신역동치료 학파의 학자들이 치료자와 내담자 간의 관계의 질에 주목하여 그 해답을 찾으려 했다. 이에 대해서는 11장에서 다룰 것이다. 그러나 현 단계에서는 비록 충분하지는 않지만 무의식적 동기를 이해하고 그 내용을 내담자에게 잘 전달할 수 있는 치료자의 능력이 절대적으로 필요하다는 것을 강조하고 싶다.

무의식적 동기에 대한 연구가 중요한 것은 치료에서 내담자를 이해하기 위한 것뿐 아니라 우리 자신을 이해하는 데도 매우 중요하다. 무의식적 공포와 죄책감은 우리 삶에서 우리가 알 수 없는 방식으로 작용한다.

조앤은 건강한 젊은 기혼 여성으로 아이를 갖는 것에 대한 두려움, 특히 분만 중 자신이 죽을 것이라는 두려움을 가지고 있었다. 그녀는 꿈을 꿨는데 꿈속에서 신령이 나타나 "네가 누군가를 죽이면 그 귀신이 너를 죽여서 복수하려 할 것이니 그 살인 현장을 반드시 피해야 한다"라고 말했다는 것이다. 사실 그녀의 아버지는 산부인과 의사였고 아이를 분만시키다 돌아가셨다고 한다. 어떤 알 수 없는 이유로 아버지가 사망한 것은 그녀의 책임이라고 느끼고 그 결과를 두려워하게 되었음이 곧 명확해졌다.

무의식에서는 이상한 연결이 이루어진다. 우리는 어떤 것에 대해 그것이 마치 다른 무엇인 것처럼 반응하고, 어떤 사람을 대할 때에도 그 사람이 마치 다른 사람인 것처럼 대한다.

앤서니는 어떤 동료와 긴밀한 협력이 필요한 직업에 종사했다. 수년간 그들은 잘 지냈고 같이 즐겁게 일했다. 그런데 최근에 둘 사이에 심각한 마찰이 있었다. 앤서니는 동료를 비판적이고 공격적이라며 비난했다. 그는 동료가 그 좋은 직업을 그만두려 하고 있다는 것에 대해 매우 흥분해 있었다. 앤서니와 그의 치료자는 이 문제의 발단을 추적하면서, 앤서니는 동료와 의견이 맞지 않을 때마다 격렬하게 말다툼을 했다는 것을 알게 되었다. 점차 앤서니는 자신이 나쁜 감정이 진정될 때까지 잘 기다리지 못한다는 것을 알게 되었다. 또한 동료는 실제로 몇 번이고 화해를 시도했으나 앤서니가 이를 받아들이지 않았다는 것도 알게 되었다. 얼마간의 탐색 후, 앤서니는 동료에 대한 자신의 반응이 예전에 매우 화를 잘 내고 비판적이었던 자신의 어머니에게 했던 것과 비슷한 방식이었다는 것을 깨달았다.

사실 우리가 불평하는 상황은 이전에 우리가 연출한 적이 있던 상황이며, 그래서 그것을 쉽게 바꾸려 하지 않는다는 것을 흔히 발견한다. 이러한 관점에서 결혼은 그 좋은 예라고 할 수 있다.

칼과 캐서린은 부부치료자를 찾았다. 칼은 캐서린이 불감증이라고 불평했고, 캐서린도 이에 대해 부끄러워하며 동의했다. 그들은 이전에 성치료자를 찾은 적도 있었다. 부부치료자가 이전의 상담에서 그들이 어떤 충고를 받았는지를 묻자, 칼은 그 충고를 소용없는 것이라 생각하며 따르지 않았다고 캐서린이 대답했다. 치료자는 캐서린이 칼을 보호하기 위해 자신에게 불감증이라는 딱지가 붙도록 내버려 두는 것은 아닌지 의심했다. 그리고 치료하는 과정에서 치료자와 내담자 부부는 칼이 두 가지 뿌리 깊은 공포를 가지고 있다는 것을 알게 되었다. 즉, 그는 성적으로 무능할까봐 두려워했고, 자신이 그녀의 욕구를 충족시켜 주지 못한다면 그녀가 그를 배신하고 다른 남자에게 가버릴지도 모른다는 두려움을 가지고 있다. 그러나 이런 모든 사실들을 아무도 모르고 있었다.

2장에서 우리는 프로이트가 무의식이 무엇을 의미한다고 보았는지, 무의식에 대해 우리에게 가르쳐 준 것이 무엇인지 살펴볼 것이다. 그다음 그의 방대한 업적(그는 무려 24권의 책을 썼다) 중에서 프로이트의 무의식 이론을 가장 잘 조명해 주고 이 이론이 우리 자신들을 얼마나 잘 이해할 수 있게 했는지를 보여 주는 주제들을 선택해서 살펴볼 것이다.

프로이트의 성적 발달 이론에 대해서는 3, 4장에 걸쳐 살펴볼 것인데 특히 프로이트가 가장 자부심을 갖고 있는 **오이디푸스 콤플렉스** 이론을 관심 있게 살펴볼 것이다. 어떤 사람에게는 애정과 욕정을 함께 주고 받을 수 있는 진심으로 만족스러운 반려자를 찾는다는 것이 매우 어려운 일이다. 프로이트는 우리가 이러한 문제를 이해하는 데 어떤 도움을 주는가?

5장에서는 프로이트의 가장 주된 설명 개념 중 하나인 **강박적 반복행위**에 대해 살펴볼 것이다.

6장부터 8장까지는 **불안**과 **죄책감**에 대한 프로이트의이론과 불안으로부터 우리 자신을 보호하는 방식인 방어기제이론에 대해 살펴볼 것이다. 우리 모두는 오래된 위험, 오랜 과거에 대해 두려워하는 것 같다. 또 우리는 한 번도 실행에 옮긴 적이 없고 오로지 소망만 하는 것에 대해서도 큰 죄책감을 갖는 경향이 있다. 우리는 우리 자신의 뿌리 깊은 소망을 의식하지 않기 위해 우리 삶을 제한한다. 프로이트의 무의식이론은 이런 보편적인 인간 현상에 대해 어떻게 설명하는가?

9, 10장에서는 **꿈**과 **슬픔**, **애도**에 대한 프로이트의 이론을 살펴본다. 임상 실제에 있어 프로이트가 가장 크게 공헌한 것 중 하나는 상실에 대해 충분히 슬퍼하지 못한 결과가 어떤 것인가를 밝혀 준 것이다. 그가 발견한 역설적인 사실은 상실의 고통을

피하려는 시도가 오히려 더 오래 고통을 지속시킬 수 있다는 것이다. 이 역설을 이해할 수 있는가?

11장은 치료관계의 무의식적 측면이라는 모든 내담자와 치료자의 주요 관심 영역을 다루고 있다. 임상 장면에서의 관계는 언제나 내담자와 치료자 모두에게 외견상 보이는 것보다 더 풍부하고 복잡하다. 실제로 이런 복잡성은 내담자에게 매우 가치 있는 것이다. 어째서 그런가?

02 무의식

프로이트는 그의 『개론 강의(Introductory Lectures)』 중에서 다음 이야기를 들려준 적이 있다.

나는 젊은 부부의 초대를 받은 적이 있었는데 그 젊은 부인이 유쾌하게 웃으면서 최근 경험을 얘기하는 것을 들었다. 그날은 신혼여행에서 돌아온 다음 날로, 그녀는 남편이 일하러 나간 사이에 미혼의 여동생과 함께 쇼핑을 나갔다. 그녀는 갑자기 길 건너에 있는 한 신사를 보고 옆에 있는 동생을 팔꿈치로 쿡쿡 찌르면서 소리쳤다. "저기 봐, 저기 L 씨가 간다." 그녀는 그때 그 신사가 최근 몇 주 동안 자신의 남편이었다는 사실을 깜빡 잊고 그렇게 말한 것이다. 나는 이 이야기를 들으면서 오싹했지만 감히 어떤 추론은 하지 않았다. 몇 년이 지나 그 결혼이 불행하게 끝났을 때 나는 이 작은 사건이 생각났다.[1]

프로이트가 당시에는 추론하지 못했던 것은 바로 이러하다. 즉, 비록 의식은 못했지만 그녀는 그 결혼이 자기가 원하던 결혼이 아니라는 것을 처음부터 '알고' 있었다는 것이다.

프로이트가 무의식을 처음 발견한 것은 아니다. 무의식적인 정신생활의 존재와 중요성은 그 이전에도 다른 이들이 생각했었고 당대의 인물들 중에서 적어도 한 사람 정도는 그것을 탐구하고 있었다. 물론 시인과 희곡 작가들은 오래전부터 무의식의 존재를 알고 있었다. 프로이트는 다만 무의식적 과정의 작용과 그 내용에 대해 우리에게 더 많은 지식을 보태 주었고, 그 지식들이 내담자를 돕는 치료자의 능력과 우리 자신 및 타인의 정신적 삶의 본질을 이해하는, 우리 모두의 능력을 얼마나 많이 증가시킬 수 있는지를 보여 준 것이다.

무의식에 대한 프로이트 이론의 기본 설명은 복잡하지 않다. 우리는 어떤 느낌이 들 때 왜 그렇게 느끼는지 모르고, 우리가 무엇 때문에 그렇게 두려워하는지 모르며, 우리가 왜 그런 생각을 하는지 모른다. 특히 우리는 왜 그러한 행동을 하는지를 모른다. 우리의 **감정, 공포, 사고** 및 행동의 대상이나 이유는 겉으로 보기보다 훨씬 더 복잡하고 흥미롭다.

우리는 어떤 느낌을 갖지만 그 이유는 모른다.

맥스는 어떤 일 때문에 어머니에게 무척 화를 냈는데, 내가 보기에는 그것이 그렇게 심한 감정 반응을 불러올 정도의 일은 아닌 것 같았다. 그만큼의 분노를 일으키는 데에는 분명 어떤 다른 이유가 있을 것 같았다.

우리는 두려움을 갖지만 그 이유는 모른다.

마티는 전화받는 것을 피하기 위해서는 무엇이든 하는데, 어쩔 수 없이 전화를 꼭 받아야 할 경우에는 가슴이 뛰고 진땀이 나며 숨을 쉬기 어려운 불안 증상을 보인다. 그는 전화가 오면 왜 그토록 두려운지 도무지 알 수가 없었다.

우리는 어떤 생각을 하지만 그 이유는 모른다.

레베카는 자신이 사랑스럽지 않다고 생각한다. 주변 사람들이 그녀를 사랑한다고 말해 주어도 아무 소용이 없다. 사람들의 말을 믿지 못하고 여전히 자신은 사랑스럽지 않다고 확신한다.

우리는 어떤 행동을 하지만 그 이유는 모른다.

조지는 주말 내내 비디오게임으로 시간을 보내어 중요한 시험에서 낙제하고 말았다. 조금만 공부했어도 좋은 성적을 받을 수 있는 시험과목이었다. 그는 그 게임을 별로 즐기지도 않았으며 시험본 과목에 대해서는 실제로 상당한 흥미를 가지고 있다고 했다.

프로이트는 강의에서 **무의식***의 개념을 설명하기 위해 한 환자

---

* 무의식(unconscious)이란 용어를 형용사로도 사용하고, 마음의 한 부분(명사)으로도 사용한 경우가 정신분석 역사에 많이 있다. 프로이트는 사고의 질을 기술하는 형용사로 이 용어를 가장 유용하게 사용했다. 나도 이 책에서 그렇게 사용한다. 그

의 예를 들었다. 이 환자는 옆방으로 서둘러 들어가서 특정 테이블 옆에 서서 하녀를 부르고 싶은 충동을 참을 수 없었다. 그런 다음 하녀를 돌려보내고는 또 금방 똑같은 일을 반복해야 할 것 같은 느낌이 들곤 했다. 그녀는 이 행위가 무슨 의미가 있는지 전혀 몰랐고 이로 인해 매우 고통스러워했다. 그러던 어느 날 그녀는 우연히 그 의미를 이해하게 되었다.

사실 그녀는 잠시 동안 함께 살았던 남편과 별거 중이었는데, 결혼 후 첫날밤에 남편은 발기불능이었다. 밤새도록 남편은 그의 방에서 그녀의 방으로 서둘러 건너와 성교를 시도하고 실패하기를 반복했다. 다음날 아침 남편은 하녀에게 그의 신부가 처녀성을 잃었다고 믿게 하기 위해 이불에 빨간 잉크를 부었다. 그러나 워낙 서둘러서 잉크를 쏟는 바람에 그 계략은 실패로 돌아가고 말았다.

별거 후 그녀는 독신으로 외롭게 살았는데 남편에 대한 과장된 존경심을 보이는 이런 강박적인 행위 때문에 그녀의 생활은 제대로 굴러가지 못했다. 그녀가 하녀를 부를 때에는 그녀 옆에 있는 테이블에 얼룩 자국이 있는 테이블보를 씌워 둔다고 프로이트에게 말했다. 그러고는 하녀가 그 얼룩을 확실히 볼 수 있도록 그 옆에 서 있었다.

이 환자는 얼룩을 하녀에게 상징적으로 보여 줌으로써 남편을 수치스러운 상황에서 구하기 위한 습관적 행위를 무의식적으로 고안

러나 가끔은 이 문장에서처럼 무의식적 정신 사건들의 모든 집합을 기술하는 명사로 사용하기도 한다.

해 냈다. 프로이트가 처음에 그 이유를 물었을 때, 그녀는 그 행위의 의미를 전혀 몰랐다. 그 행위는 무의식적으로 이루어졌던 것이다.

프로이트 이전의 심리학자들은 거의 예외 없이 정신생활과 **의식**(consciousness)을 동의어로 생각했다. 무의식적인 정신생활이란 개념은 위의 두 용어와 정반대되는 것처럼 보였다. 프로이트는 마음에 대한 이런 생각을 통째로 바꾸지 않고서는 환자들의 사고와 행동을 설명할 방법이 없음을 알았다.

그는 정신생활에서 의식은 아주 작은 부분일 뿐이라고 보았고, 마음이 어떤 것인지를 설명하기 위해 하나의 이미지를 고안했다. 그는 무의식을 문이 열려 있는 작은 응접실로 모두 들어가려고 하는 정신적 이미지로 가득 차 있는 현관으로 묘사하였다. 그 작은 응접실에는 충동이 만나 얘기하고 싶어 하는 의식이 살고 있다. 현관에서 응접실로 가는 길목에는 경비원이 서 있는데, 그가 하는 일은 응접실로 들어가고 싶어 하는 각각의 충동들을 검색하고 입장 여부를 결정하는 것이다. 만일 경비원이 입장을 거절하면 그 충동은 무의식이라는 현관에 남아 있어야 한다. 만약에 거절당한 충동이 응접실 문지방을 넘으려 하면 경비원은 그것을 잡아서 현관으로 다시 내쫓을 것이다. 이런 식으로 거절당한 충동들은 **억압**된다. 일단 응접실로 들어간 충동이라 할지라도 의식의 눈에 띌 때까지는 의식되지 않는다. 이렇듯 응접실로 들어갔으나 아직 의식의 눈에 띄지 않은 충동들은 **전의식**(preconscious)이다. 즉, 이 응접실은 전의식이라는 시스템이다. 수용되지 못할 충동들을 거절하는, 즉 억압하는 이 경비원은 분석가가 환자를 해방시키기 위해 억압을 풀어 주려 할 때 '**저항**' 으로 나타나는 바로 그 경비원이다.[2]

경비원이 어떤 충동이나 사고를 응접실로 못 들어가게 막는 이유는 그 충동이 의식의 눈에 띨 경우 공포나 죄책감, 수치심 같은 달갑지 않은 감정을 불러일으킬 수 있기 때문이다. 우리는 이러한 검열의 기준에 대하여 6장에서 자세히 다룰 것이다. 여기에서는 응접실에 들어가려는 사람들을 검색하는 기준을 적용하는 것이 경비원의 역할임을 주목하는 것만으로 충분하다.

무의식적인 정신생활을 구성하는 생각들, 소망들 그리고 충동들 중에 어떤 것들이 이 현관에 모여 있는가? 무의식의 주된 특징은 물론 무의식적이라는 것이다. 이러한 논의를 위해서는 적어도 특별한 수단이 없이는 언어화할 수 없는 무의식적인 정신 사건이 무엇인지를 정의해야 한다. 만약 당신이 내게 지난 주말을 왜 재미없게 보냈느냐고 묻는다면 난 실제로 대답할 수 없을 것이다. 또 내가 아무 위험도 없는 쥐를 왜 두려워하는지 그 이유도 말할 수 없을 것이다. 특별한 연상기법을 적용하거나 마취제를 먹는다면 모를까, 그냥 가만히 앉아서는 그 이유를 생각해 낼 수가 없다. 그 이유를 의식하게 되면 우리는 고통스러워질 것이다. 그래서 그것들은 경비원에 의해 강제로 현관에 붙잡혀 있게 된다.

의식의 눈에 띄지 않은 응접실에 있는 충동들과 사고들은 전의식을 구성하게 된다. 프로이트는 이것을 현재로서는 의식되지 않지만 원하면 의식으로 불러올 수 있는 정신적 사건이라고 정의했다. 이 순간 당신은 어머니의 처녀적 성을 생각하고 있지 않지만,

내가 물어보면 아마도 그것을 기억해 내어 대답할 수 있을 것이다. 기억해 내기 전까지는 전의식이다. 어떤 무의식적인 내용들은 다른 것들보다 더 깊이 묻혀 있다. 경비원은 어떤 충동에 대해서는 응접실로의 입장을 저지하는 데 특별히 더 엄격한 기준을 적용하라는 지시를 받는다. 예를 들어, 나는 어떤 오케스트라 지휘자의 이름을 기억해 내기 어려워 지금 당장은 그 이름을 말할 수가 없다. 그러나 그 이름의 첫 글자가 나올 때까지 알파벳을 순서대로 짚어 나간다면 기억을 거의 회복할 수 있을 것이다. 이때 그 정보는 무의식 속에 있지만 그리 깊이 들어가 있는 것은 아니다. 반면에 분명히 있기는 있는데 너무 깊이 그리고 잘 감춰져 있어서 절대로 찾아낼 수 없을 것 같은 오래된 어떤 기억과 감정들도 있다. 인간의 수많은 동기들은 그 사이에 존재한다. 그것들을 알 수는 있지만 그리 쉽지가 않다.

프로이트는 많은 생각들이 단순히 망각되어 있는 것이지 억압되어 있는 것은 전혀 아님을 알았다. 망각하고 있는 생각들은 표류하다가 사라져 버리는 반면, 무의식 속에 억압되어 있는 생각들은 그 사람의 정신생활의 일부로 남게 된다. '모든 것'은 동기가 있어서 일어난다고 주장하는 치료자들은 내담자들과 쓸모없는 논쟁을 벌이는 사람으로 악명 높다. 억압된 것과 단순히 망각된 것을 구분하려는 시도는 언제나 쉽지 않고 생산적이지도 않다.

프로이트는 전의식과 무의식 사이에 명확한 선을 그었다. 만약 쉽게 접근할 수 있다면 그것은 단순히 전의식이며, 그렇지 않다면 무의식이다. 그러나 실제로는 이를 명확히 구분하기가 쉽지 않을 때가 많다. 내 생각에 가장 실용적인 모델은 의식적인 생각에서부터 깊이 묻혀 있는 생각까지를 연속선상에 놓고 보는 것이다. 그랬을 때 '**전의식**'은 이 연속선상에서 의식 바로 아래에 있는 생각들을 지칭하는 것이 된다.

무의식적인 정신 사건들의 또 다른 중요한 측면은 의식적인 사건들은 '**이차과정**(secondary process)'의 법칙을 따르는 반면, 전부는 아니지만 대다수의 무의식은 프로이트가 말하는 소위 '**일차과정**(primary process)'의 법칙을 따른다는 것이다. 이차과정이란 우리에게 친숙한 논리적인 세계를 말한다. 사건들은 순차적으로 일어난다. 즉, 과거는 지나갔고 미래는 아직 오지 않은 것이다. 이것이 바로 원인과 결과의 세계다. 공부를 하면 좋은 성적을 받게 될 것이고, 친구에게 짜증을 내면 그 친구 또한 짜증을 낼 것이다. 이 세계에서 환상과 행동은 각기 다른 것으로서 다른 결과를 가져온다. 예컨대, 방청소는 하지 않으면서 방청소를 하는 공상만 한다면 실제로 방은 깨끗해지지 않을 것임을 나는 안다. 내가 만일 누군가에게 어떤 나쁜 일이 일어나길 바랐는데 우연히 나쁜 일이 실제로 일어난다면, 그것을 내 탓이라고 생각하지 않는다.

이차과정과는 달리, 일차과정은 '현실'과 관계없이 작동한다. 즉, 이차과정에서의 논리가 아닌 이상한 종류의 논리가 성립된다는 뜻인데 여기에서는 상호 모순이나 상호 배제의 개념이 없다. 아버지를 죽이고 싶으면서도 내일 아버지가 나를 영화관에 데려가 주기를 바랄 수도 있고, 내가 상대에게 모욕을 준 다음에도 그가 나를 사랑해 주기를 바랄 수도 있다. 현실과 논리의 법칙은 매우 느슨해져서 기이한 연합들이 존재할 수 있다. 즉, 한 가지 생각이 비슷한 다른 생각이 될 수도 있고, 한 가지 생각이 완전히 다른 생각으로 대체될 수도 있으며, 한 가지 생각이 여러 생각들의 전체 집합이 되기도 한다.

아버지에 대한 두려움이 말에게 물리는 것에 대한 두려움이 될 수가 있다. 이것이 일차과정 영역에서 일어나는 전형적인 연합의 예다. 즉, 아버지를 사랑하면서 동시에 아버지를 두려워한다. 이때 사랑은 의식하지만 두려움은 의식하지 못한다. 나쁜 생각을 하면 아버지가 자신에게 벌을 주어 아프게 할까 두려워한다. 말은 아버지처럼 크고 위협적인 존재다. 나는 말의 무서운 이빨을 본 적이 있다. 나는 의식적으로 아버지를 두려워하는 것이 아니라 말을 두려워한다. 이렇게 하는 데에는 장점이 있는데, 말은 아버지보다 피하기가 더 쉽다는 것이다.

부모에 대한 분노가 과격한 정치적 태도를 갖게 할 수 있다. 부모는 나를 제지하기 위해 권위를 사용하는데 정부 또한 부모와 같은 권위적 대상이다. 그래서 정부를 향해 분노를 표출하게 된다. 나를 편안하게 보살펴 주는 어머니에 대한 갈망은 특정한 음식에 대한 선호를 갖게 할 수 있다. (으깬 감자나 따뜻한 카스타드가 '위안을 주는 음식'으로 불리는 것은 우연이 아니다).

일차과정은 시간과 무관하다. 과거도 미래도 분간하지 못한다. 20년 전에 위험했던 일은 아직도 위험하다. 지금 내가 고통스럽다면 나는 앞으로도 계속 고통스러울 것이다. 오래전에 부모님이 나의 나쁜 생각이나 행동에 대해 벌줄까 봐 두려워했었다면, 그 처벌에 대한 두려움은 부모님이 돌아가신 후에도 오랫동안 그대로 남아 있다. **정신역동치료**의 목표 중 하나는 중요한 문제들을 일차과정 영역에서 꺼내어 **이차과정** 영역으로 가져가는 것이다. 만약 내가 이런 공포 때문에 치료받기 시작한다면, 내가 더 이상 두려워할 것이 없고 나를 벌주려 하는 권위적 인물이 이제는 없음을 확실히 알게 될 때 치료자와 나는 함께 기뻐하게 될 것이다.

일차과정의 영역에는 환상과 현실의 구분이 없으며, 소망과 행동의 구분도 없다. 만약에 아버지가 죽기를 바랐다면 마치 내가 그를 죽인 것 같은 죄책감을 갖기도 한다. 만약 아버지가 나와는 전혀 상관없는 어떤 이유로 돌아가시게 된다면, 나는 내가 아버지를 죽였다고 굳게 믿게 될 것이고 죄책감은 더욱 극심해질 것이다. 이와 마찬가지로 내가 나쁘다고 믿는 어떤 쾌락을 갈망한다면 내가 실제로 그것을 경험한 것과 같은 죄책감을 갖게 될 수 있다. 프로이트는 이처럼 무의식적인 소망 때문에 갖는 죄책감이 실제 행동에 대한 죄책감보다 더 강하고 더 파괴적일 수 있다고 생각했다. 그런데 아이러니하게도 죄책감은 이렇게 클 수 있으면서 환상 속에서의 쾌락은 현실에서만큼 그렇게 만족스럽지 못하다.

일차과정은 '**쾌락원칙**(pleasure principle)'에 따라 작동한다. 쾌락원칙은 '지금 당장의 쾌락을!' 요구한다. 그것은 '**현실원칙**(reality principle)'에 의해 작동되는 이차과정과 정반대다. 프로이트는 유아들이 어떤 욕구를 느끼면 그 욕구를 충족시켜 줄 수 있는 어떤 음식이나 사건 또는 사람을 상상한다고 생각했다. 그러나 곧 유아들은 이런 상상만으로는 욕구가 충족되지 않고 현실인 외부세계의 법칙을 배우고 따라야 함을 알게 된다. 우유를 상상한다고 해서 허기가 채워지지 않으며, 엄마가 곁에 있다고 상상한다고 해서 충분히 위안받지 못한다. 아기들은 자신이 원하는 것을 충족시키기 위해 현실 세계를 조종해야 할 필요성을 배우게 된다. 이것이 현실원칙의 시작이다.

아이들이 성장함에 따라 이 현실원칙을 차츰 더 잘 알게 된다. 이 현실원칙의 지배하에서 그들은 욕구충족을 지연시키는 것이 득이 되고 때로는 필요하다는 것을 배우게 된다. 2학년 아동들에게 지금 당장 작은 사탕을 줄까 아니면 내일 큰 사탕을 줄까 물으면, 대다수는 지금 당장 작은 사탕을 달라고 한다. 그들은 쾌락원칙의 지배를 받는다. 즉, 지체없이 지금 당장 쾌락을 원한다. 하지만 3학년이 되면 대다수가 내일까지 참았다가 더 큰 사탕을 먹겠다고 한다. 7~8세경에 아이들은 욕구충족 지연의 장점을 배우게 된다.

현실원칙이 발달하면서 아이들은 결과를 예측하는 것을 배우게 된다. 예컨대, 숙제는 하기 싫지만 선생님의 노여움을 사서 처벌받는 것은 원치 않는다. 쾌락을 쫓는 행동을 가장 강력하게 억제하는 것 중 하나가 자신의 양심에 의해 처벌받을 것에 대한 두려움, 즉 죄책감에 대한 공포이다. 자기보다 약한 사람을 해치는 행동을 제지하는 데는 양심의 가책으로 인한 심한 고통을 알게 되는 것 이외에는 아무것도 소용이 없는 경우가 많다. 프로이트는 이것이 곧 문명화된 삶을 지금보다 더 파괴적이고 위험한 삶이 되지 않게 하는 것이라고 생각했다.

우리는 성장하면서 현실원칙을 점점 더 복잡한 문제에 적용한다. 어떤 과학자는 상대적으로 빨리 그리고 쉽게 끝낼 수 있는 연구 과제보다는 좀 더 도전적인 과제를 선택한다. 운동선수나 무용수나 가수들은 아주 높은 수준에 이르기 위해 수년에 걸친 고된 훈련을 참고 견딘다.

프로이트는 **쾌락원칙**과 **현실원칙**에 관련해서 성적 충동에 대한 흥미로운 관찰을 한 바 있다. 성적 추동은 다른 추동과는 달리 혼자 충족시킬 수도 있기 때문에 현실 검증이나 충족의 지연 또는 결과에 대해 걱정할 필요가 없다. 그래서 어떤 사람들은 다른 추동에 비해 **현실원칙**의 지배를 덜 받게 되어 큰 고통과 문제를 경험하기 쉽다. 이러한 문제는 여러 형태로 나타날 수 있다. 어떤 사람은 만족의 주된 수단으로 자위행위를 계속하여 이를 중단하지 못하기도 하고, 어떤 사람은 잠시만 생각해 보면 그 결과를 뻔히 알 수 있는데도 불구하고 무모한 성적 모험을 감행하기도 한다. 성적으로 전염되는 질병이 퍼지는 것을 막기 어려운 이유가 바로 이 때문일 수 있다. 이런 개념을 배고픔의 추동과 같은 다른 여러 가지 추동도 포함시켜 널리 적용할 수 있는데, 그렇게 함으로써 식이장애의 확산과 그 지속성을 이해하는 데 도움이 될 수 있다.

쾌락원칙은 '지금 당장 쾌락을!'이라고 할 수 있고 현실원칙은 '비록 덜 즐겁더라도 나중에 더 안전한 쾌락을'이라고 할 수 있다. 만약에 현실원칙이 발달하지 않으면, 우리는 만족을 지연시키고 결과를 예측하고 현실을 검증할 수 있는 역량을 갖지 못하여 계속 심각한 문제에 봉착하게 된다.

쾌락원칙과 현실원칙 간에는 항상 줄다리기가 계속된다. 로버트 루이스 스티븐슨이 프로이트의 이론을 알기 전에『지킬 박사와 하이드 씨(Dr. Jekyll and Mr. Hyde)』라는 소설을 썼다는 것은 놀라운 일이다. 그 내용은 쾌락원칙과 현실원칙을 흥미롭게 묘사하고 있다. 문명화된 삶에서 구속을 느낀 지킬 박사는 우리 모두의 무의식 속에 있는 충동인, 자신의 쾌락 추구의 충동을 행동화할 수 있는 방안을 고안해 냈다. 지킬 박사는 영국 신사같이 부드럽고 친절한 남자다. 그러나 그의 무의식적 충동들이 밖으로 표출되면 당장 충족시키지 않으면 안 된다. 충족을 지연시킬 수 없을 뿐 아니라 불행히도 타인의 복리에 대해서 전혀 관심을 두지 않는다. 지킬 박사가 잔인하고 철저히 이기적인 괴물인 하이드 씨가 되면, 그의 성적 충동 및 공격적 충동은 걷잡을 수 없게 된다.

이 이야기대로라면, 일차과정의 세계는 하이드 씨의 행동에서처럼 아주 끔찍하고 비참하게 보이지만 중요한 다른 면도 포함하고 있다. 즉, 일차과정의 영역은 시나 창의성 그리고 재미있는 놀이의 재료를 제공하기도 한다. 반면 순수한 이차과정의 영역은 참으로 메마른 세상일 수 있다. 예술가는 일차과정의 세계를 탐구하여 그곳에서 발견한 것들로 예술작품을 만들어 낼 수 있는 사람이라고 프로이트는 주장하였다. 그는 또한 열정적인 연인과 상상적인 동반자의 경우에도 똑같은 원리가 적용될 수 있다고 하였다.

프로이트가 원래 주장했던 개념에 따르면, 마음은 무의식, 전의식 그리고 지각되는 의식의 세 가지 체계로 구성된다. 우리는 이미 응접실과 현관 그리고 경비원의 비유에서 이 모델을 접한 바 있다.

무의식체계(현관)는 일차과정과 쾌락원칙의 영역이고, **의식체계**(응접실)는 이차과정과 현실원칙의 영역이다. 프로이트는 이것이 억압 그리고 무의식에 대한 의식의 관계를 이해하는 데 좋은 방법이기는 하지만 마음에 관한 완벽한 이론을 구성하기 위해서는 또 다른 모델이 필요하다는 것을 마침내 깨달았다. 그는 인간의 정신세계에는 끊임없는 갈등이 존재한다고 늘 생각했다. 원래의 세 가지 체계로 인간 정신을 나누기보다는 종종 서로 싸우는 세 가지 주체로 나누어 그의 임상 자료들을 이해하는 것이 가장 좋은 방법이라고 생각했다. 프로이트의 최종 모형 속에 있는 한 주체는 일차과정과 쾌락원칙의 지배를 받고, 다른 한 주체는 이차과정과 현실원칙의 지배를 받는다. 그래서 그가 최종적으로 제시한 정신의 세 가지 주체는 바로 이드, 자아 및 초자아이다.

이드(id)는 성적이고 공격적인 본능적 추동들의 저장소로서 전적으로 무의식적이고 사회화되지 않았다. 항상 쾌락원칙에 따라 작동하며 추동의 완전하고 즉각적인 만족을 요구한다. 또 결과나 이성(reason) 또는 선악에 개의치 않으며 타인의 복지에 대해서도 관심이 없다. 이드는 지킬 박사의 이성이 마비된 것이며, 그 결과로 변신된 하이드 씨는 거칠게 작동하는 이드의 섬뜩한 모습이다. 이드는 쾌락원칙을 따를 뿐 아니라 시간에 구애받지 않으며 자타의 개념도 없는 일차과정의 법칙을 따른다.

초자아(superego)는 우리의 양심이다. 즉, 부모와 사회의 기준과 금지사항 등을 우리가 받아들여 마음속에 간직한 것들이다. 원래 우리는 이드의 충동을 분출할 경우 부모로부터 사랑과 보호를 잃을까 두려워한다. 일단 우리가 받아들인 기준과 금지사항을 거스르게 되면 죄책감이라고 하는 초자아의 공격을 받는다. 초자아의 일부는 의식적이다. 그래서 우리는 우리의 양심이 허락하고 금지하는 바에 대해 많은 것을 알고 있다. 그러나 초자아의 많은 부분은 무의식적이어서 무의식적 죄책감같이 가장 어렵고 파괴적인 문제를 야기하기도 한다.

자아(ego)는 실행기능이다. 이드와 초자아 그리고 외부세계 사이를 중재하는 악역을 맡고 있다. 이차과정의 법칙과 현실원칙에 따라 작동한다. 이드와는 반대로 자아는 결과에 대해 염려하고 말썽을 일으키지 않으며 나중에 더 큰 만족을 얻기 위해 즉각적인 만족을 지연시키는 데 최선을 기울인다. "이드는 길들여지지 않은 열정을 의미하는 반면, 자아는 이성과 분별을 따른다"[3]라고 프로이트는 말했다.

자아가 외부세계와의 관계를 담당하므로 이드가 열정을 충족시키려면 자아의 도움을 받아야 한다. 그래서 자아는 이드로부터 끊임없이 압력을 받게 된다. 자아는 그 밖에도 주인 둘을 더 섬겨야 한다. 자아는 이드가 강요하는 행동이 외부세계에서 위험이나 처벌을 초래하지는 않을지 그리고 죄책감이라는 초자아의 처벌을 피할 수 있을지를 판단해야 한다. 또한 현관과 응접실이라는 모형에서 경비원이 하는 역할을 하여 불안에 대한 방어로 억압이나 다른 어떤 방법들을 취한다. 이러한 방어기제를 책임지는 자아의 한 부분은 무의식 속에 들어 있다.

프로이트는 정신건강이 대체로 자아의 강도와 융통성에 의해 좌우된다고 생각했다. 만일 자아가 다음과 같은 세 가지 역할을 잘해 내면 현대의 문명생활에서 유발되기 쉬운 **신경증**을 피할 수 있을 것이다. 첫째는 자아가 내부에 있는 두 개의 주인을 가능한 한 최대로 만족시킴과 동시에 외부에 있는 하나의 주인과 갈등을 일으키지 않도록 현명하게 중재하는 것이다. 둘째는 꼭 필요한 만큼만 억압하는 것이다. 셋째는 많은 에너지를 즐겁고 창의적인 생활에 쏟아붓는 것이다. 앞서 나는 일차과정의 지하세계로 여행하여 거기서 발견한 것들을 창의적으로 조직하는 일의 중요성에 대해 언급한 바 있다. 프로이트 학파에서는 이러한 과정을 '자아기능을 돕기 위한 퇴행'이라 하였다.

하이드 씨의 경우는 억압의 필요성에 대한 증거를 제시하고 있다. 이드는 상당 부분 사회화되지 않은 충동들의 집합소이므로, 적절하게 억압하지 않을 경우 우리는 심각한 곤란에 처하게 될 것이다. 우리는 감옥에 가게 되거나 또는 우리의 소망을 끊임없이 억제해야 되므로 매우 좌절하게 될 것이다. 억압을 너무 하지 않거나 반대로 너무 많이 하는 것은 좋지 않다. 아마 이것이 저자는 물론이고 이 책을 읽는 모든 독자들의 문제일 것이다. 프로이트는 이것이 문명화된 사회의 대부분의 사람들이 처한 상태라고 하였다. 지나친 억압은 다음과 같은 여러 가지 심각한 대가를 치르게 한다.

1. 만일 억압된 충동과 소망들 그리고 억압된 **체계화원칙** 등 모든 것들이 의식의 통제에서 벗어난 상태로 자아의 시선이 미

치지 않는 곳에서 일어나고 있다면, 나는 그것들을 어떻게 다루어야 할지 알 수가 없게 된다. 그 충동과 소망에 따라 행동해야 할지 말아야 할지 결정할 수가 없다. 또한 다섯 살짜리 아동이라면 상관없지만 어른은 그래서는 안 된다고 나 자신을 타이를 수도 없으며, 현실원칙을 적용시켜 잠시 동안의 고통을 감내할 수도 없다. 그래서 나의 삶은 더 이상 어떤 원칙에 따라 통제할 수 없게 된다. 내가 알 수 없기에 어떻게 할 수가 없는 것이다.

2. 억압된 생각들은 충만된 정서적인 힘을 영원히 간직하게 된다. 수년 전에 가졌던 아주 위험한 생각들은 억압되어 있는 동안에는 언제나 계속 위험한 것으로 남아 있게 된다.

3. 억압된 소망과 충동들은 표출되려는 압력을 받고 있어서, 계속 억압 상태를 유지하기 위해서는 정신적 에너지가 필요하다. 자아는 사랑, 일, 놀이, 학습을 포함해서 한 사람의 삶을 조직화하고 초점을 맞추며 실현시키는 등의 다양한 일들을 한다. 이러한 일들은 매우 힘들다. 따라서 자아가 이런 일들에 에너지를 더 많이 쓸수록, 그리고 억압하는 데 에너지를 덜 소모할수록 나는 더 편해진다. 그렇지 않으면 나는 지키는 군사는 아주 많으나 정작 싸울 수 있는 병력은 하나도 없는 장수와 같은 처지가 된다.

4. 억압된 생각들은 비슷한 생각들을 함께 억압되게 만들어서 결과적으로 억압의 영역은 점점 넓어진다. 학습의 법칙을 연구하는 심리학자들은 이러한 현상을 자극의 일반화

라고 한다. 만일 내가 당신에게 빨간 불이 보일 때 버튼을 누르라고 한다면, 당신은 분홍 불빛을 보고도 버튼을 누르게 되기 쉽다. 어린아이들이 부모에 맞서 자기 의견을 주장하는 것이 위험하다고 배우면 자신의 그런 충동을 억압한다. 그래서 성장한 후에 자신의 의견을 주장해야 마땅할 상황에 처해도 어렸을 때처럼 위험하게 느껴 주장하고 싶은 충동을 억압한다. 그래서 의견을 주장하는 것에 대한 공포가 점차 여러 상황으로 확장되어 점점 더 억제하게 된다.

무의식적 정신생활의 존재와 중요성을 처음 발견했을 때 프로이트는 모든 정신적 삶이 의식적이라고 배운 동료들에게 무의식의 중요성을 역설했다. 그는 대표적인 증거로 꿈, 신경증적 증상, 실착행위(실언이나 실수 같은 것) 등 세 가지를 제시하며 자기 의견을 전개했다.

꿈

프로이트는 **꿈**을 무의식으로 가는 왕도라고 불렀다. 그 뜻은 꿈의 작업을 이해하게 되면 가장 중요한 무의식적 소망들을 알 수 있게 된다는 것이다. 꿈은 프로이트에게 무의식의 존재를 증명하는 수단이었을 뿐 아니라 주된 치료적 도구이기도 했다. 다음은 『개론강의』에 나오는 예다.

아직 젊지만 결혼한 지 수년이 지난 한 여성이 다음과 같은 꿈을 꾸었다. 그녀는 남편과 함께 극장에 갔는데 귀빈석의 한쪽 편은 완전히 텅 비어 있었다. 그녀의 남편은 엘리제와 그녀의 약혼자도 같이 오고 싶어 했으나 나쁜 좌석(세 좌석에 62센트)밖에 구할 수가 없어서 오지 않았다고 했다. 그녀는 그들이 그 표를 사서 와도 괜찮았을 것이란 생각을 했다.[4]

꿈은 그 꿈을 꾼 당사자의 연상을 통해서만 분석될 수 있다고 프로이트가 생각했음을 기억하는 것이 중요하다. 연상은 꿈의 숨은 의미를 알 수 있게 해 준다. 다음은 꿈꾼 사람의 연상과 해석을 보여 주는 몇 가지 예다.

- 꿈꾼 사람은 결혼한 지 10년이나 되었지만 엘리제는 자기와 비슷한 나이임에도 겨우 얼마 전에 약혼했다.
- 꿈꾼 사람은 공연을 보기 위해 지난주에 미리 예매했는데, 막상 와보니 귀빈석의 반이 비어 있었다. '그렇게 서두를 필요가 없었다'(고 후회했다).
- 62센트: 그녀는 시누이에게 62달러를 선물로 줬는데, 시누이는 바보 얼간이처럼 급히 서둘러 보석상으로 가서 보석을 샀다.
- 좌석 3개: 꿈꾼 이는 결혼한 지 10년이나 되었지만, 최근에 약혼한 엘리제는 그녀보다 겨우 석 달 어릴 뿐이다.
- 해석: 그렇게 서둘러 결혼했던 내가 어리석었다. 엘리제의 경우처럼 서두르지 않아도 충분히 결혼할 수 있었을 것이다. 그

리고 100배는 더 좋은 짝을 만날 수 있었을 것이다(62센트와 62달러의 차이가 100배임).[5]

신경증적 증상

무의식적 정신생활을 가정하지 않고 자기 파괴적인 행동을 설명하기는 어렵다. 사람들은 자기 인생을 망치는 여러 가지 행동을 하면서도 자기가 왜 그러는지 전혀 모르겠다고 얘기한다. 프로이트는 다음과 같은 사례를 들어 설명했다.

19세의 한 여성은 잠자리에 들기 전에 몇 시간씩 걸리는 의식을 수행해야 했는데, 이 때문에 자신은 물론 부모님들도 괴로워했다. 그녀는 그것을 멈출 수만 있다면 무엇이든 할 용의가 있었지만 도저히 멈출 수가 없었고, 반드시 완벽하게 그 의식을 수행해야 한다는 느낌 때문에 시달렸다. 예를 들어, 베개는 침대 머리판에 닿지 않게 정확히 놓아야 한다는 식이었다. 오랫동안 정신분석 작업이 이루어진 후, 프로이트와 그 환자는 침대 머리판이 남자를 나타내고 베개는 여자를 나타낸다는 사실을 알아냈다. 그리고 그 **의식**(ritual)은 어머니와 아버지가 서로 접촉하면 안 된다는 금지 명령을 나타내고 있었다. 이러한 버릇이 생기기 전인 어린아이였을 때 그녀는 무섭다는 핑계로 자기 방과 부모님 방 사이의 문을 열어 놓으라며 떼를 썼었다. 그러나 실제로는 엄마와 아빠가 성관계를 하지 못하도록 감시하기 위한 의도에서였다. 분석을 통해 그녀가 어릴 적부터 아버지에게 에로

틱한 애착을 가져 왔고 어머니에 대해서는 분노의 질투심을 느껴 왔다는 것이 마침내 밝혀졌다.[6]

실착행위

실착행위란 말실수, 글실수 그리고 다양한 종류의 망각이나 엉뚱한 행동 등을 의미한다. 프로이트는 이러한 현상에 매료되었고 실착행위가 무의식의 작용을 잘 설명해 주는 현상임을 알아냈다. 그래서 그는 실착행위의 예를 모아 『일상생활의 정신병리(The Psychopathology of Everyday Life)』[7]라는 책을 출판하기도 했다. 프로이트는 무의식의 개념을 초보자들에게 소개할 때 실착행위가 명확하고 설득력 있는 방법이라고 생각했다. 그래서 그는 『개론강의』를 이 현상에 대한 긴 설명으로 시작하였다.

여기까지 공부한 독자라면 프로이트의 실착행위이론에 크게 놀라지는 않을 것이다. 사람은 어떤 것을 말하고 기억하고 행동할 때 어떤 의도를 가지고 있다. 하지만 경비원이 찾아내려고 하는 그 반대되는 의도도 있다. 부인된 충동은 억눌려 있는데, 이렇게 거부된 충동들이 실수를 초래함으로써 표출될 방법을 찾는다. 다음은 프로이트가 『일상생활의 정신병리』에서 제시한 사례 중 하나다.

프로이트와 그의 한 친구는 반유대주의에 대해 연민을 가지고 있었는데, 특히 그 친구는 그에 대해 불만을 품고 있었다. 그는 고대 로마의 시인인 베르길리우스의 잘 알려진 시의 한 구절로 열정적인 연설을 끝마치려고 했다. 그 구절은 바로 아에네아스에게서 버림받은 불행한 디도가 후세에 자신의 복수를 위탁하는 내용이었다. 그는 이런 식으로 연설을 끝마치려고 했는데, 그 구절 전체가 기억나지 않았다. 그가 인용하려고 했던 구절은 'Exoriare aliquis nostris ex ossibus ultor' 였는데, 그 뜻은 '누군가 내 사무친 한을 풀어다오' 였다. 그러나 그는 'aliquis(누군가)' 라는 단어를 빼먹었고 그 단어를 도저히 생각해 낼 수 없었다. 그 구절은 그가 평소에 아주 잘 알고 있었고 학생 시절부터 외우고 있던 것이었는데도 기억할 수가 없었다. 프로이트는 잊은 단어를 알려 주고 그에게 이 실수로부터 연상되는 것이 무엇이냐고 물었다. 친구는 우선 'aliquis' 라는 단어를 'a' 와 'liquis' 두 부분으로 나누고 싶다고 말했다. 그의 연상은 'Relics, liquefying, fluidity, fluid, St. Januarius and the miracle of his blood' 로 이어졌다. 프로이트가 이 연상의 뜻에 대해 묻자, 그 친구는 이렇게 대답했다. "그들은 나폴리의 한 교회 안에 있는 약병에 성 야누아리우스의 피를 보관하는데, 특정한 성일(聖日)이 되면 거기서 기적처럼 피가 흘러내린다는 거야. 사람들은 그 기적에 아주 중요한 의미를 부여했는데 만약에 기적이 그날 일어나지 않으면 매우 흥분했어. 왜냐하면 프랑스군이 도시를 점령했을 때 한 번 그랬기 때문이지. 그래서 지역 사령관은 신부님을 곁에 모시고 서서 밖에 배치되어 있는 병사들에게 확신에 찬 태도로 그 기적이 곧 일어날 것이라며 그들을 진정시키려 했어. 그러자 실제로 그 기적이 일어났지." 그러고는 그가 당황스러워하며 잠시 얘기를 중단했기에 프로이트는 연상을 계속하라고 재촉했다. "근데 갑자기 한 여자가 생각나는데, 아마 그녀로부터 아주 난처한 얘기를 들을 것 같아."

프로이트: "그녀의 생리가 멈췄다는 거?"

"어떻게 알았지?"

"생각해 봐…… 특정한 날에 피가 흐른다는 것, 그 일이 일어나지 않으면 걱정된다는 것 그리고 기적이 이루어져야 한다는 그 공공연한 위협 등등…… 사실 성 야누아리우스의 피의 기적을 자네는 그 여자의 생리주기에 아주 현명하게 빗대어 사용한 거지."[8]

나는 이 예가 무의식의 교묘한 속성을 잘 드러내 주므로 매우 유용하다고 생각했다. 프로이트의 친구는 후세에게 자신의 복수를 부탁하려고 했다. 그것은 의식적인 의도였지만, 후세에게 소망을 빌려고 하자 자신은 현재 그런 위치에 놓여 있지 않다는 것을 깨닫게 되었다. 후세는 사실 현재 상황에서 그가 원하는 것이 전혀 아니었다. 그는 자신의 여자친구가 임신하는 것에 대한 두려움이 무의식에 남아 있었고, 무의식에서 나온 두려움이 'aliquis', 즉 그가 원하지 않는 '어떤 사람'이라는 단어를 생각나지 않게 만들었다. 일단 연상이 이루어지자, 무의식은 프로이트로 하여금 이 실수를 해석할 수 있도록 창조적인 통로를 열어 주었다.

이 장에서 우리는 무의식의 본질과 무의식에 의해 우리가 어떻게 동기유발되는지를 살펴보았다. 다음 두 장에서는 이 무의식적인 동기들이 가장 강력하게 작용하는 성적인 영역에 대해 알아볼 것이다.

프로이트의 영어 번역가인 제임스 스트레치는 성에 대한 프로이트의 주요 저서를 번역하면서 이렇게 소개했다. "프로이트의 『성에 관한 세 개의 논문(Three Essays on Sexuaity)』[9]은 의심의 여지없이, 『꿈의 해석(Interpretaion of Dreams)』다음으로 인간의 지식에 가장 중대하고 가장 독창적인 공헌을 하였다." 내가 보기에 이것은 공정한 평가인 것 같다. 프로이트의 **유아 성욕론**, **심리 성적 발달론**, **신경증**의 원인으로서 성의 역할 그리고 무엇보다도 **오이디푸스 콤플렉스**에 대한 연구들은 인간에 대한 우리들의 시각을 상상할 수 없을 정도로 바꾸어 놓았다.

03 심리 성적 발달

아이들은 성(性)에 관심이 없는 존재라는 신념에
인류가 그토록 오랫동안 매달려 있었다는 것은 놀라운 일이다.
- 프로이트의 『개론 강의』에서-

프로이트의 『성에 관한 세 개의 논문』이 출판되기 전에 유럽 사회에서 성은 사춘기에 시작되는 것으로 당연히 생각되고 있었다. 아이들의 순수와 순결함 속에 성적 욕망과 성에 대한 환상과 쾌락들이 포함되어 있다는 것은 상상할 수도 없는 일이었다. 성에 대한 환상들이 때로는 부모를 향해 일어날 수 있다는 것은 더더욱 그러했다. 따라서 프로이트의 저술에 대한 반향으로 서구 세계가 온통 뒤흔들렸다는 것은 그리 놀라운 일이 아니다. 그의 주장은 두 가지 중요한 의미를 담고 있었다. 첫째, 아동은 태어날 때부터 성적 소망, 환상 및 쾌감을 갖고 있으며, 아주 짧은 기간을 제외하고는 전 생애에 걸쳐 지속된다. 둘째, 아동과 성인의 정서적 문제들은 대부분 바로 이 초기 성생활에 뿌리를 두고 있다.

프로이트는 성기 이외의 기관들에서 얻어지는 아동의 최초의 쾌락을 기술하기 위하여 '**여러 형태로 변질된**(polymorphously perverse)' 이라는 용어를 사용하였다. 이는 후에 **성도착**자로 불리는 성인이 주로 선택하는 모든 신체적인 쾌감 부위들이 어린 아이들의 쾌락 추구 영역에 포함되어 있다는 것을 의미한다. 프로이트는 아동기 초기의 신체적 쾌감 부위들이 너무도 명백하게 성인기의 성욕 충족 부위의 근원으로 포함되어 있으며, 성기의 쾌감과 다른 사람과 접촉하려는 소망들이 이 쾌락의 중심에 있기 때문에 이러한 신체적 쾌락들을 '성적' 이라고 하는 것이 마땅하다고 주장하였다.

무의식에 대한 그의 견해와 마찬가지로, 프로이트의 이러한 견해는 환자들의 이야기를 끊임없이 듣는 과정에서 생겨났다. 프로이트의 환자들은 '자유연상' 을 하였다. 그때그때 떠오르는 생각들이 아무리 무모하고 당황스러운 것일지라도, 환자들은 자신의 마음에 떠오르는 모든 생각들을 최선을 다해 여과 없이 얘기하는 것이다. 프로이트와 그의 동료들은 앉아서 아무 말없이 몇 시간, 며칠, 몇 해에 걸쳐 그 이야기를 듣기만 했다. 인간관계의 전체 역사를 통해서 그렇게 오래 도록 타인의 얘기를 듣기만 하는 일은 부모도, 애인도, 성직자도, 의사도 못했을 것이다. 이렇게 함으로써 전에는 누구도 들어 본 적이 없고 이해하지 못했던 것들을 치료자들이 들었다는 사실은 그리 놀라운 것이 아니다.

환자들이 회상하는 이러한 연상들과 기억들에 기초하여, 프로이트는 아이들의 성욕은 13세까지 연속적인 발달단계를 거치며 각 단계는 신체의 각각 다른 부위에 대한 집착에 따라 특정지어질 수 있다고 가정하였다. 그는 또한 이러한 단계들에 대한 부모의 반응과 아이들이 그 부모의 반응을 어떻게 다루는가 하는 과정이 일생 동안 영향을 미친다고 주장하였다.

아동 양육에 대한 책임을 지는 모든 사람들은 아동들에게 성적인 소망과 환상은 금지된 것임을 거의 언제나 분명히 얘기하기 때문에 마음의 파수꾼은 이러한 소망과 환상들을 의식에서 추방하라는 명령을 받고 있다. 그래서 이것들은 무의식의 중요하고 특별히 영향력 있는 부분이 되어 무의식적 동기의 주요 근원이 된다.

한 내담자는 사람들로부터 무시를 당하면 동네 아이스크림 가게에 가서 휘프 크림이 많이 얹어진 큰 아이스크림을 먹는다.

또 다른 내담자는 지나치게 흐트러지고 지저분한 아파트를 정리하는 데 쓸데없이 많은 시간과 에너지를 소비한다.

친구가 없어 고민하는 한 남성 내담자는 자신의 스포츠카에 집착하고 카메라 수집에 몰두하면서 고독한 생활을 하고 있다. (코미디언 모르 살은 이렇게 말한 적이 있다. "시계와 스포츠카를 좋아하는 사람은 친구를 필요로 하지 않는다.")

심리 성적 발달의 관점에서 생각하도록 훈련받지 않은 사람들은 이러한 행동을 이해하지 못할 수 있다. 프로이트의 이론은 그 이해를 도와준다.

프로이트가 심리 성적 단계 이론을 책으로 출판한 지 거의 100년이 지났다. 21세기에 들어와서 정신역동 이론가들 사이에서는 심리성적 단계들에 대한 의견들이 분분하다. 그러나 모든 임상가들은 우리가 어릴 때 맺는 사람들과의 관계가 이후의 발달에 엄청난 영향을 미친다는 사실을 확고히 믿고 있다. 또한 어릴 때의 대상관계와 상호작용 패턴에 관한 최근의 이론들이 프로이트가 제시한 원래의 추동이론에 필수적으로 추가되어야 한다는 것에는 반론의 여지가 없다. 프로이트 역시 이 의견에 동의할 것이며 그 자신의 연구도 이러한 방향으로 가고 있었다.

오늘날에는 무엇을 더 강조하느냐를 두고 논쟁이 벌어지고 있다. 정통 정신분석 기관에서는 여전히 심리 성적 단계의 중요성을 가르친다. 그러나 대상관계 연구기관에서는 심리 성적 단계들을 논하기는 하지만 덜 강조한다. 치료자와 내담자 관계의 치료적 중요성을 강조하는 기관들이 늘어나면서 다양한 관점을 통합하려는 창조적인 노력들이 일어나고 있다. 비록 그 강조점에 차이가 있긴 하지만, 기본적인 생각들에 대해서는 동의가 이루어지고 있다. 대다수의 치료자들은 오늘날 **유아의 성욕**에 대한 인식을 중요한 공헌으로 여기며, 대부분의 심리적 문제는 특정한 성숙단계에서 발생한 문제들의 잔재라는 기본적인 생각에 동의하고 있다.

프로이트의 임상적 관찰 결과로 발전된 **심리 성적 발달단계론**은 이러한 태도들의 주목할 만한 통찰적인 기원이 되었으며, 그의 이론은 여전히 잘 알고 있어야 할 중요한 이론으로 간주되고 있다.

프로이트의 유형학은 아동이 거치는 각 단계에서 신체의 한 부위와 그에 관련된 활동이 특별한 중요성을 띠는데, 그중의 하나는 신체의 바로 그 부위에서 제공되는 쾌감이다. 아동은 다음과 같은 단계를 차례로 거친다.

- 구강기(oral period, 출생에서 약 18개월까지)
- 항문기(anal period, 18개월에서 만 3세까지)
- 남근기와 오이디푸스 콤플렉스 I(phallic period & Oedipus Complex I, 만 3세부터 약 7세까지)
- 잠복기(latency period, 만 7세부터 사춘기까지)
- 오이디푸스 콤플렉스 II(Oedipus Complex II, 사춘기)
- 성기기(genital period, 사춘기 이후)

이러한 단계들은 개인의 생에서 끝나고 시작되는 시기가 명확하지 않다. 오히려 서서히 없어지면서 다음 단계와 겹쳐진다. 순서 또한 부정확하고 가변적이다. 단계들은 겹칠 뿐 아니라 무의식적이며 숨겨져서 후속 단계들에 대한 배경으로 지속적인 영향을 미친다.

프로이트는 생물학의 영향을 많이 받아 생물학자처럼 생각하는 경향이 있었다. 그래서 **심리 성적 발달**을 개인 내부에서 일어나는 본능적인 전개로 보았다. 프로이트의 추종자들이 수행한 많은 연구를 보면 그의 이론을 대인관계 맥락에서 이해하려 하였음을 알 수 있다. 본능을 어떻게 분류하는 것이 가장 좋은가에 대해서는 끊임없는 논란이 있지만, 본능이라는 것이 있다는 것에는 전혀 의심하지 않는다. 마찬가지로 성숙이 진행되는 순서가 원래 있다는 것도 분명하다. 이 단계를 순서대로 따라가면서 발달하는 아동들은 매 순간 각 단계에 적합한 새로운 대인관계, 과업 및 반응들에 직면하게 된다. 선천적인 각각의 본능은 이러한 도전과 과업 및 부모의 반응에 의해 길들여지게 된다. 이러한 과정은 자라나는 아동들에게 강력한 영향을 미친다. 후기 프로이트 학파는 대인관계, 즉 아동기의 초기 '대상관계'를 강조함으로써 심리 성적 발달론까지 포함하여 프로이트의 이론을 전반적으로 크게 보완하였다.

부모가 어떻게 반응하느냐에 따라 각 단계에서 아동은 만족해하며 부모는 흥미로워할 수도 있지만, 반대로 큰 어려움을 경험할 수도 있다. 아동이 각 단계에서 만족을 느끼거나 어려움을 갖거나 하는 것은 아동이 성장하는 과정에서 부모의 특별한 반응양식과 마찬가지로 지속적인 영향을 미친다.

고착과 퇴행

마음에 관한 프로이트의 모형에는 특정한 방향으로 계속 이동하는 일정한 양의 정신적 에너지가 있다는 생각이 포함되어 있다. 이는 여러 심리 성적 단계를 고려할 때 기억해야 할 특별히 중요한 개념이다. (프로이트의 최초의 영어 번역자인 스트레치는 이 에너지에 대해 'cathexis'*라는 단어를 고안해 냈다). 많은 양의 이 에너지가 어떤 생각이나 소망 또는 기억으로 집중될 때, 그러한 생각이나 소망은 두 가지 특성을 갖게 된다. 즉, 그것은 중요하게 되며 정서로 채워지게 된다. 아동이 각 심리 성적 단계에 차례로 도달하면 그 단계에 적합한 소망과 쾌락에 많은 양의 에너지를 투입한다. 정상적인 발달과정에서는 아동이 다음 단계로 옮겨 갈 때 에너지를 어느 정도 거두어들이고 다음 단계에 그 에너지를 쏟아붓는다. **고착** (fixation)은 특별히 많은 양의 에너지가 이전의 단계에 남아 있는 것을 의미한다. 무의식 속에서 고착된 단계는 원래 가지고 있던 중요성과 정서의 상당 부분을 그대로 보유하고 있어서, 살아가다가 어려움이 닥치면 퇴행할 편안한 정신적 위안처가 된다.

퇴행(regression)은 개인이 좌절하고 두려움을 느낄 때 고착된 지점으로 되돌아가는 것을 말한다. 심리 성적 단계로나 대인관계에 고착될 수 있는 것처럼, 우리는 둘 중 하나로 퇴행할 수 있다. (심리 성적 단계에 관해 설명한 후에 퇴행을 더 자세히 검토할 것이다).

고착은 아동의 요구에 대한 부모의 반응이 부적절할 때 아동에게 미치는 지속적인 영향을 기술하기 위해 프로이트가 사용한 개념이다. 만약 어떤 단계에서 아동이 매우 외상적이거나 지나치게 충족적인 경험을 하면, 그 기간 동안 학습되었거나 추론된 것들을 마음속 깊이 새기게 된다. 고착은 또한 초기 관계 또는 초기 관계의 단계라고도 할 수 있다. 아동이 부모 중 한 사람과의 관계에 무

---

* 역주: cathexis란 계속적으로 투입된다는 뜻으로 '집중' 또는 '충당' 이라 번역할 수 있으나 여기서는 그냥 cathexis라고 한다.

의식적으로 고착되는 것은 흔한 일이다. 만약 어떤 아동이 그런 식으로 고착되었다면 그는 많은 정신적 에너지를 그 사람을 갈망하거나 그와의 관계에서 받았던 고통을 제거하는 데에 사용한다.

초기의 관계는 매우 강력하고 비교적 깨끗한 백지에 기록되기 때문에 오랫동안 남아 있는 경향이 있다. 만약 아동기의 고착이 매우 강하다면 성인기에 대인관계를 맺기 어렵고, 또 성인기에 관계를 맺는 사람들을 어릴 때의 중요한 인물의 대역 이상으로 생각하는 것이 어렵게 된다.

전설적인 인물인 돈 후안은 수많은 여자들을 찾아다녔다. 여러 부류의 여성들을 사귀려는 그의 욕구는 분명히 채울 수 없는 것이었다. 이 경우를 정신분석적 관점에서 보면, 그가 추구하고 있는 것은 실제로는 여러 명의 여성이 아니다. 그의 행동은 어머니에 대한 고착을 보여 준다. 즉, 그가 아무런 희망도 성과도 없이 찾아다니고 있었던 것은 바로 어머니인 것이다.

바바라라는 내담자의 아버지는 냉정한 사람이었다. 그녀는 어린 시절 내내 아버지의 관심과 사랑을 얻기 위해 노력했지만 헛일이었다. 그처럼 중요한 부녀관계를 맺지 못하고 좌절되어 그녀는 이것에 매우 강하게 고착되었다. 성인이 된 그녀는 정서적으로 냉정한 남자친구들만을 사귀었는데, 이는 냉담한 남자의 사랑을 기어코 받아 냄으로써 어릴 적의 상처를 치유하고자 하는 무의식적인 시도에서 비롯된 것이다.

유아의 성욕

매우 어린아이들은 필요한 신체적 활동을 하면서 감각적 쾌락을 느끼게 된다. 그 첫 번째는 젖을 빠는 것이다. 입과 입술, 혀는 매우 민감해서, 자극을 받으면 영아는 매우 즐거워한다. 두 번째는 배설의 기능, 특히 배변이다. 항문을 둘러싼 피부는 매우 민감하기 때문에 쾌감을 줄 수 있다. 마지막으로 아동은 성기를 발견하게 되고 그것을 자극함으로써 강한 쾌감을 얻게 된다는 것을 알게 된다. 프로이트는 이러한 쾌감들은 모두 자기 혼자만의 행동으로 얻을 수 있기 때문에 자기 성애적이라고 기술하였다.

구강기

아동의 첫 번째 관심은 영양분을 섭취하는 것이므로 **구강기**가 첫 단계인 것은 놀라운 일이 아니다. 아동은 젖이 나오지 않을 때조차도 빠는 것이 즐겁다는 것을 빨리 알게 된다. 때문에 엄지손가락이나 신체의 다른 부분을 빨게 된다.

입 또한 쾌감의 첫 원천이다. 아기들은 어릴 때 입을 사용하여 세상을 탐색한다. 인생 최초의 좌절들도 배고픔, 목마름, 빠는 욕구의 불만족 등 구강적인 것에서 비롯된다. 입은 또한 깨물기, 소리 지르기, 울기 등 어릴 때 공격성을 표출하는 기관으로도 사용된다. 이러한 쾌락들을 통해서 아이는 완전히 혼자만 있을 때 천국의 기쁨을 누릴 수 있다는 것을 배우게 된다. 그래서 아무도 필요로 하지 않는다. 엄마는 젖 때문에 필요하기는 하지만, 아기는 자신의 손가락이나 신체의 다른 부분, 심지어 담요를 빠는 것만으로도 충분히 즐거울 수 있다. 이러한 쾌락들은 아동이 성장함에 따라 크게 억압되지만 무의식에는 강하게 남아 있다. 성장하여 대인관계에 어려움을 느낄 때 아무도 필요하지 않은 혼자만의 시간으로 되돌아가고자 하는 강한 유혹을 느끼는 것은 바로 이 때문이다.

부모의 반응

오래전에 유행했던 육아법은 계획을 세워 그 시간에 맞춰 수유하는 것이었다. 만약 아이가 예정된 시간보다 3시간 전에 먹고 싶다고 울기 시작한다면 그 아이는 꼬박 3시간을 울어야 했다. 나는 이러한 방식에 동의하지 않는다. 그런데 최근에는 아이가 원할 때 먹이는 것으로 바뀌었다. 아기가 배고파할 때 먹이는 것이다. 이 두 가지 방식에서 아이가 세상에 관하여 각각 어떤 교훈을 배우게 되는가를 상상하는 것은 그리 어렵지 않다. 계획표대로 수유하면 아기는 자신의 욕구와 관심이 다른 사람의 편의보다 중요하지 않다는 강력한 메시지를 일찍이 받게 된다. 반면에 아이의 요구대로 수유를 하면 그 아이는 자신이 필요한 것을 요구할 권리가 있고, 또 그 요구가 받아들여질 것이라는 확신을 갖게 된다. 계획표대로 수유를 하면 아이에게 자기는 세상에서 아무런 권리도 없다는비관적 태도를 갖게 하기 쉬우며 아이가 원할 때마다 수유를 하면 낙관적인 태도를 갖게 하기 쉽다.

엄지손가락을 빠는 것과 같은 수유와 무관한 빨기에 대한 부모의 반응도 다양할 수 있다. 즉, 부모는 아이를 그냥 내버려 두고 스스로 성장하는 방법을 찾게 하거나 그 행위를 중단시키기 위해 엄격한 조치를 취하기도 한다. 중단하게 하는 조치들로는 아이의 손을 묶어 두거나, 엄지손가락에 작은 골무를 씌우거나, 아이에게 손가락 빠는 것은 나쁜 짓이라고 말하거나 벌주는 것 등이 있다. 이러한 일들은 아이가 쾌감을 얻는 것에 대한 부모의 태도를 배우는 가장 초기 학습이 된다. 아이는 부모의 이러한 태도를 보고 모든 쾌락, 특별히 신체적인 쾌락들에 대한 태도를 일반화하게 된다.

부모의 반응 중 구강기의 또 다른 중요한 문제는 젖을 떼는 것이다. 일찍 떼어야 할까, 늦게 떼어야 할까? 갑자기 뗄 것인가, 서서히 뗄 것인가? 아이 스스로 떼게 할까, 부모의 의도대로 할까? 이러한 질문들에 대한 대답 속에는 아동이 자신이 태어난 이 세상에 대하여 배우게 되는 교훈이 들어 있다. 이것은 매우 어릴 적에 이루어지기 때문에 엄청난 영향력을 갖는다.

구강기 고착

구강기에 고착된 사람들은 거식, 폭식, 과식과 같은 심각한 식이장애를 발달시킬 수 있다. 그들은 스트레스를 받거나 외로울 때 먹게 되고 수동적이고 의존적으로 되며 구강 성행위를 선호하게 될 수 있다. 또한 구강적으로 공격적인 성격이 되어 아이 적에는 글자 그대로 깨무는 것으로 공격성을 표현하지만 성인이 되면 언어적으로 '씹는 것'으로 공격성을 표현한다. 구강기에 강하게 고착된 사람들의 수동성과 의존성은 그들 자신이나 가까운 사람들에게 상당한 고통을 유발할 수 있다. 구강기에 약하게 고착된 경우는 일반적이라 할 만큼 매우 흔하다. 예를 들어, 대학생들이 시험시간에 엄지손가락을 빠는 것은 보기 힘들지만 다른 대용품들을 빠는 것은 흔하게 볼 수 있다.

항문기

두 살이 되면 아이들은 배설물과 배변에 상당한 관심을 보인다. 이 시기에는 배설을 하는 것과 이를 참는 것에서 쾌감을 얻는다. 이러한 쾌감에 더하여 아이들은 부모의 반응을 통해서 배설물은 줄 수도 있고 주지 않을 수도 있는 선물이라는 것을 우연히 학습하게 된다. 배설은 주요 대인관계에서 관심의 주제가 된다. 부모들은 아이들이 좋아하지 않을 수도 있는 이러한 기능에 대해 계획을 세운다.

프로이트는 환자들의 연상을 통해서 이 기간에 가학증이 나타난다는 것을 알았다. 그래서 그는 이 기간을 종종 **'가학적 항문기'**라고 부르기도 하였다. 사회화의 제약들로 인해 이 시기의 아동들은 화를 잘 낸다. 이 시기에 아동들은 치아가 나기 시작하면서 물어서 상처를 낼 수 있게 된다. 또 그들은 더 강해지고 자신의 신체적인 힘을 느끼게 된다. 이 시기에 성적인 본능과 공격적인 본능이 연결된다. 이러한 연결은 후에 전부 억압되어 무의식에 남거나, 또는 대부분의 사람들에게서처럼 약간만 의식으로 남게 되어 가학적 및 피학적인 성적 환상들과 행동을 발생시킨다.

부모의 반응

배설물과 배변에 대한 부모의 태도는 아동에게 많은 것을 가르친다. 아동은 자신의 몸과 그 기능 그리고 그 생산물이 자연스럽고 거부할 수 없다는 것을 배울 수도 있으며 그러한 것들이 혐오스럽고 수치스럽다는 것을 배울 수도 있다. 배변훈련 또한 많은 것을 가르치는데, 이를 통해 아동은 사회에서 살아가는 방법을 배우게 된다. 배변훈련은 일찍이 심하게 할 수도 있고, 반대로 아이가 스스로 준비될 때까지 기저귀를 채워 그냥 부모가 내버려 두고 훈련시키지 않을 수도 있다. 혹은 이 두 가지의 중간 정도로 할 수도 있다. 어릴 때 일찍이 배변훈련을 심하게 하면 아동은 모든 일들이 자기 뜻과는 상관없이 부모의 방식대로 된다는 것을 배우게 된다. 반대로 배변훈련을 하지 않거나 느슨하게 하면 아동은 어떤 일을 스스로 할 수 있는 자신의 능력에 대한 부모의 신뢰를 느끼게 된다.

많은 아동들은 이 시기에 쾌락을 추구하려는 본능과 부모의 요구 사이에 심각한 갈등이 있다는 것을 배우게 된다. 이러한 갈등을 마음속에 가지고 있다는 것은 아동의 이후 발달에 매우 중요하다. 프로이트는 그의 동료인 루 안드레아스 살롬이 쓴 다음의 글을 인용하였다.

항문의 활동과 그 배설물에서 쾌락을 얻는 것에 대한 제지는 아이가 받는 첫 번째 제지다. 이러한 제지는 아동의 전체 발달에 결정적인 영향을 끼친다. 이것은 분명 아동이 그의 본능적 충동에 대한 환경으로부터의 적대를 처음으로 감지하고, 자신의 존재를 낯선 환경으로부터 분리시키는 것을 배우며, 쾌락을 얻을 가능성을 처음으로 억압하게 되는 경우인 것이 틀림없다. 이 시기 이후로부터 '항문적'이라는 것은 생활에서 거부되고 제외되어야 할 모든 것의 상징이 된다.[1]

항문기 고착

항문기 고착은 여러가지 형태로 나타날 수 있다. 가장 보편적인 형태는 강박적 행동이다. 아동은 어떤 물건을 제자리에 두지 못하거나 정돈을 못하면 처벌받는다는 것을 배운다. 그래서 자신의 환경을 질서정연하게 통제함으로써 불안을 낮은 수준으로 유지하려한다. 강박행동의 특성은 그 강도가 다를 수 있다. 자신의 삶을 질서 있게 유지하는 데 필요한 만큼의 정상적인 정도가 있다. (노트를 잘 정리하거나 수업시간에 지각하지 않는 것 같은 강박성 없이는 고등교육을 받기 어렵다). 연속선상의 다른 극단에는 심한 **강박장애**가 있는데, 이는 **강박사고**와 **강박행동**이 일상생활을 심하게 방해하는 것이다. 프로이트의 가장 잘 알려진 환자 중 한 사람은 사랑하는 사람들에게 어떤 끔찍한 일들이 일어날 것 같은 상상이 계속됨으로 인해 괴로워 견딜 수 없었다. 그는 또 무엇인가를 '해야 한다'는 사소한 강박증 때문에 자주 마비되었다. ("나는 길에 있는 돌을 치워야 한다……. 앗, 실수했다. 나는 돌아가서 그 돌을 있던 자리에 다시 놓아야 한다").

청결을 강박적으로 추구하는 항문기에 고착된 사람들은 그들이 의식적으로 피하는 더럽고 지저분하고 무질서한 것을 무의식적으로 갈망한다. 나는 이전에 개인 성장집단을 운영한 적이 있었는데, 구성원들은 보수적인 중산층의 중년들로서 비교적 깔끔하고 단정한 사람들이었다. 우리의 정기적인 활동 중 하나는 손가락으로 그림을 그리는 회기였다. 이 시간은 교훈적이었고 그들의 행동을 관찰하고 함께 참여하는 것은 즐거운 일이었다. 참가자들은 손가락 끝으로 종이에 물감을 조심스럽게 칠하기 시작했는데, 얼마 안 가서 칠하기를 집어치우고는 서로 간에 물감을 묻히며 즐거워하는 모습을 보였다. 그 시간이 끝난 후 그들은 어렸을 적에도 이렇게 재미있는 놀이를 마음껏 해 본 적이 없다고 보고하였다.

프로이트는 항문기에 고착된 사람들은 '정돈적이고 절약적이며 완강한' 경향이 있다는 것을 관찰하였다. '정돈적'이란 말은 이해하기 쉬울 것이다. 배변을 언제 어디서 할 것인가 하는 문제로 아이와 처음으로 다투었던 것을 회상한다면 '완강한'이란 의미도 이해가 될 것이다. 프로이트는 환자들의 얘기를 들으면서 '절약적'이라는 말은 배설물과 돈을 무의식적으로 동등시하는 결과임을 이해하게 되었다. 누가 나에게 배설하라고 할 때 이를 참는 것은 돈을 쓰지 않는 것으로 상징화된다. 이것이 통제를 위한 첫 번째 큰 노력임을 이해한다면 이러한 고착이 왜 반항적인지, 심지어는 왜 가학적인 반항의 형태를 취하는지를 알 수 있다.

세탁기나 일회용 기저귀를 널리 사용하게 되면서 우리 문화가 어떻게 변화되었는가를 생각해 보는 것은 흥미로운 일이다. 내가 아기였을 때는 기저귀를 매우 원시적인 세탁기로 힘들게 빨아서 빨랫줄에 널어 말렸다(날씨가 좋다면). 내가 될수록 빨리 기저귀를 떼었으면 했던 어머니의 마음을 충분히 이해할 수 있다. 현대생활의 편의성으로 인해 1960년대에 십대가 되었던 세대의 부모들에게는 배변훈련이 훨씬 덜 급한 것이 되었다. 이것이 1960년대에 성인이었던 우리들이 아이들의 청결 습관과 복장, 외양을 보고 매우 끔찍스러워했던 한 가지 이유일 것이다.

남근기

3세 전후의 아동들은 성별에 따른 해부학적 차이에 매우 관심을 가지게 된다. 가끔 볼 수 있고 또 우리 자신의 아동기 기억을 더듬어 볼 때, 이 차이가 아이들에게는 상당한 흥미와 관심거리임이 확실하다. 프로이트와 그의 동료들은 이것이 환자들의 주요 관심사였으며 지속적으로 영향을 미치는 결과였음을 곧 발견하였다.

이 시기에 도달하는 아동들이 관심을 갖는 것은 성별의 차이만이 아니다. 그들은 페니스와 음핵의 자극이 가져다주는 엄청난 쾌감에도 관심을 갖는다. 다른 '성감대들'의 자극도 확실히 만족을 가져다주며 지속적으로 만족을 주지만 이 새로운 쾌감이 우선적이다. 이 시기는 성차가 가장 중요하기 때문에 다른 사람과의 성기 접촉에 대한 환상이 나타나기 시작한다. 5세경이 되면 아동들의 환상생활은 더 이상 자기 성애적이지 않고 다른 사람에게 초점을 두기 시작한다. 그 대상이 누구이고 그 환상이 어떻게 실현되는가는 4장에서 자세히 설명할 것이다.

부모의 반응

이 시기에 부모들은 음핵이나 페니스를 자극하여 쾌감을 알게 되는 아동들을 다루어야 한다. 이러한 행위에 대한 부모의 반응은 야단을 치거나 무서운 결과를 가져올 것이라고 협박하는 것에서 아예 무시하는 것에 이르기까지 다양할 수 있는데 이러한 반응들은 아동의 발달에 지속적인 영향을 미칠 수 있다. 이를테면 쾌락은 나쁘다는 것 그리고 특히 성적 쾌락은 나쁘다는 것을 배우게 된다. 이 특별한 죄책감은 남아들 사이에서 더 흔하고 심하게 나타나는 것 같다. 자위행위를 멈추려고 시도해도 멈추지 못하는 경우에는 자신의 의지가 약하다고 믿고 엄청난 죄책감을 쌓게 된다. 반대로 부모가 모른 척하는 경우에는 이런 종류의 쾌락을 부모가 나쁘게 여기지 않는 것으로 알게 된다.

100년 전에는 남자 아이들에게 거세하겠다고 가끔 위협하는 것이 흔한 일이었다. 요즘에도 그런 경우가 있기는 하지만 예전보다는 덜할 것이다. 많은 치료자들은 남아들이 특별히 외부의 위협 없이도 스스로 거세에 대한 공포를 발달시킨다고 생각한다. 여아들에게 남근이 없는 것을 보게 되면, 남아들은 여아들에게도 한때는 페니스가 있었는데 거세된 것이라고 미루어 짐작한다. 이런 놀라운 발견을 하지 않더라도 벌받는 것을 상상하기는 그리 어렵지 않다. 페니스의 해부학적 형태는 그 자체가 거세에 대한 환상을 갖기 쉽게 되어 있다. 예를 들어, 망치를 가지고 하지 말아야 할 행동을 하고 있다면 망치를 빼앗기는 것은 당연하다. 그다음의 논리적 단계를 상상하기는 어렵지 않을 것이다.

여아들에게는 이런 특정한 방식으로 위협을 받게 할 수가 없다. 여아들은 이미 거세되었다는 환상을 가지지만, 이를 위협으로 사용하거나 미래의 결과를 두려워하게 하는 데 사용할 수가 없다. 그러나 모든 아이들에게 그들이 사랑과 인정을 잃을지도 모른다는 공포를 갖게 할 수는 있다. 이것은 남아의 **거세불안**과 마찬가지의 효과를 여아들에게 가져온다.

남아와 여아 모두가 성기의 차이를 남성 우월성과 여성 열등성의 표시로 볼 수 있다. 부모가 남·여아를 어떻게 대하느냐에 따라 아동의 이러한 태도는 더 굳어질 수도 있고 이를 완화시키는 데 오랜 시간이 걸릴 수도 있다.

남근기 고착

남근기 고착은 자기 성애 위주에서 대인관계적인 성욕으로 완전히 전환되지 않거나 또는 전혀 전환되지 않은 아동을 일컫는다. 고착은 여러 형태로 이루어질 수 있다. 어떤 아동은 성인이 되어서도 자위행위가 가장 만족스러운 성행위라고 여기게 되는 경우도 있다. 남근기에 고착된 남아는 사랑을 위해서보다는 침입하고 지배하기 위해 오만하고 공격적으로 남근을 사용하는 남자가 될 수 있다. 삶의 모든 면에서 그의 성격은 자신의 남근을 사용하는 것과 같은 방식으로 드러나, 여성을 비하하고 자신의 남성적 우월성을 과시하기 쉽다.

남근기에 고착된 여아는 성장하여 열등감을 가질 수가 있는데 특히 남자들과의 관계에서 더 그러하다. 그녀는 남자들에게 수동적이고 순종적이어야 한다고 믿게 된다. 한편으로는 반항적이 되어 공격적인 '남성적' 태도를 취할 수도 있다. 남근기에 고착된 남아처럼 여성을 비하하기도 한다. 그녀는 자신에게 남근이 없는 것을 엄마의 책임인 것처럼 무의식적으로 믿으면서 엄마를 원망할 수 있다.

스포츠카나 1인승 경비행기 또는 총을 특별히 좋아하는 사람들은 적어도 약간은 남근기에 고착되어 있기 쉽다.

심한 남근기 고착은 성적 충족을 방해한다. 이런 사람은 전적으로 억제되어 있거나 혹은 정서적 교감 없이 단지 기계적으로만 성행위를 하는 사람이 될 수 있다.

남근기 고착은 주로 두 가지 방법으로 형성될 수 있다. 첫째로 자위행위에 대한 심한 갈등이 그런 고착을 만들 수 있다. 『젊은 예술가의 초상(Portrait of the Artist as a Young Man)』에서 제임스 조이스는 무서운 지옥과 자신을 그 속에 던져 버리려는 갈등으로 위협당하는 아일랜드 소년들의 비참한 장면을 그리고 있다. 자위행위가 비도덕적이고 건강하지 못하다는 것을 배워 알면서도 어쩔 수 없이 빠져들어 가는 자신을 발견할 때 대체로 덜 극적인 갈등이 일어난다. (여아는 남아에 비해서 자위에 대한 심한 갈등을 덜 갖는 것 같다). 둘째로 아동은 성기의 차이를 발견하여 **외상**을 경험할 수 있다. 여아는 페니스가 없는 것은 자신이 열등하다는 것을 의미한다고 믿는다. 남아는 남근이 없는 여아들을 발견하고는 자신도 그렇게 될지 모른다는 심각한 두려움을 갖는다. 그래서 그는 매우 조심하고 두려워하거나 반대로 남근에 대한 자부심을 공격적으로 표현함으로써 공포에 방어한다.

잠복기

우리는 1장에서 **잠복기**라는 강한 성적 억압의 시기에 관해 언급했다. 이 시기에 관해서는 4장에서 더 자세하게 탐색할 것이다.

성기기

남근기 동안에 성적 쾌락을 공유하는 환상들이 시작되고 때로는 왕성해지지만 실제로는 **사춘기**에 이러한 환상들이 본격적으로 일어난다는 것을 프로이트는 관찰하였다. 그는 이 시기를 성기기라고 불렀다. 청소년기에는 페니스와 질의 관련성 및 그러한 관련성의 대인관계적인 의미에 특히 관심을 갖게 된다. 이 시기에는 4장의 주제인 **오이디푸스 콤플렉스**가 만개하게 된다. 여기에서 우리가 알아야 할 것은 성기기 이전 단계들에서는 성숙이 진행되고 있다는 의미가 포함되어 있지 않다는 점이다. 아동이 **항문기**가 되면

구강기보다 나이가 더 많아진다는 사실을 제외하고, 구강기에서 항문기로 이행하는 것이 성숙을 향해 한 단계 나아가는 것이라고 보지는 않는다. 프로이트는 성장을 향한 큰 변화는 아동이 자기 성애에서 타인과 공유하는 성적 쾌락에 대한 환상과 욕망을 갖는 것으로 옮겨 갈 때 일어난다고 주장했다.

지금까지 우리는 심리 성적 단계의 각 단계에서 고착이 어떻게 일어나는가를 살펴보았다. 고착의 가장 중요한 측면 중의 하나는 퇴행과의 관련성인데, **퇴행**은 이전의 단계나 관계로 돌아감으로써 좌절이나 불안에 대해 반응하는 것이다.

퇴 행

퇴행이란 성장한 후에 일어나는 정상적인 성적 욕구를 억제받을 경우에 유아기적 형태의 성욕 표출방식이 다시 나타나는 것이라고 프로이트는 설명하였다. 그는 이 과정을 "물의 흐름이 강 바닥에서 어떤 장애물에 의해 저지될 때 이미 말라 버린 이전의 물길로 되돌아서 흐르게 되는 것"으로 비유하였다.[2] 퇴행은 이와 같이 이전의 심리성적 단계나 관계로 되돌아감으로써 좌절이나 불안을 다루는 것을 의미한다.

원래는 어릴 적의 성적 적응방식으로 되돌아가는 것을 퇴행이라고 꼭 집어서 언급하였으나, 프로이트의 추종자들은 이 개념을 확장시켰다. 예를 들어, 퇴행은 자기 의지대로 행동하지 않고 이전에 이미 버렸던 의존적 행동을 하거나, 또는 심각한 좌절을 당한 후 어린애 같은 공격적 행동을 다시 보이는 것을 포함한다.

퇴행과 **고착** 사이에는 강한 관련이 있다. 어떤 단계에 더 강하게 고착될수록 좌절하거나 불안할 때 그 단계로 퇴행하기가 더 쉽다.

프로이트는 다음과 같은 비유를 들어 고착과 퇴행을 설명하였다. 이 장소에서 저 장소로 이동하며 사는 유목민들은 한 장소를 떠날 때 큰 분견대를 그곳에 남겨 놓는다. 만약 선발대가 어려움을 당하거나 위험한 적군을 만나게 되면 그들은 남겨 둔 지원군들이 있는 장소로 후퇴한다. 그러나 너무 많은 사람들을 뒤에 남겨 놓았다면 선발대가 적군을 만났을 때 패배할 위험은 더 커질 것이다.[3] 애정관계에 문제를 겪는 사람들은 가끔 남근기로 돌아가서 자위행위가 골치아픈 이성과의 사랑보다 더 안전하고 만족스럽다고 생각할 수 있다. 포르노 산업은 바로 이 점에 착안하여 큰 돈을 벌고 있는 것이다.

체트는 현재 진행 중인 연애관계를 유지하기를 간절히 원한다. 그러나 둘 사이에 사소한 문제가 생기면 그는 지나치게 강박적으로 깔끔을 떨고 엄격히 자기 방식대로만 일을 처리하려 해서 애인을 도망가게 만드는 절박한 위험에 처하게 된다.

나에게 슈퍼비전을 받는 치료자의 내담자인 프랭크는 이혼 후 고통을 견딜 수 없어 부모님댁으로 들어가고 글자 그대로 어머니에게 매달려 살고 있다.

심각한 고착과 퇴행은 신경증의 요인이 되기도 하지만, 비교적 경미한 수준에서의 퇴행과 고착은 일상생활에서 흔히 나타난다. 나는 가끔 학생들에게 "내일 아침까지 제출해야 할 과제가 있을 때 그것을 미루기 위한 행동으로 무엇을 하는가?"라는 질문을 던진다. 어떤 학생들은 뭔가 먹을 것을 만든다고 한다. 또 어떤 학생들은 책상을 정리하거나 심지어 방 청소를 하기 전에는 과제를 할 수 없을 것 같은 느낌이 든다고 하였다. 나 역시 소문난 남근기 고착자인데, 나는 기계부품 카탈로그를 들여다본다.

이러한 것들은 그냥 하는 지연 행동이 아님을 기억하는 것이 필요하다. 이것은 안전한 장소로의 의미 있는 피신이거나 골칫거리에서 벗어나려는 의미 있는 시도이다. 어떤 강박적인 여학생은 어릴 때 지저분하다고 꾸중을 듣거나 벌을 받기까지 했다. 그녀는 '문제가 생기면 행동을 깨끗하게 하라'고 배웠다. 그래서 그녀가 숙제를 제 시간에 완성할 수 없을 것 같아 두려울 때마다 오래된 주문(呪文)이 무의식 속에서 나와 방을 청소하기 시작하는 것이다.

우리는 프로이트의 유목민 이야기에서 유목민들은 뒤에 분견대를 남겨 둘 때에는 이동을 계속한다는 것을 알았다. 이동할 때마다 수가 감소하여 공격에는 더 취약해지지만 그들은 계속 이동한다. 이것이 함축하는 의미는 심리 성적 단계에 고착되면 성인으로서의 관심사에 투입할 수 있는 에너지가 감소되지만, 이 때문에 다음 단계로 진전하는 것이 크게 방해받지는 않는다는 것이다.

심리 성적 발달의 관점에서 보면 이러한 성인의 관심사와 성인기 그 자체는 사춘기에 시작된다. 이제 청소년은 심리 성적 여행의 마지막 도전인 오이디푸스 콤플렉스에 직면하게 된다. 이것이 다음 장인 4장의 주제이다.

04 오이디푸스 콤플렉스

오이디푸스: 오래전 신탁에는 내가 어머니와 동침을 하고 내 손으로
　아버지를 죽인다고 했소.
조카스타: 그 이전에도 꿈속에서는…… 이미 많은 남자들이 자기 어머
　니와 동침을 했었다오.
　　　　　　　　　　　　　　　— 소포클레스의, 『오이디푸스 왕』에서 —

　셰익스피어의 『햄릿(Hamlet)』이 400여 년 동안 관객과 독자들
의 흥미를 사로잡은 이유 중 하나는 햄릿의 동기를 도무지 이해하
기 어렵다는 점에 있다. 햄릿의 아버지가 죽은 지 한 달이 채 안 되
어 어머니는 햄릿의 숙부와 결혼한다. 햄릿은 아버지의 환영을 통
해 지금은 계부가 된 자기 숙부가 어머니를 유혹하고 아버지를 죽
였음을 알게 된다. 그래서 햄릿은 아버지의 복수를 다짐하며 숙부
를 죽일 계획을 세운다. 길고 흥미진진한 5막 내내 햄릿은 주저하

고 망설이며 합리화를 한다. 우리는 그가 왜 그렇게 무기력한가 의문을 갖게 된다. 그는 원하는 바를 실행에 옮겨 살인까지도 할 수 있을 것이다. 그는 자신을 감시해 온 노인을 서슴치 않고 죽였다. 그런데 왜 숙부는 그냥 죽여 버리지 못하는가? 이러한 의문은 관객들과 독자들은 물론이고 학자들의 관심을 끌어오고 있다.

프로이트에게는 햄릿의 이러한 행동이 그리 신비스럽지 않았다. 이러한 행동을 해석하는 열쇠가 바로 **오이디푸스 콤플렉스**(Oedipus Complex)라는 현상이라고 프로이트는 주장했다.

심리 성적 발달단계상 성기에 관심의 초점이 모아진다는 남근기의 가장 중요한 측면이 바로 오이디푸스 콤플렉스의 시작이다. 정신 역동의 개념 중 오이디푸스 콤플렉스는 임상가들에게 가장 중요한 것으로, 인간의 내면 세계를 가장 잘 조명해 주는 개념일 것이다. 프로이트는 오이디푸스 콤플렉스가 자신의 이론 중 가장 핵심적인 것임을 반복해서 강조했다.

1900년에 처음으로 출판한 『꿈의 해석』에서 프로이트는 오이디푸스 콤플렉스의 개념을 소개하였다.

한쪽 부모와 사랑에 빠지고, 다른 한쪽 부모를 증오하는 것은 [아동기에] 형성되는 여러 가지 심적충동들의 핵심적 구성요소이며 이는 [신경증을 앓으면서 자라도록 운명지어진 아동들]의 증상을 형성하는 매우 중요한 역할을 한다. 이러한 발견은 고대로부터 전해 내려오는 전설을 통해서도 확인할 수 있다. 아동들의 심리에 대해 내가 제시한 가설이 보편타당성이 있다면 이러한 신화의 심오하고 보편적인 힘 또한 이해 가능한 것이다.

내가 염두에 두고 있는 전설은 오이디푸스 왕의 전설로, 소포클레스의 희곡에 나오는 이름이다.[1]

프로이트가 말한 소포클레스의 희곡에서 오이디푸스는 그리스의 도시국가인 테베의 왕 라이우스와 왕비 조카스타의 아들이다. 신탁은 오이디푸스가 성장하여 아버지를 죽이고 어머니와 결혼할 것이라고 경고한다. 라이우스 왕은 자신의 생명을 보존하기 위해 갓난아이인 오이디푸스를 산에 갖다 버려 죽게 하라고 명령한다. 그렇지만 어떤 양치기가 오이디푸스를 구하여 다른 도시로 데려간다. 그 도시의 왕과 왕비가 오이디푸스를 양자로 삼았고, 오이디푸스는 자신이 그 부부의 친아들이라고 믿으며 성장한다. 오이디푸스는 신탁의 예언을 알게 되었고, 자기가 죽일지도 모른다는 사람이 양아버지일 것이라는 두려움에 그 도시를 떠난다. 여행 도중 오이디푸스는 라이우스 왕을 만나고 싸움 끝에 그를 살해한다. 훗날 오이디푸스는 끔찍한 저주로부터 테베를 구하고 테베의 왕이 되어 미망인인 왕비 조카스타와 결혼한다. 연극의 끝부분에서 오이디푸스는 자신이 잘못하여 친아버지를 죽이고 친어머니와 결혼했다는 것을 알게 되어, 두려움에 떨면서 스스로 눈을 멀게 하고 테베를 떠나 떠돌이 거지생활을 하며 방랑한다.

프로이트는 이 연극이 수천 년 동안 관객들에게 영향을 주며 계속 공연된다는 점에 주목했다. 이 연극이 끊임없이 관중들에게 인기를 얻는 이유는 오이디푸스의 이야기가 우리 자신들의 이야기처럼 무의식적으로 재인되기 때문이며, 또 오이디푸스가 저주스러운 운명을 타고난 것처럼 우리 역시 그러한 운명을 타고났기 때문이라고 프로이트는 믿었다. 그는 이성 부모와는 친밀한 관계를 유지하려 하며 동성 부모에게는 경쟁심과 질투심으로 괴로워하는 단계를 거치는 것이 인간의 운명이라고 보았다. 프로이트는 우리의 정신건강은 그러한 감정을 버릴 수 있는 능력에 달려 있지만, 누구도 그러한 감정을 완전히 제거할 수는 없다고 생각했다. 프로이트는 겁에 질린 오이디푸스가 자신의 죄를 알게 되는 결말부에는 관객들 역시 자신들의 무의식에 숨어 있는 그러한 강렬한 소망과 두려움을 느끼게 된다고 했다.

프로이트는 환자들의 환상과 자기 분석에서 밝혀진 내용에 기초하여, 모든 남아들에게는 아버지를 제거하고 어머니와 사랑에 빠지려는 무의식적 소망이 그리고 모든 여아들에게는 어머니를 없애 버리고 아버지의 애인 자리를 차지하려는 무의식적 소망이 자리 잡고 있다고 생각했다. 이러한 환상은 너무나 위험하고 두려운 것이기에, 대부분 억압되어 사람들의 무의식 깊이 묻혀 남아 있게 된다. 비록 무의식에 묻혀 있기는 하지만, 그것은 무서운 갈등을 유발하며 인간의 삶에 끊임없이 지대한 영향을 미친다.

최근, 정신분석이론 연구자들은 이러한 내용에 대해 전혀 놀라울 것이 없다는 것처럼, 이와 비슷한 내용의 글을 아주 자연스럽게 쓰거나 읽곤 한다. 그러면 독자들은 각자의 이론적 배경에 따라 '아! 정말 그렇고 말고'라고 하는 사람이 있는가 하면, '정말 어처구니없는 넌센스잖아'라고 생각하는 사람들도 있다. 어떤 반응을 보이건 간에 오이디푸스 콤플렉스 이론의 영향력은 많이 무뎌졌다.

그러나 오이디푸스 이론이 사실이라면 무의식의 이론처럼 인간을 이해하는 상식적인 관점에 급진적인 변화가 필요하다. 이 이론은 인간이 아주 많은 갈등을 갖고 태어난다는 것을 함축하고 있다. 행동유전학을 연구한 사회심리학자 가드너 린제이는 이러한 갈등을 생생하게 기술하였다. 린제이는 인류학적 관점에서 볼 때 모든 사회의 몇 안 되는 공통된 관습 중 하나가 근친상간을 금기시하는 것이라고 보고하였다. 그는 동종 내 번식이 동종 외 번식보다 생존 가능성이 취약하며, 이 때문에 근친상간을 금기시하는 사회만이 살아남았다는 여러 증거들을 제시하면서 근친상간의 금기를 설명하였다. 더욱이 금기를 필요로 한다는 것은 억제되어야 하는 매우 강한 충동이 있다는것을 의미하는 것이다. "금지된 행동을 표출하고자 하는 충동이 보편화되지 않았다면, 그러한 금기를 많은 사람들이 좋아하여 선택하지는 않을 것이다. 어떤 문화에서든 극소수의 사람들만이 표현하고 싶어 하는 행동을 금지시키려 하지는 않는다."[2] 다수의 **수정주의 정신분석가**들처럼 오이디푸스 콤플렉스의 중요성을 폄하하는 것은 정신분석이론의 핵심적인 통찰을 훼손하는 것이지만, 그러면 그럴수록 정신분석이론을 더 많이 홍보하는 것이 된다고 린제이는 주장하였다.

프로이트가 오이디푸스 콤플렉스 이론을 처음으로 제안한 이후로, 오이디푸스 콤플렉스의 보편성 문제에 관심이 많아지게 되었다. 오이디푸스 콤플렉스가 서구 사회에서 보편적이지는 않지만 흔하다는 많은 임상적 증거가 있기는 하지만, 오이디푸스 콤플렉스가 서구 사회 혹은 서구형 사회만의 특이한 것인가 아니면 인류 사회에 보편적인 것인가? 하는 의문은 여전히 남아 있다.

인류학자인 앨런 W. 존슨과 정신과 의사인 더글러스 프라이스-윌리엄스는 여러 문화의 민담을 연구한 저서 『오이디푸스의 보편성(Oedipus Ubiquitous)』에서 이 문제를 탐구했다. 이 책의 제목이 암시하듯이 그들은 적어도 남자 아이들의 경우에는 오이디푸스 콤플렉스가 보편적이라는 것이 모든 문화의 민담에서 발견되고 있음을 보고하였다.

> 가족 내에서 남자들이 여자들 때문에 싸우는 문제는 계층적인 가부장적 사회에서 전해 내려오는 이야기 속에만 있다는 증거는 거의 없다. 반대로, …… 아들이 아버지를 제치고 어머니의 남편 자리를 차지하는 것이 핵심 주제인 민담은 상당히 보편적이다.
>
> 이러한 이야기는 프로이트가 살던 비엔나로부터 거리가 멀수록 그 강도가 약해지기는커녕 실제로는 더 멀리 떨어져 있는 사회에서 더 대담할 수 있다……. 이러한 이야기들에서 등장인물들은 살인이나 근친상간을 실수가 아니라 의도적으로 죄책감이나 양심의 가책을 갖지 않고 저지른다. 그렇지만 그런 죄를 지은 인물들은 어떤 식으로든 처벌을 받는다. …… 어떤 인간 사회에서도 '오이디푸스적인 범죄'를 가볍게 다루지 않는다.[3]

프로이트 이론의 비판자들은 오이디푸스 콤플렉스가 남성 지배적이고, 계층구조적인 사회에서만 나타나는 그런 사회의 병리적 결과라고 오랫동안 주장해 왔다. 그러나 존슨과 프라이스-윌리엄스는 그들이 연구한 모든 문화의 민담에서 이 현상이 나타난다고 보고하였다. 서구 사회와 같은 계층사회와 비계층사회 간의 주요 차이점은 오이디푸스 신화의 성적, 공격적 측면이 비계층사회에서 훨씬 덜 위장되며 덜 억압된다는 것이다.

오이디푸스적 감정이 수백만 년의 세월에 걸쳐 다양한 종류의 유인원들이 인류로 진화해 오는 동안 유전적으로 전해진 것이라는 프로이트의 견해를 따르든지 아니면 아동이 사회화 과정에서 학습한 결과라고 보든지 간에 이 감정은 대다수의 아동들에게서 일어나고, 그들이 자신의 가정을 이루었을 때 그들의 정서생활에 영향을 주는 것은 분명하다고 많은 연구들이 결론내렸다.

비록 오이디푸스적인 가설이 남자 아이들에게 영향을 미친다는 것은 민화를 통해서 입증되었지만, 여자 아이들에게도 같은 영향을 미친다는 증거는 찾지 못하였다고 연구자들은 보고하였다.

> 세계의 민속 문헌을 통해 살펴본 결과, 여아의 오이디푸스적 상황은 프로이트가 상상했던 것과는 상당히 다르다. 프로이트가 모자간에는 상호 에로티시즘을, 부자간에는 상호 적대감을 강조한 남아들의 오이디푸스적 상황은 우리가 수긍할 수 있다. 그러나 여아들의 사례에서는 아버지가 딸에게 근친상간 행위를 자주 시도하는 것을 발견했다. 즉, 딸은 원칙적으로 아버지의 관심에 호응하지 않았고 또 어머니를 경쟁자로 보지도 않았다.[4]

이 연구자들은 아주 소수의 동화에서만 딸들이 아버지를 성적으로 공격하는 인물로 그려지고 있다는 점을 발견했으며, 가족구성원들 간의 무의식적 관계 속에서는 에로틱한 감정이든 적대적 감정이든 일방적인 경우가 드물다고 추정했다. 그렇지만 오빠가 성적 공격자로 그려지는 남매 이야기가 우세한 것을 볼 때, 그들은 상대방에게 성적인 흥미를 드러내는 것은 남성들의 전반적인 경향성인 반면, 여성들은 반항하거나 무관심하거나 수동적으로 따르는 것으로 묘사되었다고 보고하였다.

이 연구를 통해 밝혀진 기본적인 사실 중 하나는 적어도 근친상간에 관한 한 여성보다 남성의 욕망이 더 강하며 더 주장적이라는 점이다. 그렇지만 다른 가능성도 있다. 이 장의 후반부에서 보게 되겠지만 정신분석가인 제시카 벤자민은 서구 문화(아마도 모든 문화?)의 남자들은 여성들이 성적 욕망을 가질 수 있다는 것 자체를 부인하고 싶어한다고 생각했다. 이러한 가설에는 상당한 논리적 근거가 있을 뿐만 아니라 임상적 증거도 있다. 서구 문화는 물론이고 다른 많은 문화들의 문학작품에서도 부정한 여성들에 의해 배신당할 것 같은 남성들의 공포를 언급하는 경우가 상당히 많다. 예를 들어, 셰익스피어의 희곡에서 남성인 친구가 약혼했다는 말을 들었을 때의 공통적인 반응은 그 친구가 조만간 반드시 배신을 당할 것이라는 농담이다. 만약 모든 남편들이 두려워해야 할 것이 다른 남자들의 성적 욕망이라고 한다면 아마도 이러한 농담은 덜 위협적일 것이다. 만일, 남편이 아내의 성적 욕망 역시 두려워해야 한다면 위험은 배가 된다. 아마도 이러한 민담들에서 나타나는 패턴은 여성들의 욕망, 적어도 여성들의 근친상간 욕구를 두려워하는 데 대한 종을 초월한 방어를 보여 줄 수 있을 것이다.

적어도 서구 문화에서는 여아들 역시 오이디푸스 콤플렉스를 경험한다는 임상적 증거가 상당히 많다. 그러나 그것이 미치는 영향은 남녀 간에 상당한 차이가 있다. 우리는 이 점을 자세히 다룰 것이다.

　존슨과 프라이스—윌리엄스는 대부분의 사람들이 가장 친밀한 친척들에 대해 서로가 양가감정을 선천적으로 가지고 있다는 점을 공개적으로 인정하고 싶어 하지 않는다는 점에 주목했다. 그들은 가족 내에서 근친상간 욕구와 공격적 충동이 보편적임을 인지적으로 받아들이는 사람들뿐만 아니라 특별히 내성을 잘 하는 사람이라 할지라도 자기 내면의 그러한 감정은 찾아내기가 어렵다고 결론내렸다.

　　이는 핵가족뿐 아니라 우리의 기본적인 생존을 의탁하고 있는 더 큰 사회적 단위까지도 파괴시킬지 모르는 충동적 행동을 통제한다는 것이 인류에게는 극히 중요하다는 사실을 우리에게 알려 준다. 에로틱한 충동과 공격적 충동은 매우 위험하기 때문에 그러한 것들이 존재한다는 것을 시인조차 못하도록 금하는 것이다.[5]

　프로이트가 처음으로 오이디푸스 콤플렉스를 설명한 이래로, 정신분석가들은 부모들이 자녀들의 그러한 감정을 다루는 방식을 크게 중요시하였다. 하인즈 코헛과 같은 이론가들은 오이디푸스 콤플렉스가 청소년들에게 많은 문제를 갖게 하는 것은 비록 그것이 아무리 애매하더라도 부모의 유혹과 위협이 함께 제시되기 때문이므로 만약 부모들이 청소년기 자녀들의 생활에 애정을 갖고 민감하게 보살펴 준다면 오이디푸스 시기를 큰 문제없이 잘 넘길 수 있을 것이라고 하였다. 극소수의 분석가들만 이 주장에 동의하였을 뿐 대다수는 부모들이 **그렇게** 민감하기란 거의 불가능한 일이라고 믿었다. 이는 연달아 나타나는 딜레마를 겪게 된다는 뜻이다. 예를 들어, 유혹을 받지 않으면서 청소년들의 왕성해지는 성적 욕구를 열렬히 지지하기란 쉽지 않다. 오늘날 대부분의 분석가들은 최상의 양육환경에서 성장한 아동일지라도 오이디푸스 콤플렉스와 그 해결은 심리적으로 많은 문제를 일으키지만 부모의 반응 여하에 따라 이러한 문제가 좀 더 쉬워질 수도 있고 어려워질 수도 있다는 입장이다.

신경증적 문제를 보이는 여성들을 처음으로 치료하기 시작했을 때, 프로이트는 이러한 여성들이 아동기에 성인, 주로 아버지와 성적인 접촉을 했다고 보고하는 경우가 많았다는 점에 충격을 받았다. 그는 어린 시절에 이런 성적 피해를 받으면 성장 후 신경증에 걸리기 쉽다는 이론을 전개했다. 이것이 프로이트에게는 중대한 발견처럼 보였고, 이 때문에 자신이 유명해질 수 있을 것이라고 기대했다. 그러나 프로이트는 점차 그리고 안타깝게도 그들의 이야기 중 어떤 것들은 사실이 아닌 환상일 수도 있다는 의구심을 갖게 되었다. 몇 년이 지나서야 그는 이와 관련된 책을 출간하였다. 이 책의 상당 부분은 그의 첫 번째 이론을 부인하는 것이 되긴 했지만, 우리가 인간의 마음을 이해하는 데에는 상당한 도움이 되었다. 즉, 환상이 상당한 영향력을 갖고 있을 뿐만 아니라 마음에는 환상과 현실의 분명한 경계가 없는 어떤 영역이 있을 것이라는 점을 인식하게 되었다. 이것이 바로 **일차과정**과 **억압**이라는 개념을 발견하는 계기가 되었다.

1980년대와 1990년대에는 이에 관한 수많은 논문과 저서들이 출간되었고 상당한 논쟁도 벌어졌다. 제프리 메이슨은 『진실에 대한 공격(Assault on Truth)』[6]이라는 저서를 통해, 프로이트가 정치적 이유 때문에 겁을 먹고 신경증은 성인들이 아동들을 유혹하기 때문에 유발된다는 '**유혹이론**'을 포기한 것이라고 주장하였다. 그러나 사실 프로이트는 말년에 아동에 대한 성추행은 예전에 자신이 생각했던 것보다 훨씬 더 보편적으로 자행되고 있으며, 이러한 일은 아동들을 비참하게 만든다고 믿었다. 또한 그는 아동들은 성적 욕망에 대한 환상과 현실을 혼동할 수 있다고 생각했다. 메이슨은 프로이트가 소심했다고 비난했지만, 당시에는 아동들에게 성적 욕구가 있다는 프로이트의 새로운 이론 자체가 유혹이론보다 정치적으로 더 위험한 것일 수 있었다. 19세기 비엔나의 의사들은 자신의 어린 자녀들이 성적인 욕구와 충동을 품고 있다고 믿기보다는 일부 남성들이 불한당이라고 믿으려 했다.

이러한 논쟁이 가시화되면서 어떤 사람들은 모든 정서적 장해는 당사자가 기억하든 못하든 어린 시절 성 피해 경험에서 비롯된다고 생각했다. 충격적인 성 피해 경험 중 일부는 억압되는 것이 확실하며, 이를 밝혀 내기 위해서는 치료가 필요할 때도 있다. 그렇지만 성 피해가 **모든** 정서적 문제의 원인이라는 생각은 좋지 못한 결과를 초래했다. 즉, 치료자가 이것이 모든 내담자의 가장 중요한 문제라고 확신하다 보면, 내담자들은 성 피해 과거력을 억지로라도 **기억해** 내지 않으면 안 되는 어려움에 처할 수가 있기 때문이다. 그렇게 되면 무고한 부모와 양육자들까지도 곤란에 빠트릴 수 있게 되는 것이다.[7]

아동의 성적 학대라는 비극적인 사건은 분명히 있다. 또한 부모의 무의식으로부터 나오는 모호한 유혹의 예도 많이 있을 수 있다. 이런 **애매한** 유혹 역시 문제가 될 수 있다. 그 유혹이 아동의 무의식적 소망과 뒤섞이면서 아동을 혼란스럽게 만들 수 있는 것이다. 부모의 반응 여하에 따라 오이디푸스 콤플렉스의 위험성이 증가되기도 하고 감소되기도 할 수 있음을 아는 것은 그리 어려운 일이 아니다.

프로이트의 오이디푸스 콤플렉스 이론에는 다음과 같은 세 가지 중요한 시사점이 있다.

1. 오이디푸스 콤플렉스 이론은 우리들(특히 임상가)에게 인간의 무의식적인 정신세계에 대한 어떤 중요한 것을 말해 준다.
2. 이 이론에서 설명하는 현상은 인간으로서는 어쩔 수 없는 부분이다. 여기에는 남녀 모두의 자기 자신과 서로에 대한 태도가 포함되어 있다. 프로이트의 견해로는 남성은 요구적이고 여성은 수동적으로 유혹적이라는 의미이다.
3. 모든 점을 고려해 볼 때, 남성의 요구성과 여성의 수동적인 유혹성은 최상의 배합이라고 프로이트는 생각했다.

이 세 가지 시사점은 모두 첨예하면서도 지속적인 비판의 대상이 되어 왔다. 수정주의 정신분석가들은 오이디푸스 콤플렉스의 존재 자체를 문제 삼았다. 비록 오이디푸스 콤플렉스의 존재를 받아들이고 그 개념을 다듬기는 했어도, 특히 여성주의 정신분석가들을 포함한 많은 비판론자들은 서구 문화에서 오이디푸스 콤플렉스가 취하는 형식은 대체로 그 문화의 산물이지 필연적인 것은 절대 아니라고 주장했다. 이러한 비판은 세 번째 시사점인 성차별을 지적하는 데에서 가장 잘 묘사되어 있다.

이러한 이유로 우리는 두 가지 시사점이 비록 타당성은 부족하지만, 좋든 나쁘든 오이디푸스 콤플렉스 이론은 인간의 무의식적 정신생활에 대해 절대적으로 중요한 어떤 것을 알려주는데 이 이론을 이해하지 않고 치료를 하는 임상가는 매우 불리하다는 여성주의 정신분석가들의 입장을 따르고자 한다.

프로이트는 거의 50년 가까이 오이디푸스 콤플렉스 이론을 다듬고 명확히 하는 작업을 했다. 마찬가지로 그의 동료들과 추종자들역시 오이디푸스 콤플렉스에 대해 의욕적으로 연구해 왔다. 오이디푸스 콤플렉스 이론에 대해 전적인 동의만 있었다면 이 이론은 결코 발전할 수 없었을 것이다. 다음에 제시하는 견해에 대해서는 별로이견이 없을 것인데, 이는 나에게 가장 유용하다고 생각한다. 이 견해는 여성주의 정신분석가인 제시카 벤자민[8]과 낸시 초도로[9]의 연구에서 많은 도움을 받았다.

우리는 우리 사회의 특정한 측면들을 관찰하면서 논의를 시작하고자 한다.

1. 여성은 부모 중 첫 번째로 중요한 사람이다. 여성이 출산하며 수유하므로, 이것은 변함없는 진실이다. 그래서 대부분의 아이들은 아마도 영원히 어머니를 부드럽고 자신을 안아 주고 보호해 주는 일차 양육자로 알고 있다.

2. 남자들은 가정 밖의 세계를 장악하고 있다. 아버지는 이 외부세계를 대표한다. 아버지는 또 부드럽고 다정하기보다는 쾌활하며 신체적으로 훨씬 더 힘이 강하다.

3. 우리는 남자의 세계에 계속 살고 있다. 남성들은 권위적이며 지배적이다. 제시카 벤자민은 가부장적 사고가 문화 속에 깊이 뿌리박혀 있어, 그 문화의 집합 무의식으로부터 이러한 생각을 하루아침에 없애 버릴 수는 없을 것이라고 생각했다. 그래서 아이들이 이미 가지고 있는 이러한 생각을 개화된 부모들이 아무리 순화시키려 해도, 이러한 문화 속에 살고 있는 아이들의 무의식 속에는 남성 지배적인 사고가 오랫동안 각인되어 있을 것이다. 벤자민이 낙관적이지 않은 것은 아니다. 그녀는 양성 평등을 향한 필연적인 움직임 속에서 새로운 세계를 어렴풋이 감지하고 있다.

어머니는 아이들의 첫 번째 양육자다. 그렇기 때문에 절대로 깨지지 않을 강력한 유대가 형성된다. 그러나 이러한 유대가 아이에게 위협적일 수도 있다. 무력한 아이에 비하면 어머니는 엄청나게 강한 존재이며, 이러한 어머니의 강한 힘은 아동의 개별화와 자율성 발달에 상당한 위협이 될 수 있다. 정신분석학적 용어로 안전

과 자율성 사이의 갈등은 **접근 갈등**(rapprochement conflict)이라고
알려져 있다.

이 개념의 기원은 흥미롭고, 또 현재 우리가 가지고 있는 의문
과 관련이 있다. 비엔나에서 소아과 의사로 활동하다가 1930년대
에 미국으로 이민을 간 마가렛 말러는 영아와 그들의 발달을 정신
분석적으로 관찰한 중요한 이론가 중 한 사람이다.[10] 말러는 생후
2년 된 아이들이 의존성과 자율성 사이에서 심한 갈등을 겪는 것
을 관찰했다. 한편으로 아이들은 어머니와 관계를 맺으며 어머니
의 보호를 받고 싶어 한다. 다른 한편으로는 자신들의 앞에 방대
한 새 세계가 있어서 혼자 힘으로 자유롭게 탐색하기를 열망한다.
이러한 갈등은 다소간 쉽게 해결되지만, 어떻든 그것은 갈등임이
사실이고 이는 아이들에게 오랫동안 영향을 미치는 교훈을 준다.
자녀들이 안전과 자율의 두 방향 사이에서 왔다갔다하려는 충동
을 사랑으로 지지해 주는 어머니는 성장과정에서 누구도 전적으
로 피할 수 없는 방종과 몰입 사이의 갈등을 최소화하도록 가장 잘
도울 수 있다는 점을 말러는 관찰했다. 그녀는 이 시기를 **화해기**라
고 이름 붙였는데, 그 이유는 이전 발달단계에서 아동들이 엄마와
의 접촉에 흥미를 덜 표현하여 엄마들이 종종 버림받은 느낌을 가
졌기 때문이라고 한다. 비록 위에서 살펴보았듯이 간헐적이기는
하지만, 화해기 동안 자녀들은 어머니와 친밀해지고 싶은 욕구를
다시 갖게 된다.

아버지에 대해서 생각해 보자. 화해단계를 거치는 동안 아버지
는 처음부터 이 드라마에서 별로 중요한 역할을 못한다. 일반적으

로 아버지는 어머니만큼 자녀들과 가까이 함께 있지는 않다. 전형적으로 아버지는 아주 매력적으로 보이는 자유로운 외부세계를 대표한다. 그는 어머니보다 더 힘이 있어 보인다. 신체적으로도 아버지는 어머니보다 더 강하며, 남성성에 우위를 두는 세상에서 아버지는 남성적 존재인 것이다. 어머니는 자녀들보다 강하면서 끊임없이 위협적이고 억제적이라는 점을 상기해 보자. 이 드라마에서 아버지의 역할이 중요하게 됨에 따라 어머니의 힘을 중화시키는 방법이 생기는데 그것은 곧 아버지와의 연결이다.

드라마는 이제 남아와 여아에게 다르게 전개된다. 남아들은 어머니나 누이들과는 공유할 수 없는 한 가지 중요한 측면에서 아버지와 비슷하다는 것을 알게 된다. 바로 그들이 남근을 갖고 있다는 점이다. 반면에 여아들은 남근이 없다는 점에서 아버지와 눈에 띄게 차이가 있음을 깨닫는다. 프로이트는 이러한 아동기의 발견들에 관해 많은 것을 이야기하고 있다. 남아와 여아 모두가 남근이 없는 사람은 불완전하며 열등한 것이라 생각한다고 프로이트는 믿었다. 나아가 그는 아이들이 여아들에게도 본래는 남근이 있었으나 그것을 잃어버렸다는 상상을 한다고 믿었다. 프로이트의 견해에 따르면, 이런 생각이 남아들에게 거세가 실제로 존재하는 위험처럼 여기게 한다는 것이다. 또한, 이런 생각이 여아들에게는 평생 동안 '남근 선망'이라는 심적 부담을 주는데, 이는 이후의 심리 상태에 상당한 영향을 미친다. 이러한 현상에 관한 프로이트의 사고는 남성 우월성과 남근을 포함한 남성적인 모든 것의 내재적 우월성에 대한 그의 신념에 의해 형성되었다. 프로이트 생각에는 다소의 편견이 분명히 있기 때문에, 남근의 중요성을 강조한 그의 이론을 무시하려는 경향이 있었고 실제로 초기 여성주의자들은 이를 무시했다. 그렇지만 현대의 저명한 여성주의 정신분석가들 중 일부는 프로이트의 이러한 이론의 핵심은 임상적으로 무시할 수 없는 현상임을 인정하여 그 현상을 재검토하려 했다.

우선 남아들의 오이디푸스 콤플렉스의 발달에 관해 살펴보자. 다섯 살 정도의 어린 남아에게 아버지는 어머니의 위협적인 힘에 맞서는 희망적인 구원자처럼 보인다. 아버지는 어머니만큼, 아니 어쩌면 어머니보다 더 강할 수 있다. 아버지와 동일시함으로써 아들은 자신에게도 아버지 같은 힘이 생겼다는 느낌을 갖게 된다. 아버지가 남근을 가졌다는 것은 참으로 중요한 의미를 갖는다. 남근은 바로 아버지와 어머니를 구별하게 해 주는 것이며, 아버지와 아들이 닮았다는 중요한 표시다. 남근은 아버지의 힘을 상징함과 동시에 아들이 갖게 될 힘 그리고 남자로서의 힘을 상징한다. 아들은 아버지와 동일시함으로써 어머니의 힘으로부터 자신을 보호한다. 아버지는 남자이며 완전하다. 아버지는 아들을 기꺼워하며, 자신을 사내로 인식하고, 따라서 아들과 자신을 동일시한다. 이로써 남성적 동지애가 형성된다.

비록 아들이 위협적인 어머니의 힘으로부터 벗어나기는 하지만, 어머니는 그에게 여전히 첫사랑이다. 자신을 아버지와 동일시하고 남근의 중요성을 알게 되면서, 어머니에 대한 사랑은 에로틱한 욕망이라는 새로운 형태를 취하게 된다. 아버지와의 애정 어린 동일시에 더하여, 아들은 아버지를 어머니를 향한 자신의 새로운 형태의 애정에 대한 경쟁자로 생각하게 되어 분노와 적대감을 느끼게 된다. 이것이 남아들의 오이디푸스 콤플렉스다. 어머니에 대한 어릴 때의 애착이 중요한 에로틱한 면을 취하게 되고, 의식의 어느 수준에서는 아버지를 사랑하면서도 아버지는 라이벌이 된다. 이러한 강한 인물과의 경쟁은 위험하기 때문에, 아버지를 향한 감정이 복잡해져서 공포라는 또 하나의 감정이 추가된다. 실제로는 공포와 죄책감이라는 한 쌍의 감정이 더 생긴다. 무의식적 생활에 있어 피해 갈 수 없는 과정으로, 남아들은 모든 욕망 중 가장 금기시되는 근친상간과 부친 살해라는 두 가지 매섭고 고통스러운 갈등에 맞닥뜨린다. 일차과정 사고에서는 단순히 아버지를 대신하는 것과 아버지를 살해하는 것이 분명하게 구별되지 않는다. 오이디푸스 콤플렉스의 해결책을 고심하다 보면, 우리들은 청소년기의 가장 중요한 과제 중 하나가 공포와 죄책감이라는 문제임을 알게 된다.

어머니에 대한 애착과 아버지와의 경쟁은 부모들이 조장하는 측면도 있다. 그 이유를 곧 살펴보겠지만, 어린 아들에 대한 어머니의 애착은 좀 애매하기는 하나 그 자체가 에로틱하며 유혹적일 수 있다. 남편들은 때때로 어린 아들에게 아내를 빼앗겼다는 농담을 하곤 한다. 종종 이것이 농담 이상인 경우도 있다. 어떤 여성들에게는 아들이 곧 자신들이 기다리던 남자다. 아들과의 관계는 어머니가 완벽하게 통제할 수 있는 갈등 없는 애정관계다. 이 관계는 완성될 수 없는 에로틱한 관계이기에 그들이 지닌 성적 죄책감이 무엇이든 이를 만족시킬 수 있는 것이다.

비록 아버지가 아들과 동일시하고 새로운 어린 동지로 받아들이지만, 그의 감정은 실제로 지극히 **양가적**이다. 자신의 자리를 대신할 세대가 극적으로 나타난 셈이다. 늙고 죽어 가는 자신과는 대조적으로 젊고 무한한 잠재력을 지닌 아들은 다소 불편한 존재일 수 있다. 물론 많은 남성들은 그들이 아주 완벽하게 지배할 수 없는* 한 남자와 맞닥뜨릴 수밖에 없다는 것을 인정해야 한다. 그러나 가장 중요한 것은 아들은 지금 아내의 사랑을 차지하는 데 있어서 경쟁자가 된다는 점이며 아버지는 아들에게 경쟁심과 때로는 적대감까지 갖게 됨을 스스로 발견하게 된다. 오이디푸스 이야기가 어떻게 시작되는지 회상해 보자. 오이디푸스는 스스로 알지 못하고 범죄를 저질렀다. 완전히 알면서 범죄를 저지른 쪽은 오이디푸스가 아니라 무고한 자기 아들을 죽이고자 했던 라이우스다. 따라서 이러한 콤플렉스를 **라이우스 콤플렉스**라고 불러야 한다는 의견도 더러 있었다.

아들을 향한 아버지의 적대감과 천진난만한 아들에 대한 아버지의 의심은 서구 문화의 생활과 문학작품에서 넘쳐 나는 주제이다. 셰익스피어의 희곡에서 맥베스가 스코틀랜드의 왕 던컨을 살해할 때, 던컨의 아들들은 자신들도 범죄자로 고발당할 것이 당연하다고 생각하여 도망간다. 또 헨리 IV세는 충성스럽고 사랑스러운 아들 할이 왕위를 계승하기 위해 자신의 죽음을 기다린다고 비난한다. 많은 치료자들이 아버지로부터 사랑과 지지를 받는 남자

---

* 역주: 원문에는 can으로 되어 있으나 문맥상 그 반대로 번역하였음.

내담자는 극히 드물다고 보고한다. 한 내담자는 열 살 무렵 아버지에게서 권투를 배웠다고 했다. 아버지의 지시대로 행운의 펀치를 날렸는데, 아버지는 그 즉시 아들을 녹다운시켰다. 내담자는 화가 난 아버지가 자신을 내려다보면서 "두 번 다시 내게 이와 같은 짓을 하지 마"라고 말했다고 회상했다. 이야기가 다소 과장된 면이 있기는 하지만, 이러한 주제는 매우 흔하다.

문화인류학자인 존 휘팅의 연구에서는 아버지가 아들을 향해 적대적 경쟁심을 갖는 현상을 조명했다.[11] 어떤 일부다처제 문화에서 아기는 생후 1년 동안 어머니와 함께 잔다. 아버지는 이들의 침실에 들어오지 못한다. 이러한 사회에서는 사춘기 소년들의 성인식이 다른 문화에서보다 혹독하게 거행된다. 소년의 아버지를 포함해 성인이 된 남성들은 이 소년에게 때로는 성기 상해를 입히는 등 상당한 고통을 가하며 남자들 세계로 들어오게 한다. 무의식적인 힘이 아내의 침실에서 쫓겨났던 아버지들로 하여금 사춘기에 도달한 아들들에게 상징적인 거세를 하게 했다는 것을 상상하기는 그리 어려운 일이 아니다.

이제 여아들의 오이디푸스 콤플렉스에 대해 살펴보자. 여아들의 오이디푸스 콤플렉스는 특별한 복잡성을 지닌다. 소년들의 오이디푸스기 사랑의 대상은 자신이 처음부터 사랑하고 필요로 했던 동일한 사람인 반면, 여아들은 처음의 애착 대상이던 어머니에서 새로운 애착 대상인 아버지로 옮겨 간다.

남자 형제들과 마찬가지로, 어린 여아 역시 어머니의 압도적인 힘에 대한 대응책을 필요로 한다. 아들과 마찬가지로 딸도 어머니로부터 독립하기 위한 도움이 필요하다. 뿐만 아니라 딸 역시 아버지에게 의지하려 하는데, 이때 딸은 실망을 느끼게 된다. 자기는 오빠처럼 아버지와 동일시할 수 없기 때문이다. 여아는 중요한 생리적 차이를 알게 된다. 즉, 자신에게는 남근이 없다는 점이다. 전형적으로 아버지는 아들을 작은 동지로 받아들인 것과 달리 딸은 받아들이지 않는다. 아버지는 딸을 그저 사랑스럽고 매혹적인 어린 사람으로 취급한다. 여아는 남근이 없다는 것이 고통스러운 결과임을 처음으로 배운다. 딸은 압도적인 힘을 지닌 어머니로부터 자신을 보호해 주고 자신의 자율성과 독립성을 옹호해 줄 수 있는 강한 힘을 가진 아버지와의 동일시와 동지애 형성에서 제외된다.

아버지가 자신을 동지로 받아들이지 않고 자신이 아버지의 동지가 될 자격을 갖추지 못하였다면, 어머니로부터 벗어나 자유로워지기 위한 도움을 얻기 위해 아버지를 어떻게 자기 편으로 만들 수 있을까? 대책이 없지는 않다. 아버지를 향한 어머니의 사랑은 에로틱하며, 딸은 여전히 어머니와 강하게 동일시하고 있다. 아버지는 그녀를 사랑스럽고 매혹적이라고 여기고 있다. 비록 그녀에게는 남근이 없지만 아버지의 애인으로서 아버지의 남근을 가질 수 있고, 그럼으로써 아버지의 힘을 나눠 가질 수 있는 셈이 된다. 따라서 일차 애정 대상이 어머니에서 아버지로 옮겨 가기 시작한다.

딸과 어머니의 관계는 이제 매우 복잡해진다. 딸에게 어머니는 첫사랑이면서 자신이 동일시했던 사람이다. 그렇지만 이제 어머니는 아버지의 사랑을 얻기 위한 경쟁자다. 이것이 여아들의 오이디푸스 콤플렉스다. 즉, 아버지를 향한 에로틱한 욕망은 어머니에 대해 혼란스럽고 양가적이며 분노에 찬 경쟁심과 혼합된다. 어머니는 강한 힘 때문에 사랑의 대상일 뿐만 아니라 항상 두려움의 대상이었는데, 이제 여아에게는 어머니가 두려운 또 하나의 새로운 이유가 생겼다. 어린 남아들과 마찬가지로, 여아 역시 심한 무의식적 죄책감을 갖게 된다.

우리는 오이디푸스기 발달에 있어서 남아들과 여아들의 유사점에 관해 살펴보았다. 남아와 여아 모두 어머니의 압도적인 힘에 두려움을 느끼며 보호받기 위해 아버지에게 의지한다. 양쪽 모두 종국에는 반대 성의 부모를 좋아하고 동성 부모를 경쟁자로 여기게 된다. 그리고 남·여아 간에 차이점도 있음을 알았다. 즉, 자신을 보호하기 위해 아들은 아버지와의 유사점에 의존하지만, 딸은 자신의 매력에 의존한다. 남아는 결국 자신이 늘 사랑하고 의지했던 부모를 갈망하는 것으로 끝내지만, 여아는 어머니를 사랑하는 것에서 아버지를 사랑하고 갈망하는 것으로 옮겨 가야 한다.

우리는 이제부터 아동의 장래에 매우 중요한 영향을 미치게 되는 오이디푸스 콤플렉스의 해결과정에 관해 논하고자 한다. 이 시점의 아동들은 결정적으로 애매한 처지에 있다. 여아의 경우, 아버지의 애인으로서 어머니의 자리를 빼앗는 것은 파국적 결말 없이는 불가능하다. 따라서 여아의 과제는 건강한 청소년기와 건강한 성인기를 맞이하기 위한 최선의 노력을 함으로써 이 애매한 처지에서 벗어나는 것이다. 이는 성적으로 가능한 최상의 적응을 하는 것을 뜻하지만, 꼭 그런 것만은 아니다. 여아가 오이디푸스 콤플렉스를 어떻게 해결하느냐는 여성으로서의 자신을 얼마나 흔쾌히 받아들일 수 있는가에 영향을 미치고, 또 이는 다른 남성이나 여성들과의 관계 형성에 영향을 미친다.

남아든 여아든 해결책으로 가는 길에는 많은 함정들이 있다. 여아의 경우 성에 대해서나 또는 자기보다 나이가 많은 여성들과의 관계에 대해서 죄책감을 가질 수 있다. 또 자신의 성적 정체감에 대해 갈등을 겪을 수도 있으며 상대방에게 열정과 애정을 느낄 수 없어 애정관계 형성에 심각한 어려움을 겪을 수도 있다. 남아들역시 다르기는 하지만 이와 똑같은 해결 과제와 위기 상황을 맞는다. 어느 누구도 약간의 상처와 지속적으로 남게 되는 심리적 부담 없이 이러한 발달적 위기를 넘길 수는 없다. 섬세하고 애정이많은 부모들은 이러한 짐을 덜어 줄 수 있지만, 완전히 없애 줄 수는 없을 것이다.

프로이트는 **오이디푸스 콤플렉스**가 두 단계로 발달한다고 보았다. 첫 단계는 남근기 동안 나타난다. 우리가 앞서 살펴본 단계가 바로 이 첫 단계인데, 이 시기에 오이디푸스 콤플렉스의 해결이 시작된다. 두 번째 단계는 사춘기 이후에 나타나는데, 이시기에 오이디푸스 콤플렉스의 해결은 마침내 결실을 맺는다. 이 두 단계의 오이디푸스기 사이에 프로이트가 '잠복기'라고 명명한 단계가 있다.

잠복기

이 시기는 대략 6세부터 사춘기까지 지속된다. 남근기의 에로틱한 충동은 오이디푸스 콤플렉스처럼 억압된다. 프로이트는 대부분의 아동들이 이 시기 동안 모든 성적 욕망을 억압한다고 생각했다. 그는 사회화와 본능 발달의 과정이 이러한 억압에 기여한다고 보았다. 잠복기를 시작하게 하는 억압에는 근친상간의 환상에 대한 공포가 주된 기여요인인 것처럼 보인다. 그렇지만 많은 아동들은 이 시기에도 강력한 성적 충동을 계속 경험한다고 프로이트는 인정했다. 서구 문화에서 이러한 충동은 자위행위로 표출된다. 그러나 성교를 포함해 아동기에 성행위가 허용되기도 하는 어떤 문화에서는, 이러한 충동들은 사춘기가 되기 전에 보편적으로 나타난다. 근친상간의 금기와 오이디푸스 콤플렉스가 보편적인 현상으로 여겨지는 반면, 잠복기는 문화에 따라 있을 수도 있고 없을 수도 있다. 그러나 아동기 성행위가 허용되는 문화에서조차도 이 시기 동안 오이디푸스 콤플렉스가 억압되는지에 대한 증거는 거의 없다.

프로이트는 잠복기가 신경증적 취약성에 영향을 미친다고 생각했기 때문에 그의 이론에서 잠복기는 특별히 중요하다. 프로이트는 모든 관능적인 욕망은 남근기에 가장 많이 발달한다고 추론했다. 그런데 관능적 욕망은 주로 사회화의 형태를 띠는 반대되는 힘에 부딪히게 된다. 아동들은 죄책감과 수치심, 심지어 혐오감을 느껴 관능적 욕망을 억압한다. 그런데 호르몬이 갑자기 억압의 장벽을 뚫고 시스템 속으로 흘러들어 가고 잠복기가 끝나게 되면 관능적 욕망이 다시 강해진다. 위험한 점은 잠복기에 있었던 억압이 상처를 남길 수 있다는 것이다. 이제 청소년들은 발달과업 중 가장 어렵다고 생각될 수도 있는 문제에 봉착하기 시작한다. 남녀 청소년들은 자기 내부의 충동적인 관능적 욕망과 부드럽고 애정 어린 충동 사이의 조화를 이루어야 한다. 우리가 욕망하는 대상을 사랑할 수 없다는 점과 사랑하는 대상을 욕망할 수 없다는 점은 심각한 심리적 부담으로 작용한다. 그런데 이러한 심적 고통은 보편적이다. 프로이트는 누구도 이러한 고통에서 벗어날 수 없을 것이라고 생각했다. 그는 잠복기가 도래하여 이런 조화를 이루는 것이 더 어려워진다고 보았다. 성적 관심이 제지당하지 않고, 심한 억압이 개입되지 않는다면 애정과 욕망이 조화를 이룬 건강한 성인으로서의 성적 욕구가 자연스럽게 발달할 것이다.

성기기: 오이디푸스 콤플렉스의 해결

호르몬의 공격이 사춘기 아동들을 청소년기로 밀어붙임에 따라 청소년들은 오이디푸스 콤플렉스를 해결하는 중요한 발달 과업에 직면하게 되는, 프로이트가 성기기라고 부른 시기에 접어들게 된다. 오이디푸스 콤플렉스의 해결의 씨앗은 남근기에 뿌려졌고 이제는 꽃을 피우게 된다. 이미 살펴보았듯이, 청소년기와 성인기에 성욕을 어떻게 다룰 것인지는 사춘기 아동들이 오이디푸스 콤플렉스를 어떻게 해결하느냐에 따라 결정된다.

오이디푸스 콤플렉스의 해결은 다양한 형태를 취하지만, 한 가지 보편적인 면이 있는 것 같다. 그것은 바로 청소년들이 부모를 향한 에로틱한 애착관계에서 벗어나 적합한 새로운 사람들을 향해 에너지를 쏟아야 한다는 점이다. 건강하게 적응하려면 부모에 대한 무의식적 고착에 얽매이지 않고 이러한 새로운 사람들과 관계를 맺어야 한다.

오이디푸스 대상에 대한 욕망을 떨쳐 버리는 것이 쉽지 않은 일이지만, 부모의 자상한 협조가 있다면 상대적으로 덜 힘들 것이다. 아버지는 유혹적이지 않은 방식으로 딸의 여성적 매력을 사랑스럽게 인정해 줘야 한다. 어머니 역시 아들을 이와 같은 방식으로 대해 줘야 한다. 아들은 아버지보다 자기들이 어머니에게 그리고 딸은 어머니보다 자기들이 아버지에게 더 매력적이고 관심을 끄는 대상이라고 느끼지 않는 것이 중요하다.

프로이트는 오이디푸스 콤플렉스의 이상적인 해결(좀처럼 완전히 이루기는 어렵겠지만)이 이루어져야 이성관계에 적응할 수 있게 된다고 보았다. 즉, 청소년기와 성인기에 자신이 욕망을 느끼는 사람을 사랑하고 또 자신이 사랑하는 사람에게 욕망을 느끼는 것과 같이, 동일한 대상을 향해 온화하면서 동시에 열정적인 감정을 경험할 수 있게 된다는 것이다.*

---

* 프로이트가 이성관계의 적응이 이상적이라고 믿었던 것에 대한 설명이 필요하다.

어떤 **동성애자**들은 선천적으로 강한 동성애적 성향을 갖고 태어나며 어린 시절 경험과는 무관하게 동성애를 선택하게 될 것이라는 최근의 연구 결과에 대해 프로이트는 전혀 놀라지 않을 것이다. 어느 정도까지는 우리 모두가 양성애자인데 동성애와 이성애의 선천적인 성향 간의 균형이 개인마다 크게 차이가 있을 것이라고 그는 생각했다.

프로이트는 애정과 열정을 성공적으로 결합시키는 목적을 완전하게 성취하려면, 오이디푸스 콤플렉스를 억압하지 않고 전부 제거하고 없애 버려야 한다고 생각했다. 이 콤플렉스를 억압할 경우에는 계속적으로 파괴적인 영향을 받게 될 것이지만, 더 이상 무의식에 남겨 두지 않고 완전히 없애버린다면 성인기에 성적인 욕구를 만족스럽게 충족시켜 나갈 수 있을 것이다. 프로이트와 그의 추종자들은 오이디푸스 콤플렉스를 완전히 없애는 것이 바람직한

그가 연구활동을 했던 시기와 문화를 고려해 볼 때, 프로이트는 놀랍게도 동성애 공포증(homophobia)을 거의 갖고 있지 않았다. 미국의 한 여성이 프로이트에게 정신분석을 통해 아들의 동성애를 치료해 줄 수 있는지에 대해 문의하는 편지를 썼다는 유명한 일화가 있다. 1935년에, 프로이트가 쓴 답변을 발췌해 보면 다음과 같다.

○○부인께
당신의 편지에서 아드님이 동성애자라는 것을 알았습니다. 아들과 관련된 정보를 밝히는 부분에서 부인 스스로 동성애란 용어를 전혀 언급하지 않으셨다는 점이 가장 인상적이었습니다. 왜 그 단어를 피하셨는지 여쭤 봐도 되겠습니까? 동성애가 확실히 이로울 것이 없기는 합니다만, 부끄러워할 일도, 부도덕한 일도, 경멸할 일도 아닙니다. 그것은 질병으로 분류될 수도 없습니다. 동성애란 성적 발달 중의 어떤 장애 때문에 생긴 성기능의 변형이라 생각합니다. 고대와 현대의 높이 존경받는 많은 인물들이 동성애자였으며, 그중에는 아주 위대한 사람들도 있습니다(플라톤, 미켈란젤로, 레오나르도 다 빈치 등). 동성애를 범죄라고 박해하는 것은 공정하지 못하며, 오히려 잔인한 처사입니다. 저를 믿지 못하시겠다면 헤이브록 엘리스의 저서를 읽어 보십시오……

목표지만 이를 완전히 없애기는 어렵다고 생각했다. 이론적으로는 남아들이 강한 거세공포 때문에 여아들보다 오이디푸스 콤플렉스를 없애기가 더 쉬울 것이라고 생각했다.

'긍정적' 해결

만족스럽고 적응적인 이성애적 생활이라는 목적을 달성하기 위해 청소년기 남아들은 동일시를 통해 아버지와의 위험하고 경쟁적인 투쟁을 포기한다. 남아들은 아버지가 찾은 여인상, 즉 어머니를 닮은 성을 (무의식적으로) 찾으려 한다. 그렇지만 경쟁을 포기하고 근친상간 금기를 수용하면서 어머니가 더 이상 자신에게 적임자가 아님을 분명히 알게 된다.

청소년기 여아들도 마찬가지로 어머니와 동일시하여 경쟁적 투쟁을 포기하고 아버지같은 남자를 찾기 시작한다. 프로이트는 이를 '긍정적' 해결이라 불렀으며 이렇게 함으로써 잘 적응된 성인기를 위한 최상의 희망이 생긴다고 생각했다. 그러나 프로이트는 청소년들이 오이디푸스 콤플렉스에 의해 전혀 방해받지 않고 잘 적응하는 것은 결코 흔한 일이 아니라고 생각했다.

'부정적' 해결

오이디푸스 콤플렉스에 대한 초기 저서에서, 프로이트는 청소년들이 동성애적 태도를 취함으로써 경쟁을 포기하는 '부정적' 해결에 관해 기술하였다. 이러한 부정적 해결에는 여러 가지 방식이 있다. 프로이트는 자기 아버지의 아이를 낳고 싶어 했던 여자 환자에 대해 기술했다. 이러한 그녀의 갈망이 최고조에 달했을 때, 그녀의 어머니가 임신을 하였다. 자기가 그렇게 원하던 아이를 어머니가 낳자, 그녀는 아버지에게 배신감과 분노를 느꼈다. 화가 난 그녀는 아버지는 물론이고 모든 남자들을 외면하였다. 그녀는 철저한 동성애자가 되었다. 그 후로 그녀는 어머니에 대해 심한 경쟁적 적대감을 포함한 양가감정을 느꼈다. 어린 시절의 엄마에 대한 애착이 아직 남아 있었기 때문에, 그녀는 죄책감으로 괴로워했다. 그녀는 상징적으로 어머니를 욕망의 대상으로 하고 어머니를 연상케 하는 여성과 사랑에 빠짐으로써 그 죄책감을 다루려 하였다. 또한 어머니는 남자들의 관심을 끄는 데에 열중했는데, 딸은 동성애자가 됨으로써 어머니에게 속한 이러한 영역을 포기하고 남자의 관심을 끄는 것과 같은 문제에서 어머니와의 경쟁을 피해 가려 하였다.

이 사례에는 프로이트의 가장 중요하고 가치 있는 통찰이 포함되어 있다. 즉, 상실에 대한 일반적인 반응은 상실한 대상과 동일시하여 자신이 그 사람이 되거나 그 사람의 일부가 됨으로써 심리적으로 상실을 만회하려 한다는 것이다. 프로이트는 이 현상을 애도에 관한 논문에 기술하였는데, 거기서 이 현상이 환자의 동성애적 해결책을 어떻게 강화시켰는지를 보여 주었다. 즉, 그녀는 아버지를 잃었고, 이제는 여자를 사랑하는 사람이 됨으로써 그녀 자신이 어떤 의미에서는 돌아가신 아버지가 된다는 것이다.

한 남자 내담자가 가끔 일어나는 동성애적 욕구 때문에 괴롭다는 이유로 찾아왔다. 그는 자신이 이성애자라 생각했으며, 이성관계밖에 경험하지 않았고 여성과 결혼해서 자녀도 있었다. 그는 여성과의 성생활이 항상 불만족스러우며 앞으로도 계속 그럴 것이라고 했다. 이따금씩 견딜 수 없을 정도로 동성 파트너를 찾고 싶은 욕구가 일어난다고 한다. 밖에 나가서 동성애자들이 모여 있는 지역을 기웃거리곤 했다. 그러나 실제로 동성애자인 남자를 유혹하거나 상대하는 것은 두려웠고, 단지 거리를 어슬렁거리는 것만으로 만족을 느꼈다. 그런 다음엔 강한 수치심에 휩싸였다.

내담자는 어린 시절에 아버지가 바람을 심하게 피웠고, 집에 들어오는 날이 드물었던 것으로 기억한다. 아버지는 바람 피우는 것을 전혀 숨기려하지 않았다. 항상 그는 아버지의 사랑이 그리웠다. 치료를 해 나가는 동안 내담자는 아버지를 성관계와 성관계를 해 주는 여자들에만 관심을 가졌던 사람이라고 믿고 살아 왔음을 알게 되었다. 마침내 그는 자신이 성관계를 제공해 준다면 아버지가 자기를 사랑할 것이라고 무의식적으로 믿게 되었다. 그래서 그는 아버지가 자기를 성적 상대자로 선택해 주기를 무의식적으로 바라는 마음에서 거리를 배회하는 것이었다.

애정과 욕정의 분리

앞서 살펴보았듯이, 프로이트는 인간의 성욕발달에 있어서 중요하면서도 어려운 과업은 자신의 충동의 관능적 회로를 부드럽고 애정 어린 충동과 조화를 이루는 데에 있다고 믿었다. 프로이트는 누구도 이 두 가지의 조화를 완벽히 이룰 수는 없다고 생각했으며, 치료 경험을 통해 많은 사람들이 애정과 관능적 충동이 서로 분리되어 고통받고 있음을 알게 되었다. 비록 대다수의 여성들에게서도 나타나지만, 대중문화에서는 이것이 귀부인과 창녀 현상이라고 알려져 있다.

오이디푸스 이론에 의하면, 근친상간의 금기란 한쪽 부모를 향한 애욕을 금하는 것이라고 보았다. 아들은 어머니를 향해 애정을 느낄 수가 있고 또 실제로 이러한 감정을 갖고 있는 것이 당연하다. 그러나 어머니를 향한 애욕적인 감정은 억압해야 한다. 동일한 현상이 딸과 아버지에게서도 나타난다. 아들이 성장하여 사랑을 나눌 여성을 찾을 경우, 이 갈등의 정도에 따라 실제로는 두 명의 여성 또는 아마도 두 종류의 여성을 찾게 될 것이다. 온화함과 사랑스러움을 느끼며 부모에게 소개하고 결혼하고 싶은 '어머니 같은' 여성들을 만난다. 만약 근친상간의 금기 때문에 애욕적 충동이 '모범적이고' '정숙하고' '교양 있는' 여성에 의해 다소 심하게 절제된다면, 열정을 나눌 수 있는 전혀 다른 범주의 여성을 찾기도 한다. 남북전쟁 전에 남부 지방에서는 상류층의 젊은 남성들이 데이트를 하고 결혼하는 여성들은 상류사회 아가씨들이지만, 성관계는 노예들과 했던 것이 익히 알려져 있다. 이것은 지금도 계속된다. 미국 남서부 대학생들의 경우, 남학생 사교 클럽의 회원들은 여학생 클럽의 회원들과 데이트를 하고 결혼하지만 성관계는 변두리 여성들과 갖는다. 이 모범적인 여성들의 결혼 후 성생활을 상상하는 것은 슬픈 일이다. 이렇듯 애정과 욕정의 분리가 더 미묘하게 나타나기는 하지만, 그것은 많은 사람들에게 고통스러운 문제로 남게 된다.

오이디푸스 승리자

이전에 언급했듯이, 부모들은 오이디푸스 콤플렉스를 성공적으로 해결하도록 도와주기도 하고 방해하기도 한다. 오이디푸스 콤플렉스의 해결에 있어 가장 일반적인 파괴적 결과 중 하나는 아동들 자신이 동성 부모와의 경쟁에서 승리했다고 믿는 것이다. 남아와 여아에게 이러한 일은 여러 가지 방법으로 나타난다.

딸이 오이디푸스 승리자라고 생각하기 위해서는 어머니가 딸을 위해 권리를 포기한다든지, 아버지가 어머니보다 자기를 더 좋아한다는 메시지를 얻어야 한다. 실제적인 성추행이 없더라도 아버지가 자신을 더 좋아한다는 것은 성적인 의미일 수 있다. 아버지는 딸에게서 그가 결혼한 젊고 발랄했던 아내의 모습을 발견하고 감각적 매력을 느낀다는 분명한 메시지를 보낼 수 있다. 그렇지 않으면 아버지는 딸을 더 좋은 동반자 혹은 더 동정적으로 자기 말을 들어주는 여인으로 생각할 수도 있다.

어머니는 여러 가지 경우로 자기 자리를 비울 수 있다. 가장 기본적인 예는 딸이 아동기나 청소년기에 있을 때 어머니가 사망하는 경우다. 아버지가 매우 세심하지 않으면 딸은 어느 순간 자신이 아버지의 아내 자리로 승격해 있다고 생각할 수 있다. 또 부모가 이혼하고 딸이 아버지와 함께 사는 경우도 생긴다. 또 다른 경우, 어머니는 아버지에 대한 관심을 잃고 딸이 자기 자리를 넘겨받기를 원한다는 메시지를 딸에게 보낼 수도 있다.

오이디푸스 콤플렉스 맥락에서 이러한 시나리오들이 일어난다는 것을 기억하는 것이 중요한데, 그것은 딸이 무의식적으로 승리하기를 열렬히 바란다는 것을 뜻한다. 승리가 그렇게 끔찍한 대가를 치러야 얻어지는 이유는 바로 이 때문이다. 일차과정 영역에서 소망은 행위와 동등하다는 것을 다시 한 번 상기하게 된다. "어머니에게서 아버지를 떼어놓고 싶었는데, 난 그렇게 해냈어." 지금 딸은 자신이 근친상간과 모친 살해라는 가장 끔찍한 두 가지 죄를 고의로 저질렀다고 무의식적으로 믿는다. 이러한 근친상간이 단지 상징적인 것이라면 다행이지만, 그것이 아무리 정신적인 것이라 할지라도 딸은 죄책감을 가져 속죄를 구하게 된다.

스스로를 오이디푸스 승리자로 생각하는 소녀들은 여성, 특히 나이 든 여인들에 대해 죄책감과 두려움을 갖고 성장한다. 그들은 어머니로부터 고의로 아버지를 빼앗았다는 것과 나이 든 여성이 복수할 것이라는 것을 무의식적으로 믿는다. 그들은 아버지를 유혹해서 상징적으로(또는 실제로) 근친상간을 범했다는 생각에서 죄책감을 갖기 때문에 남자들과의 관계를 억제하기 쉽다. 이러한 일차과정에서 소망이 행위와 동등하다는 것을 우리는 잘 알고 있다.

딸을 성적으로 착취하는 아버지는 여러 가지 분명한 이유에서 파국적 결말을 맞는다. 분명하지는 않지만 엄청난 대가를 치르게 되는 한 가지 이유는 딸이 자신의 오이디푸스적 소망을 통해 이러한 결과를 초래한 것이 아님을 확신할 수 없다는 점이다. 이 결과로 인한 혼란감과 죄책감은 아동을 심하게 괴롭힌다.

마리아나는 아버지로부터 여러 번 성추행을 당해 온 내담자다. 남편 상사의 집에서 열리는 파티에 참석했는데, 남편의 상사는 자기보다 20세나 많은 여자였다. 마리아나는 그 상사에게 처음 인사를 한 후 심한 공황발작이 와서 남편에게 즉시 밖으로 데려가 달라고 해야만 했다. 그녀는 치료자에게 말하기를, 엉뚱한 생각이라는 것을 충분히 알고 있었지만 그 상사가 자기를 미워해서 해치려 한다고 확신했었다는 것이다.

남아들 역시 오이디푸스 승리자가 될 수 있다.

제프리는 부부관계에서 성적인 억압 때문에 고통을 겪는 것을 비롯해 여러 가지 문제로 치료자를 찾아왔다. 그들 부부는 30대 중반인데 결혼하기 전에는 만족스러운 성관계를 가졌었다. 제프리가 치료를 받기 시작할 무렵은 결혼한 지 1년쯤 지난 때였고, 부부간 성관계가 계속 감퇴되어 가고 있었다. 제프리는 결혼식 때 신부에게 키스하는 것이 너무 힘들어 실제로 키스를 하지 않고 잘 넘어갔음을 치료 초기에 다소 머뭇거리면서 실토했다. 결혼식에서 부인과 키스를 했더라면 그것이 어머니 앞에서 하는 첫 키스였으리라는 사실을 그는 몇 달 후에 갑자기 깨닫게 되었다.

제프리가 열살 때 부모님은 이혼하였다. 어머니는 재혼은 물론이고 데이트도 하지 않았다고 한다. 어머니는 제프리에게 "너는 나의 어린 남자다"라고 말했고, 실제로 그렇게 대해 왔다고 한다. 몇 년 후 제프리가 자위행위를 시작했다. 자위행위 도중 침대에 사정을 했고 그것을 숨기려 하지 않았다. 매일 아침, 어머니는 아무런 불평 없이 시트를 걷어 내고 세탁을 한 다음 다시 정리해 놓았다. 제프리는 자기가 사정을 한 것을 어머니가 알고 있음을 확신했다. "우리가 실제로 성관계를 한 것이지요, 안 그런가요?" 제프리는 치료자에게 물었다.

우리는 제프리의 어머니를 가엾게 여겨야 한다. 그녀는 젊고 외로운 홀어머니로 살아 왔다. 자신의 여러 가지 욕구를 충족시키기 위해 사랑하는 아들에게 의지했다는 것은 이해할 만하다. 그렇지만 이러한 행동은 제프리가 오이디푸스 콤플렉스로부터 해방되는 데에 심한 장해요인이 되었다.

부모의 이혼은 실제로 눈앞에서 아버지를 제거한 셈이며, 아무리 어머니가 조심스럽게 이 문제를 다루더라도 제프리에게는 실질적인 위험이 된다. 우리는 아이들이 오이디푸스 투쟁에서 승리자가 된 점을 인지하지 못한다는 점이 얼마나 큰 피해를 주는지, 또 부모가 아동들이 승리자가 될 수 없을 것이라는 입장을 계속 유지하는 것이 얼마나 위험한지를 보아 왔다. 제프리는 아버지가 사라지기를 바랐다. 그리고 아버지가 실제로 떠났을 때 제프리는 자신의 소망 때문에 그렇게 된 것이므로 자기에게 잘못이 있으며, 실제로 자신이 아버지를 살해했다고 무의식적으로 믿게 된 것이다. 일차과정 영역에서 소망, 즉 죽이고 싶은 소망은 행위와 동등하며 추방은 살해와 동등한 것이 된다. 제프리는 자신이 아버지를 사랑했을지라도 결국은 자신이 아버지를 쫓아낸 것이라고 믿어 부모의 이혼에 대해 죄책감을 가졌을 수 있다. 그러나 실제로 그는 아

버지를 별로 좋아하지 않았다. 그는 아버지가 두려웠고 아버지가
떠나서 마음이 놓였다.

그렇다고 하여 오이디푸스 콤플렉스 시기에 부모가 이혼한 가
정의 자녀들이 모두 오이디푸스 승리자가 된다는 것은 아니다. 사
려 깊은 부모들은 아동들에게 이혼이 그러한 것을 시사하지 않음
을 분명히 해 둘 수 있다. 그렇지만 오이디푸스기에 있는 많은 이
혼 가정의 자녀들이 자기들 때문에 부모가 이혼한 것은 아니라고
믿기는 여전히 어렵다.

오이디푸스 콤플렉스의 결과

오이디푸스 콤플렉스의 궁극적인 중요성은 오이디푸스 콤플렉
스가 청소년들을 몇 년 동안만 힘들게 하는 것이 아니라, 때로는
극단적인 문제를 일으켜 장기간 지속되는 결과를 초래한다는 점
이다. 드물기는 하지만, 아주 건강하고 세심한 부모의 도움을 받아
상처받지 않고 자란 사람들은 애정과 열정을 동시에 느낄 수 있는
대상을 찾게 된다. 그들은 죄책감이나 두려움 없이 남녀 모두와
좋은 관계를 유지하고, 그들의 부모처럼 민감한 태도를 갖고 자신
들의 자녀를 양육할 수 있다. 나머지 사람들은 가능한 최선을 다
해 오이디푸스기의 부담을 다루어야 한다. 그 강도는 경미한 수준
부터 장해가 되는 수준까지 다양하다. 우리는 이미 오이디푸스 콤
플렉스가 동일한 사람을 향한 사랑과 욕망을 어떻게 방해하는지

를 살펴봤다. 그 결과 또한 달라질 수 있다. 욕망의 대상이 되는 부모에게 강하게 고착되어 있을수록 배우자에게 자신을 헌신할 수 없게 된다. 아마도 돈 후안처럼 이 여성에서 저 여성으로 옮겨 가면서 무의식적으로 그리고 쓸데없이 어머니를 찾게 된다.

오이디푸스 콤플렉스는 적지 않게 사람들의 생활을 방해한다. 아주 영리한 어떤 내담자는 그 자신이 치료자여서 "내가 이 여성에게 접근하기 두려운 이유가 그녀가 내 어머니 같아서일까요, 그 반대여서일까요?"라고 묻곤 했다. 그가 이렇게 묻는 것은 그 여성이 어머니를 너무 많이 연상케 하면 근친상간의 금기가 자극받는 셈이고, 어머니를 연상케 하지 않는다면 돈 후안처럼 어머니에 대한 고착 때문에 그녀를 떠나 어머니를 닮은 여성을 계속 찾아 헤매게 될 것임을 의미하는 것이다.

결혼 초반에는 성생활이 매우 만족했던 어떤 부부를 나는 치료하게 되었다. 그렇지만 시간이 지날수록 남자의 성적 기능이 점점 저하되었다. 그는 단지 자신이 너무 바쁘기 때문이라고 믿었고 또 그렇게 합리화하였다. 마침내 분명해진 것은 부인이 데이트 상대였을 때는 흥분을 느꼈지만, 그녀가 부인이자 어머니가 될 것이라고 예상하기 시작하면서 근친상간의 금기가 살아났다는 사실이다. 이에 더하여 그는 어머니에게 지속적으로 고착되어 있었다. 그 영리한 내담자는 이렇게 말했을 것이다. "그녀가 어머니이기 때문이기도 하고 어머니가 아니기 때문이기도 해서 성관계를 맺을 수 없었던 거예요."

남아나 여아 모두 오이디푸스 콤플렉스를 해결하려는 시도에 있어 유사점이 많기는 하지만, 이러한 해결책이 성별에 따라 각기 특이한 면이 있음을 아는 것은 중요하다.

전형적으로 어머니와 아이 간의 애착이 아버지와 아이 간의 애착보다 훨씬 더 강하다. 초도로는 부모의 애착 강도의 차이가 아동이 성장하면서 지속되는데, 어머니의 사랑이 아버지의 사랑보다 더 강하게 남아있다는 점을 발견했다.[12] 따라서 남아의 오이디푸스 콤플렉스가 여아의 그것보다 더 강하게 되는 데에는 두 가지 요인이 작용한다. 남아의 오이디푸스 애정 대상은 첫사랑이며, 첫사랑은 모든 강력한 힘을 함축하고 있다. 이에 더하여 어머니의 사랑이 아버지의 사랑보다 강하기 때문에 남아의 오이디푸스 애착은 그의 누이의 경우보다 훨씬 더 강하게 어머니 쪽으로 되돌아간다. 더 강하기 때문에 더 두려우며 더 저항적이다. 특히 위협적인 것은 남근을 소유했기 때문에 감히 아버지의 경쟁 상대가 되어 거세라는 처벌을 받을 위험이 있다는 것이다.

여아들은 오이디푸스 콤플렉스에서 보다 서서히 그리고 덜 완전하게 벗어난다. 아버지를 향한 사랑에서 벗어나기 위한 여아의 노력이 어머니에 대한 사랑에서 벗어나려는 남아의 노력보다 힘이 덜 든다.

프로이트의 놀랄 만한 통찰 중 하나는 개인의 정체성이 오이디푸스 해결과 연관되어 있다는 점이다. 어머니의 두려운 힘에서 벗어나기 위한 방법으로 딸은 처음부터 어머니와 동일시하며, 아들은 일찍부터 아버지와 동일시한다는 것을 우리는 알았다. 오이디푸스 콤플렉스로 인해 부모가 위험한 경쟁자로 변하는 경우, 아동은 동일시를 강하게 하는 것이 보호장치가 된다는 것을 발견한다. 이러한 현상을 정신분석에서는 '공격자와의 동일시'라고 한다. 오이디푸스 콤플렉스를 해결할 무렵, 이러한 동일시는 여러 형태로 나타난다.

남아의 경우를 먼저 살펴보기로 하자. 동일시의 가장 중요한 형태 중 하나는 어머니를 향한 에로틱한 욕망에 대한 아버지의 금지령을 남아는 **내재화**한다는 점이다. '너는 ~하면 안 되느니라'가 더 이상 아버지의 말이 아니라 자신의 양심이며 초자아가 된다. 프로이트는 이것이 얼마나 흥미 있고 적응적인 형태의 보호장치인지를 지적하였다. 위험은 외부에 있다. 아버지는 벌을 내릴지도 모르며, 심지어 거세할지도 모른다. 이차과정의 세계에서는 아버지를 무력하게 할 수가 없다. 아버지는 나보다 훨씬 더 강하다. 그러나 내가 힘을 가질 수 있는 내 머릿속에서 나 자신을 보호하는 것은 어떤가? 그래서 나는 행동으로 옮기면 처벌받게 되는 위험한 소망에 대한 효과적인 금지명령을 마련하게 되는 것이다.

아직까지는 괜찮다. 아버지와 동일시하였기 때문에 남자로서 안전하며, 근친상간의 소망을 잘 묻어 두는 한 거세당하지 않고 나 자신을 보호할 수 있다. 그렇지만 문제가 하나 있다. 나는 어머니를 사랑하고 동일시함으로써 내 동일시의 여정을 시작했다. 어느 정도는 그것이 고착되어 있을 수밖에 없으므로 여성성을 동일시하는 것으로 퇴행할 위험성이 항상 있다. 아주 어릴 때의 애정은 동일시와 밀접하게 연결되어 있기 때문에 나의 오이디푸스적인 애정이 이러한 반향을 불러일으킬 기회는 항상 있다. 여성과 동일시하는 것은 나의 남성성에 위협이 되며 섬세하고 유약한 많은 남성들이 가지고 있는 두려움을 일깨운다. 이러한 분석은 동성애에 대해 광범위하게 펼쳐져 있는 두려움, 심지어 증오까지도 이해할 수 있게 해 준다. 위협을 받는 것은 단지 나의 남성성만이 아니다. 어머니를 처음으로 사랑했고 전적으로 의존했다. 어떤 청소년이나 어른의 그러한 사랑과 동일시의 반향은 나의 독립성과 자율성도 위협한다.

이제 오이디푸스 콤플렉스를 해결하는 과정에서 여아들이 직면하는 문제에 대해 살펴보기로 하자. 여아들은 오이디푸스 콤플렉스를 없애려는 동기가 남아들만큼 강하지 않다. 그 이유로는 거세될 위험이 없다는 것과, 청소년기의 여아들에게는 어머니가 아버지만큼 위험해 보이지 않다는 것이다. 그래서 여아들에게는 아버지를 사랑하고 아버지를 닮은 배우자를 찾는 것이 그리 위협적이지 않은 것이다.

그렇지만 오빠나 남동생처럼 딸들도 어머니를 사랑하고 동일시하기 시작한다. 오이디푸스 콤플렉스를 해결하면서 딸은 어머니와의 동일시를 강하게 한다. 첫사랑이란 매우 강한 인상을 남기기 때문에 남아의 오이디푸스 콤플렉스는 그렇게 강할 수밖에 없다. 그렇지만 여아의 경우에는 첫사랑의 힘이 그들의 이성관계 적응과 경쟁하게 된다. 그들에게 첫사랑은 여성이다. 오이디푸스 콤플렉스를 해결하는 동안, 어머니와의 동일시가 강화되는 것처럼 어머니를 사랑하는 마음도 강해진다. 이것이 여아들을 매우 혼란스러운 위치에 놓이게 하여, 두 가지 갈등을 일으킨다. 오이디푸스 적 경쟁자를 향해 상당한 분노와 두려움을 느끼게 되는데, 그 대상은 바로 자신이 최초로 사랑했던 사람인 것이다. 이것이 바로 첫 번째 갈등이다. 또 다른 갈등은 오이디푸스 콤플렉스를 해결하게 하는 이성관계 적응과 관련이 있다. 정신역동적 견해에 의하면 모든 사랑은 에로틱한 면을 갖고 있는데, 강한 사랑은 강한 에로틱한 요소를 갖는다. 딸은 어머니와 아버지 모두를 향해 남아 있는 에로틱한 애착을 가지고 오이디푸스 콤플렉스를 벗어난다. 이성애자임에도 불구하고 여성들이 다른 여성들과의 관계에서 친절하고 다정다감하며 때로는 에로틱한 관계를 갖는 이유가 바로 이 때문이다.

그러나 청소년기의 소녀들은 화해 갈등을 남자 형제보다 더 심하게 경험할 수 있다. 딸은 어머니와 밀접하게 그리고 동일시하며 양육되지만, 성장과정에서 자신을 완전히 지배하는 사람도 바로 어머니다. 딸은 스스로 자율성을 아주 많이 원하며 필요로 하지만, 어머니와 동일시함으로써 제공받는 정서적 자양분을 상실할까 봐 망설인다. 약하건 심하건, 이러한 갈등은 여성들이 어머니나 다른 여성들과 관계를 맺을 때 평생 따라다닌다.

제시카 벤자민은 청소년기 소녀들이 오이디푸스 콤플렉스를 해결하는 동안 직면하는 중요한 문제를 하나 더 지적했다.[13] 소녀들은 남성성, 특히 남근의 소유가 성적 욕구와 연합되고 또 성관계 시 공격적 행위자가 되는 것과 연합되는 세상에서 성장한다. 남근이 없는 것을 포함하여, 여성성이란 수동적이고 복종적인 것과 연합된다. 욕구를 표출하는 것은 여성적이지 않으며 욕구의 대상이 되도록 애써야 한다고 여성들은 교육받는다.

한편 딸들의 성장과정에는 아버지와의 동일시라는 중요한 단계가 포함된다. 어머니와의 오이디푸스기 후의 동일시가 이전 단계의 동일시를 완전히 근절시킬 수는 없다. 따라서 딸들은 자신이 동일시하는 아버지 같은 대행자를 무의식적으로 갈망하는데, 꼭 성적인 대행자만은 아니지만, 이 또한 분명히 포함되어 있다. 그리고는 자기에게 남근이 없다는 사실과 서구 문화에서 이 사실이 시사하는 모든 불이익에 다시 한 번 직면하게 된다.

그래서 양쪽 부모를 어느 정도 동일시하느냐에 따라 여아는 다음과 같은 질문들을 하게 된다. 나는 대행자와 성욕 두 가지 모두를 가질 수 있을까? 성적으로 수동적이면서 동시에 능동적이어도 되는가? 내가 욕구의 대상이 되면서 또 내가 요구해도 되는가? 벤자민은 이렇게 말한다. "대행자를 부추기는 동일시적 사랑과 수동성을 장려하는 대상으로서의 사랑 사이의 갈등은 자율적 행동과 이성애를 조화시키려는 여성들의 노력에서 반복적으로 재연된다."[14]

프로이트는 오이디푸스 콤플렉스가 장애물로 뒤엉키는 과정을 관찰했다. 물론 성공적으로 선회할 수 있음을 확신하였지만, 프로이트는 오이디푸스 콤플렉스의 성공과 실패를 결정짓는 요인이 무엇인지는 확실히 알지 못했다. 프로이트의 동료들은 부모와 자녀의 관계를 연구하면서 부모의 세심하고 애정 어린 지도가 성공적인 결과의 확률을 최대화하는 길이라고 보았다. 이러한 지도에는 청소년기의 자녀들을 향한 심한 유혹적 혹은 공격적 충동을 부모 스스로 통제하겠다는 의지가 포함되어야 한다.

여성주의 정신분석가들은 성적 평등주의가 발달하면 남아들이 여성성을 부인함으로써 자기들의 정체감을 주장할 필요성이 줄어들고 자기들 내부에 있는 여성적 요소들을 기꺼이 인정하고 수용할 수 있게 될 것이라고 덧붙였다. 또한 소녀들 역시 자기네들의 여성성을 폄하할 필요가 점점 덜하게 될 것이다. 오이디푸스 단계에서 성공적인 결과의 가장 중요한 증거 중 하나는 애정을 갖고 서로를 존중하는 남녀관계, 즉 양성 간의 차이점과 유사점을 인정하는 관계다. 서구 문화가 이러한 것들을 가능하게 할 뿐만 아니라 이를 지지하는 시기에 도래해 있기를 희망한다.

우리는 햄릿의 우유부단한 마음의 동요와 무력함에 대해 프로이트는 전혀 의아해하지 않았다는 사실을 언급하면서 이 장을 시작했다. 셰익스피어가 깊은 무의식적 영감을 받아 쓴 글이라고 이해한다면 문제가 분명해진다고 프로이트는 생각했다.

이 드라마의 구성은 우리에게…… 햄릿(Hamlet)이 어떤 행동도 실천에 옮길 수 없는 인물을 결코 대표하지 않는다는 점을 보여 준다. …… 그러면 아버지의 영혼이 그에게 부여한 임무를 완수하지 못하도록 방해한 것은 무엇일까? 답은…… 그 임무의 특수성이다. 햄릿은 자기 아버지를 죽이고 어머니와의 관계에서 아버지의 자리를 차지한 사람, 즉 자신이 아동기 때 억압했던 소망을 실현시켜 준 사람에게 복수하는 일만 제외하고는 무슨 일이든 할 수 있다. 따라서 햄릿 자신도 자신이 벌해야 할 사람과 별반 다를 것이 없다는 자괴감과 양심의 가책이 복수를 하도록 몰아대던 혐오감을 바꾸어 놓았다. 나는 여기에 햄릿의 마음속에 무의식적으로 남아 있던 생각을 의식적 용어로 옮겨 놓았다……. 물론 이것은 햄릿에서 우리가 대면한 시인 자신의 마음일 뿐일 수도 있다……. 햄릿은 셰익스피어가 아버지의 사망 직후에 썼다……. 아버지를 잃은 직후 아동기 시절 아버지에 대한 감정이 생생히 되살아났으리라 가정할 수 있다. 어린 나이에 죽은 셰익스피어의 아들 이름이 햄닛(Hamnet)이었던 것도 익히 알려져 있는 이야기다.[15]

어머니를 향해 분노와 애정의 양가감정을 보인 햄릿의 태도는 이해할 만하다. 왜 그랬는지 알아내는 것은 과히 어렵지 않다. 어머니는 아버지를 배신함으로써 햄릿의 마음속 가장 깊은 곳에 있는 금지된 소망을 자극하였다. 이 희곡에는 오필리어라는 또 한 명의 젊은 여인이 나오는데, 햄릿은 그녀와 사랑의 맹세를 주고받는다. 우리는 햄릿이 오필리어를 매우 사랑했다고 알고 있지만, 그들이 함께 있을 때를 보면 햄릿은 오필리어에게 냉담하고 공격적이다. 오필리어를 향한 햄릿의 행동은 이 희곡에서 흥미를 끄는 의문점 중 하나다. 가능한 많은 설명 중 하나는 햄릿이 어머니에 대한 양가감정을 무의식적으로 반복하고 있다는 것이다. 햄릿이 오필리어를 대하는 방식은 다른 남자에게로 떠나간 어머니처럼 오필리어를 자기에게서 떠나도록 몰아붙이는 계산된 행동으로 보일 수도 있다. 이 예가 곧 프로이트가 말한 '강박적 반복'이다. 오이디푸스 콤플렉스를 포함한 어릴 적 경험이 인생에 어떻게 영향을 미치는지를 보다 잘 이해하기 위해서는 그 과정을 탐색하는 것이 필요한데, 5장에서 이 주제를 다룰 것이다.

05 강박적 반복

쥐는 미로의 끝에서 한번 전기 충격을 받으면 다시는 그곳에 가지 않는다. 그것이 쥐와 인간의 차이점이다.
 - 스키너의 하버드대 강의(1959)에서

에드워드라는 내담자는 자기 연배의 부부와 아주 가까운 교우 관계를 맺는 습관이 있었다. 그들과 가까이 지내다가 상대방 부인과 에드워드 사이에 에로틱한 감정이 생기면 에드워드는 그들을 더 이상 만나지 않았다. 그는 매번 이 사실에 대해 끔찍함을 느꼈다. 그는 이것이 우연한 일이라고 생각하였다. 여기까지 읽은 독자들은 에드워드가 오이디푸스 기에 고착된 것이 아닌가 의심하게 될 것이다. 그러나 독자들은 그것이 고착이든 아니든 어떤 무의식적 힘이 그 자신(그리고 그의 순진한 친구)을 익숙하지만 고통스러운 상황으로 계속 몰아가고 있는지 궁금해 할 것이다.

고통스러운 상황이나 관계를 끊임없이 반복적으로 재연하게 하는 것은 비단 에드워드뿐만이 아니다. 이는 도처에 존재하고 있는 매우 일반적인 일이다. 우리가 곧 알아보고자 하는 현상의 예를 찾는 것은 어려운 일이 아니다.

내 학생의 내담자 중 하나인 마샤의 아버지는 카리스마가 아주 많고 유능하며 성공적인 사람이었다. 마샤의 아버지는 너무 바빠서 사랑하는 딸에게 충분한 관심을 기울이지 못했다는 사실은 그리 놀라운 일이 아니다. 상당히 예쁜 편인 마샤는 이런 프로파일에 부합하는 애인을 찾아서 매혹시킬 수 있는 레이더를 가지고 있는 것처럼 보였다. 그런데 그녀를 진심으로 사랑하고 그녀에게 헌신할 준비가 되어 있는 남자를 발견할 때마다 그녀는 금방 그에 대한 흥미를 잃었다.

케빈이라는 또 다른 내담자는 보통 이상으로 여러 명의 애인을 가졌던 여자에게만 지속적으로 매혹당하는 것 때문에 치료를 받게 되었다. 어느 정도 사귄 후, 그는 여자친구의 옛 애인들에 대해 분노에 가까운 질투로 애태우게 되었다. 치료자가 파악하기로는, 여자친구가 과거에 만났던 사람들에 대한 이야기를 하도록 계속 부추기는 사람은 바로 케빈 자신이었다. 케빈이 아주 어릴 때 부모님은 이혼을 했으며, 어머니는 오랫동안 여러 명의 애인들과 동거를 계속해 왔다. 치료를 시작했을 때 케빈은 자신의 불안정한 어린 시절과 질투를 유발시키는 여자들에게만 관심을 갖게 되는 역설 사이의 관련성을 의식하지 못했다.

이러한 예들에서 우리는 프로이트가 '**강박적 반복**(repetition compulsion)'이라고 부르는 현상을 보게 된다. 이런 현상을 친구들에게서 보게 되면 당황스럽고, 우리 자신에게서 보게 되면 절망스러워진다. 친구들이 마침내 파괴적인 관계에서 빠져나올 때 우리는 모두 안도의 숨을 내쉬게 되지만, 그가 다른 사람과 똑같은 방식으로 파괴적인 관계를 또 시작하기 때문에 불신감을 갖게 된다. 똑같이 불행한 상황을 사람들이 계속 반복하는 것이 불행의 주 원인이며, 이것이 바로 치료자가 내담자를 이해하기 위해 가장 먼저 찾아내어야 하는 것 중 하나다.

프로이트는 다음과 같이 기술하였다.

> 우리는 인간관계를 맺을 때마다 언제나 똑같은 결과를 가져오는 사람들을 만나게 된다. 예를 들면, 부하들에게 은혜를 베풀어 놓고는 얼마 후 그들의 화를 돋구어 버림받아 배은망덕의 모든 쓴맛을 보도록 운명지어진 사람, 사귀는 모든 친구들로부터 배신을 당하는 사람, 인생을 살아가는 과정에서 어떤 사람을 사적 또는 공적으로 권위 있는 자리에 올려놓고는 얼마 후 그에게 화가 나서 다른 사람으로 대체하는 사람 또는 똑같은 양상으로 연애를 하고 똑같은 방식으로 끝내는 사람들 등등을 우리는 본다.[1]

학기마다 나는 대학원생들에게 강박적 반복이 각자의 현재 삶에 미친 영향에 대해서 기술하는 과제를 제시하고 선택하게 하는데, 많은 수의 학생들이 이 과제를 기꺼이 선택한다. 많은 학생들이 부모와의 관계에서 경험한 특별히 고통스러웠던 측면을 재연하는 방식으로 자신의 연인을 선택한다는 사실을 깨닫고는 매우 놀랐다고 기술하였다. 예를 들면 숨막힐 것 같은 간섭, 냉담한 무반응성, 실연 등과 같은 것들이다. 이는 마치 학생들이 무의식적으로 자신들을 어린 시절에 대한 드라마를 반복해서 연출하는 감독으로 생각하고 완벽한 연기자들을 찾아다니는 것과 같다. 매우 똑똑하거나 치료받은 경험이 많은 학생들은 무의식적으로 자신의 파트너들이 각자의 역할을 연기하도록 가르쳤던 방법을 알고 있었다는 것을 자신의 숙련된 캐스팅을 기술하는 데 덧붙였다.

스테판의 어머니는 성공한 교수인데 그녀는 자녀들을 정서적이기보다는 지적으로 대하는 경우가 많았다. 스테판이 어렸을 때는 어머니가 멋있게 느껴졌으나, 가끔 외로움을 느껴 어머니가 지적인 자극보다는 자신을 안아 주고 사랑해 주면 더 좋겠다고 생각하였다. 지금의 여자친구는 매우 똑똑한 동료 학생이다. 스테판은 그녀가 본질적으로 자신이 그렇게 갈망하는 다정함이 결여된 여성이란 사실을 처음부터 알고 있었지만, 그녀가 다정하게 대할 때마다 아주 미묘하게도 자신이 어색해져서 움츠러드는 경향이 있다는 사실을 알게 되었다고 했다. 그래서 그 여자친구는 그를 차츰 덜 다정하게 대했고, 그는 자신이 어머니 같은 차가운 여자를 택한 불운한 사람이라고 불평해 왔음을 알게 되었다.

학생들은 종종 나와 같은 권위적인 존재와의 관계에 대해 기술하기도 한다. 제니퍼라는 학생은 보통 이상으로 논쟁적인 편이었는데, 그녀의 논쟁은 언제나 그다지 호의적이지 않았다. 학기가 끝날 때쯤, 그녀는 화를 잘 내고 거부적인 아버지에 대해 그리고 사람들 앞에서 나에게 아버지 역할을 하도록 계속 자극했던 자신의 반복적인 시도에 대해서 매우 통찰력 있고 지적인 보고서를 제출하였다.

다른 무수한 인간 행동과 마찬가지로, 이것은 역설적으로 보인다. 자신에게 고통과 좌절을 유발하게 될 것이 뻔한 상황을 만들어 내기 위해 왜 그런 고생을 하는 것일까? 그 현상을 자세히 살펴보면 우리 자신이나, 친구나, 내담자에게 있어서나 간에 반복적으로 다시 만들어 내는 상황은 매우 어린 시절의 아주 고통스러웠던 상황이란 점이 명백해질 것이다.

얼핏 보면 이런 현상이 자신의 초기 경험을 해피엔딩으로 만들기 위해 계속 노력하는 것처럼 보인다. 그러나 이미 살펴봤듯이 강박적 반복은 그런 방식으로 작동하지 않는다. 만약 그러한 재연이 해피엔딩으로 끝난다면 그 경험은 망쳐버린 것처럼 되어, 또 예전의 불행한 상황을 다시 한 번 재생시키기 위해 처음 상태로 되돌아온다. 그것은 마치 최초 상황의 심한 고통이 고착되어 있는 것처럼, 마치 그 사람이 예전에 어떤 일이 일어났으며 그 일이 왜 일어났는지를 무의식적으로 이해하려는 것처럼 행동하도록 계속 몰아붙인다. 해피엔딩이 된 상황은 갈등, 좌절, 죄책감으로 정의되는 최초의 상황이 되어 끝나서 결국 그 매력을 잃게 될 것이다.

강박적 반복은 프로이트를 매혹시켰다. 그는 아이들이 똑같은 놀이를 계속 반복하고 있는 것을 의아하게 생각했다. 그가 관찰했던 놀이 중 하나는 아이들이 장난감을 던지고는 "없어졌다!" 하고 말한 다음 그 장난감을 다시 찾아오는 놀이였다. 그는 이 놀이가 어머니가 사라져 버리는 것을 표상하는 것이 틀림없다고 느꼈다. 처음에는 물건을 다시 찾아오는 것, 즉 어머니의 떠남을 무효화하는 행위가 중요한 것이라고 생각했다. 하지만 나중에는 아이들이 물건을 다시 찾아오지 않고 눈에 보이지 않는 테이블 밑으로 장난감을 계속 던지는 행위만으로도 상당히 만족스러워하면서 놀이를 할 수 있다는 사실을 알게 되었다. 어머니가 떠나는 것이 언제나 고통스럽다면 아이들은 왜 물건을 계속 던지면서 노는 것일까?

그 후 프로이트는 내담자와 분석가의 관계에서 발생하는 강박적 반복의 작동에 관심을 갖게 되었다. 그는 환자들이 종종 분석가와의 관계에서 자기네 부모와의 관계를 반복하려 한다는 사실을 관찰하였다. 이렇게 반복되는 관계는 화를 내거나 거부적인 부모와의 관계처럼 불쾌한 것인데 이런 '불쾌하다'고 할 수 있는 관계를 환자들이 쓸데없이 구걸하는 것처럼 보이는 것은 놀라운 일이라고 프로이트는 생각했다. 그는 이것을 어떻게 설명할 수 있을까?

프로이트는 **강박적 반복**이 정신분석 상황에서나 신경증이라고 생각했던 사람들에게서만 나타나는 것이 아님을 알아채기 시작했다. 그것은 여러 유형의 사람들과 광범위한 여러 상황에서 발생하는 것 같았다.

프로이트는 2장에서 보았듯이 **쾌락원칙**에 상당한 중요성을 부여하였다. 가능하기만 하다면 사람들은 오직 즐겁고 만족스러운 경험만을 추구하며 살아갈 것이라고 그는 생각했다. 그러나 이 세상의 현실과 우리의 양심이 이를 불가능하게 만들기 때문에, 쾌락원칙은 **현실원칙**에 의해서 계속 수정되며 종종 좌절된다. 현실원칙의 지배를 받아 우리는 문제를 일으킬 수 있는 쾌락은 피하거나 후에 더 큰 만족을 얻기 위해 현재의 작은 만족을 지연시키는 것을 배우게 된다. 강박적 반복은 이 두 원칙 중 어느 것도 따르지 않는 것처럼 보인다. 쾌락원칙보다 더 강력한 힘이 존재하는 것처럼 보인다는 사실을 발견하고 프로이트는 매우 놀랐다.

1920년에 출간한 『쾌락원칙을 넘어서(Beyond the Pleasure Principle)』[2]에서 프로이트는 강박적 반복에 대해 설명하고자 하였다. 그는 행동으로 나타나는 사건이나 대인관계가 억압된 기억을 표상한다는 것을 발견했음을 보고하였다. 환자가 치료자의 적대감을 일으키게 자극할 경우, 그는 적대적인 아버지에 대한 고통스러운 기억을 억압하고 있는 것임을 발견하였다. 그 환자의 마음속에는 갈등이 존재한다. 무의식의 일차적인 법칙 중 하나는 **억압된 것은 표출되려 한다**는 것이다. 표출하면 억압으로 인해서 좌절된 쾌락을 얻게 된다. 반면 자아의 일차적인 법칙 중 하나는 **억압된 것은 표출하지 않는다**는 것이다. 이것이 바로 억압의 의미다. 그래서 마음은 그 억압된 기억을 반복하여 행동화하는 것으로 타협한다. 이러한 타협은 억압하지 않으려는 욕구를 어느 정도 만족시켜주기 때문에 억압된 무의식에 즐거움을 주며, 위안받고자 하는 원래의 기억에 너무 가깝기 때문에 억압하는 자아에게 불쾌감을 가져온다.

이런 공식은 좋은 시도였지만, 꼭 이렇게 작동하지 않는다는 사실을 프로이트는 알게 되었다. 강박적 반복의 지배하에 사람들은 처음에 결코 즐거울 수 없었던 사건이나 관계를 되풀이하는 꿈을 반복해서 꾸거나 행동으로 표출하게 된다. 이때 쾌락원칙은 완전히 무력화되어 있는 것이다. 게다가 사람들은 종종 원래의 고통스러웠던 상황을 완전하게 기억하기도 해서 그 상황이 전혀 억압되지 않았던 것처럼 보이기도 한다. 아마도 고통이 우리 삶에서 어떤 의미를 갖는지를 알아내고, 무엇이 잘못되었는지를 이해하려는 욕구가 강박적 반복을 하는 동기의 중요한 부분인 것 같다.

내담자를 강박적 반복에서 자유로워지도록 돕는 것은 치료자의 가장 중요한 역할이다. 종종 내담자들은 강박적 반복이 나타난다는 사실에 대해 점점 더 많이 알게 되고, 특히 치료자와의 관계에서 강박적 반복이 어떻게 나타나는지를 알게 되면서 이로부터 차츰 자유로워 질 수 있다.

얼마 동안 치료를 받은 후, 내담자인 캐롤라인은 내 재킷 주머니에 윤곽만 보이는 알약통을 보고 그것이 항우울제라고 확신했다. 그녀는 자신이 생각하기에 치료자가 때때로 우울한 기분을 갖는 것 같다고 이야기하기 시작했다. 그녀는 치료자가 정말 우울증 문제를 가지고 있다면 자신은 어려운 내담자임이 틀림없는데 그 이유는 그녀가 가진 슬픈 일들이 치료자를 더 우울하게 만들 것이 분명하기 때문이라는 것이었다.

나는 항상 나에 대한 내담자의 지각을 진지하게 받아들여야 한다고 믿고 있으며, 민감한 관찰자라면 찾아낼 수 있는 다소 침울한 분위기가 나에게 존재한다고 믿을 수도 있다. 그러나 내 주머니에는 알약통이 없었으며, 그 시기는 내 인생에서 가장 기분 좋은 때였다. 우리는 그녀의 생각에 대해 잠시 동안 얘기했다. 나는 내가 알지 못하는 내 얼굴 표정을 그녀가 볼 수 있을 것이라는 사실을 인정하였다. 그에 덧붙여 내 주머니에서 본 것에 대한 그녀의 해석은 다른 설명의 가능성도 있긴 하지만 상당히 그럴듯하다고 이야기하였고, 그녀는 동의했다. 내가 약간 우울했을 수도 있다고 생각하는 것이 그녀에게 위안이 되었는데, 그래야 내가 그녀를 더 잘 이해할 수 있었기 때문이었다. 나는 이것이 관계 개선의 기회라고 생각하였다.

캐롤라인 자신은 좀처럼 약물을 사용하지 않았는데도 약물 문제와 같이 어려운 문제를 가진 남자들을 선택하는 과거력이 있었다. 그녀는 그런 사람들에게 매혹당하는 자신에 대해 몇 가지 이유를 들 수 있었다. 약물 문제를 비롯해서 그 남자들이 그녀에게 야기했던 어려운 관계에도 불구하고 자기가 그들을 선택했다고 그녀는 믿었다. 치료의 처음 2년 동안, 그녀는 그들이 가진 문제 때문에 그들을 선택했을 뿐만 아니라 그녀가 묘하게도 그들로 하여금 어렵게 굴도록 만들었다는 사실이 차츰 명확해졌다. 그녀는 싸움을 유발시켰고, 심지어 그들이 약물을 사용하도록 부추기기까지 하였다.

상상 속의 알약병에 대해 우리가 대화를 나누기 몇 달 전, 그녀의 연인들 중 한 사람이 약물중독 치료집단에 참가하여 약물 사용을 멈추게 되면서 마침내 그 비밀이 벗겨지게 되었다. 몇 주 안 되어 캐롤라인은 그 남자에 대해 흥미를 잃었다. 한 동안 그녀는 그 남자가 지겨워졌고 그가 참여하고 있는 12단계 프로그램에 대해서만 이야기했기 때문에 그에게 차갑게 대했다고 생각되었다.

그녀의 가족관계에 존재하는 무의식적 역동에서 캐롤라인은 그녀의 매우 불행한 오빠의 보호자며 치료자 역할을 해 왔다는 것을 우리 두 사람 모두는 오랫동안 믿고 있었다. 치료를 받으면서 그녀는 무엇인지 구체적으로는 모르지만 아마도 그녀의 존재 자체가 오빠를 힘들게 했고, 따라서 자신이 오빠의 보호자가 되어야만 마땅하다고 오랫동안 생각해 왔음을 깨닫게 되었다.

이런 식의 가장 최근의 관계가 깨지고 난 후, 캐롤라인은 오빠와 맺어 왔던 이전 관계를 반복해서 재연하고 있었다는 것을 더 이상 의심하지 않게 되었다. 그러나 그런 통찰은 그다지 도움이 되지 않았고, 그녀는 계속해서 그런 종류의 남자에게 매력을 느끼고 있음을 발견하였다.

그러다가 상상 속의 알약병과 나의 우울한 표정이라는 사건이 발생하였다. 나는 그녀에게 자신의 감정을 좀 더 탐색해 볼 것을 요청하였다. 그녀는 때때로 자신이 나를 우울하게 만들지는 않았을까 하고 걱정을 했으며, 내가 슬퍼 보인다고 생각될 때에는 더 재미있는 이야기를 꺼내서 나를 기분 좋게 만들려고 노력했음을 고백하였다. 그런 걱정에도 불구하고 그녀는 우울한 치료자와 작업하는 것이 더 낫다는 생각을 반복했다. 그녀는 호쾌한 치료자는 받아들이기 어려울 것이라고 생각하였다.

나는 그녀에게 이 모든 것들을 잘 이해할 수 있을 것 같다고 말했다. 그녀에게 무엇 때문에 내가 슬프고 심지어 우울하게까지 보인다고 생각했는지에 대해서 더 이야기해 보라고 하였다. 그녀는 종종 자신의 치료적 진전이 느린 점, 특히 그녀가 이전의 실패자들과의 관계를 끝내지 못하는 점이 나를 우울하게 만드는 것 같다고 하였다.

우리는 이 점에 대해서 몇 주에 걸쳐 이야기하였다. 그녀와 나의 관계가 이전에 그녀가 다른 연인들과 맺은 것과 유사한 또 다른 재연이란 사실을 지적할 필요가 없었다. 어느 날 그녀는 "그럼 당신은 단지 나에게 또 하나의 오빠 역할을 하는 것뿐이네요"라고 말했다. 약 일 년 후 우리가 헤어질 때, 그녀는 다른 유형의 남자와 데이트를 하고 있었다.

이렇게 매혹적인 현상을 이해하기 위해 프로이트가 연구했던 다음 단계가 무엇인지 독자들은 궁금할 것이다. 『쾌락원칙을 넘어서』라는 저서에서, 그는 쾌락원칙이 더 이상 가장 강력한 추동이 아니란 사실을 믿게 되었다고 하였다. 그는 퇴행 본능을 발견했다고 생각하였다. 이제 그는 우리들 속에는 계속해서 사투하면서 작동하는 두 가지 주요 힘들이 있다고 생각하게 되었다. 첫 번째 힘은 생의 에너지인 **에로스**의 본능들로 구성되는데, 이는 모든 것들을 함께 모아 삶을 촉진하는 기능을 한다. 두 번째 힘은 파괴의 본능들로 구성되는데, 이는 우주의 구성요소들을 원래 상태로 복귀시키기 위해 되돌아가는 방향으로 움직인다. 파괴 속에는 에로스와 계속 투쟁하는 '**죽음의 본능**'이 포함된다고 그는 생각하였다. 인간의 공격성과 파괴성 모두가 두 번째 본능집단에서 나온다. 그는 강박적 반복이란 우리를 초기 상태로 되돌려놓기 위해 에로스에 대항하여 항상 싸우는 죽음의 본능의 일부인 퇴행 본능의 표출이라고 생각하였다. 프로이트는 강박적 반복을 쾌락원칙보다 더 강력한 것이라고 여겼다. 그는 이런 생각을 『쾌락원칙을 넘어서』를 출간한 지 10년 후에 출판한 『문명과 그 대가(Civilization and Its Discontents)』에 요약해 놓았다.

나에게는 여전히 본능들이 모두 똑같은 종류일 수가 없는 이유를 아직 발견할 수 없었다는 데 대한 일종의 회의가 남아 있다. 강박적 반복과 본능적 생활의 보수적 특성에 관해 내가 처음으로 관심을 가졌을 때, 나는 『쾌락원칙을 넘어서』에서 다음 단계의 연구를 수행하였다. 삶의 시작에 대한 고찰과 생물학적 유사점들에서 출발하여 다음과 같은 결론에 도달하였다. 즉, 생체를 보존하고 이를 더 큰 단위들 속에 결합하기 위한 본능 이외에 그러한 단위들을 해체하고 그것들을 초기의 비유기체적 상태로 되돌리려 하는 또 하나의 반대되는 본능이 존재하는 것이 틀림없다. 다시 말하면, 에로스뿐만 아니라 죽음의 본능이 존재한다. 삶의 현상은 이 두 본능의 동시적인 또는 상호 대립적인 활동으로부터 설명될 수 있을 것이다. 그러나 이 가상적인 죽음의 본능이 활동하는 것을 보여 주기는 쉽지 않다.[3]

아무런 증거가 없는 추측에 불과함을 기꺼이 인정하면서도, 프로이트는 우주에 관한 이런 이중적 관점에 매료되어 끝까지 이 연구에 매달렸다. 강박적 반복이란 현상이 오늘날 보편적으로 수용되는 극히 유용한 임상적 사실이지만, 그것이 일어나는 동기에 대한 수수께끼는 본질적으로 해결되지 않은 채 남아 있다. 덧붙여 대부분의 정신역동이론가들이 본능적인 공격성의 존재를 인정하고 있음에도 불구하고, 가장 정통적인 프로이트 신봉자들만이 죽음의 본능설을 임상적으로나 이론적으로 유용하다고 믿고 있다. 그러나 우리 영혼을 위해 싸우는 두 개의 거대한 힘에 대한 프로이트의 견해 속에 거대한 시적인 힘이 존재한다는 사실은 부인하기 어렵다.

06 불안

우리가 분명히 원하는 것은 불안이 정말 무엇인지를 우리에게 알려
줄 수 있는 뭔가를 찾는 것이다.
                                    - 프로이트의 『억제, 증상 및 불안』에서

삶의 문제를 이해하려 애쓰는 모든 사람들과 그런 문제를 경감
시키려고 노력하는 모든 사람들은 불안이라는 주제를 다루어야
한다. 우리는 불안을, 인지적으로 설명을 할 수도 있고 할 수 없을
수도 있는 빠른 심장박동과 빠른 호흡과 같은 익숙하고 불쾌한 생
리적 사건들이라고 잠정적으로 정의할 수 있다. 즉, 내가 왜 불안
한지 그 이유를 알 수도 있고 모를 수도 있다. 정신역동적 의미에
서 불안은 '공포'와 동의어가 된다. 프로이트는 한때 자신이 무엇
에 대해서 불안한지를 모를 때는 **불안**(anxiety)이란 용어를 사용하

고, 무엇에 대해서 불안한지 알고 있을 때는 **공포**(fear)라는 용어를 사용하는 것이 '정확한 언어 사용'이라고 기술하였다. 그러나 이 방법이 그와 여러 연구자들에게 편리하다기보다는 정확한 것이란 사실이 밝혀졌다.

2장에서 나는 여러분의 마음속에서 영향력을 발휘하기에는 아주 작은 억압이 무한한 혼란을 일으키게 함으로써 여러분을 문제 상황에 빠지게 한다는 것을 관찰하였다. 뿐만 아니라 우리는 너무 많은 억압 역시 문제를 야기한다는 사실도 알았다. 불안에 대해서도 아마 똑같은 이야기를 할 수 있을 것이다. 불안에 대한 프로이트의 이론을 공부하면, 우리는 불안 없이 살 수 없다는 것을 명백히 알게 될 것이다. 적절한 수준의 불안을 갖지 않는다면, 우리는 심각한 위험 속으로 무작정 걸어 들어가게 될 것이다. 그러나 우리 중 대부분은 적당한 수준 이상의 불안을 가지고 있으며, 불안은 우리가 가진 갖가지 문제의 인과관계 속 어딘가에 존재한다.

프로이트는 불안이라는 문제를 계속 연구하였다. 그의 아주 초기 저서에서도 불안을 다루었고, 말년까지 이 문제에 대해 연구하였다. 그는 불안이 억압에 의해서 유발되는 것으로 여기기 시작하였지만, 우리가 곧 알게 되듯이 그는 곧 논리적 모순을 발견하였다. 불안에 대한 그의 사고과정은 그의 이론 전개에서 가장 흥미로운 부분 중 하나다.

불안에 관한 최초의 이론

연구와 저술활동을 시작할 때 프로이트는 19세기의 훌륭한 과학자들과 마찬가지로 물리학적 모형에 의해 사고하였다. 그중 하나는 1897년부터 시작된 그의 초기 심리학적 저서에서 언급한 압력하의 에너지에 대한 유압 모형이었다. 그는 또한 '**항상성의 원리**'라는 물리학적 원리에 의해 사고했는데, 그에 따르면 에너지 체계는 일정한 상태를 추구하는 경향이 있다는 것이다. 성적 욕망이 일어난 후에 차단될 경우 다량의 에너지가 압력하에 놓이게 된다. 에너지 시스템은 일정한 상태를 유지하려는 경향이 있기 때문에, 이러한 경향성은 유기체로 하여금 증가된 흥분을 감소시킬 수 있는 방법을 찾도록 만든다. 이런 에너지가 성적 만족의 형태로 해소되지 않는다면 그것은 또 다른 해소 방법을 찾게 될 것이다. 프로이트는 가장 그럴듯한 해소 방법이 불안의 생리적 사건이라고 생각했다.[1] 그는 오르가슴 없이 성교를 하는, 질외 사정을 하는 남자 환자를 관찰한 후 이 이론을 전개하였다. 편리하고 효과적인 피임방법이 널리 알려지기 전이었던 그 시대에는 질외 사정이 일반적으로 행해졌다. 프로이트는 환자가 심한 불안을 보고한다면 그 기저에는 성적인 충동이 억압되어 있음이 틀림없다고 믿었다. 차단된 에너지는 질외 사정만큼 명백한 어떤 것을 의미하지는 않지만 어떤 식의 성적 차단이 있었을 것이라고 프로이트는 확신하였다. 이 이론은 단순하고 간략하며 그가 구성하려 했던 정돈된 생물학적 시스템에 잘 부합하였다. 단지 문제는 이 이론이 지나친 논리적 모순을 포함하고 있다는 것이다.

두 번째 이론

프로이트는 불안에 관한 이러한 이론을 오랫동안 유지하였다. 1926년, 그는 『억압, 증상 및 불안(Inhibition, Symptom, and Anxiety)[2]』이란 저서를 출간하였다. 그 책에서 그는 논리적 모순을 지적하고 자신의 이러한 이론이 적절하지 않았음을 인정하면서 불안에 대한 새로운 이론을 제안하였다. 이것은 프로이트가 정신 분석이론을 발전시켜 나가는 과정에서 자료가 더 이상 이론에 부합하지 않거나 또는 어떤 현상을 개념화하는 더 나은 방법을 발견했을 경우, 그 자신이 마음을 바꿀 준비가 되어 있음을 보여 주는 사건 중 하나이다. 21세기에 접어들고 프로이트가 불안에 대한 두 번째 이론을 제안한 지 80여 년이 지났지만, 그럼에도 불구하고 불안에 대해 공부하는 많은, 아마도 대다수의 정신 역동적 심리학 자들은 프로이트의 이론이 현존하는 불안에 관한 이론 중 여전히 최고라고 믿고 있다.

프로이트의 처음 생각의 논리적 모순은 다음과 같다. 만약 억압이 불안을 유발한다면 억압을 유발하는 것은 무엇인가? 만약 내가 성적 충동 중 일부 혹은 전부를 억압했다면 그 이유는 무엇이었나? 프로이트가 생각하기에 가능한 유일한 이유는 불안 그 자체일 수밖에 없음이 분명했다. 내가 **뭔가**를 두려워하지 않았다면 굳이 억압을 애써 하지 않아도 되었을 것이다. 사람들은 내가 두려워할 수 있는 몇 가지 것들을 상상할 수 있을 것이다. 몸이 다치거나 어떤 처벌을 받을까 두려워할 수 있고 죄책감으로 인해 고통받을까 두려워할 수 있으며, 어떤 충동이 충족되지 않을까 두려워할 수 있고, 좌절로 괴로워할까 두려워할 수 있다. 만약 어떤 강한 두려움이 있다면, 이를 다룰 수 있는 가능한 방법은 그 두려움이 사라질 것을 바라면서 위험한 충동을 억압하는 것일 게다.

프로이트는 억압이 불안을 유발한다고는 더 이상 말할 수 없는데, 그 이유는 상황이 뒤바뀐 것이 분명해 보이기 때문이라고 했다. 즉, 불안이 억압을 유발한다. 만약 불안이란 것이 체계에서 새어 나오는 억압된 에너지일 뿐이라고 할 수 없다면 그것을 어떻게 **이해해야** 하는가?

프로이트는 자신의 깔끔한 물리학적 모형을 버리고, 아직 누구도 넘보지 못하는 탁월한 심리학적 이해를 통해서 사고를 전개하였다. 불안은 위험에 직면했을 때 생기는 무력감에 대한 반응이다. 만약 위험이 갑작스럽게 닥친다면 불안은 자동적이고 즉각적으로 일어난다. 만약 위험이 아직 가까이 있다면 불안은 위험에 직면하게 될 때 자신이 무력해질 것을 예상하는 것이다. 압도적인 불안이 예상의 범주 안으로 빠져 들어오게 된다.

만약 나를 공격하려는 사자를 보게 된다면 사자가 나를 덮쳤을 때 내 몸에 어떤 일이 일어날지 나는 잘 알고 있다. 심박률이 증가하며, 숨이 가빠지고, 아드레날린이 갑작스럽게 유입될 것이다. 사자가 점점 다가오는 것을 보게 됨에 따라, 내 몸에서 이런 현상들이 더욱 악화될 것이다. 내 몸은 나에게 이렇게 말할 것이다. "너는 이것들을 모두 느끼고 있는가? 이건 사자가 실제로 네게 다가왔을 때 느낄 것에 비하면 아무것도 아니야." 이러한 신체적 변화에 대한 지각이 우리가 불안이라고 경험하는 것들이다. 불안은 다가오고 있는 위험에 대한 경고로 기능한다고 프로이트는 보았다. **경고**의 목적은 우리에게 임박한 위험에 대항해서 어떤 행동을 취하라는 신호를 보내는 것이다.

우리는 성적 불안이 성적 충동의 억압을 야기할 수 있다는 것을 언급하면서 이러한 주장을 검토하기 시작했다. 성적 불안과 억압 사이의 이러한 연결이 프로이트의 새로운 이론을 어떻게 설명하는가? 우리가 성이란 다소 수치스러운 것임을 비록 애매하긴 하지만 잘 배웠다고 상상해 보자. 그런 다음 성관계를 할 수 있는 기회를 가졌다고 상상해 보자. 내가 성적 충동에 따라 행동한다면 심한 죄책감을 갖게 될 것임을 나는 너무도 잘 안다. 이러한 현상을 프로이트의 언어로 표현하면, 나의 초자아, 즉 내 양심에 의해 처벌받게 된다는 것이다. 이제 공격하는 사자 대신에 위협하는 초자아가 생긴 것이다. 초자아의 공격을 예상하게 되면, 아드레날린이 방출되고 심장이 뛰며 위험을 피할 수 있는 방법을 찾지 않으면 더 두려운 감정에 직면하게 될 것이라는 경고 상태에 놓이게 된다. 성적 충동을 억압하는 것은 유일하게 가능한 해결책이 아니라 하나의 쉬운 해결책일 뿐이다. 만약 억압을 하지 않고 그대로 두면 그로 인해 야기된 좌절감과 있을 수 있는 후회를 경험해야만 한다. 그러나 충동을 잘 억압한다면 초자아의 공격으로 야기된 죄책감과 좌절감 모두를 경험하지 않을 수 있다. 불안은 초자아로부터 오는 위험에 대한 경고다. 억압은 그 위험에서 벗어날 수 있게 해주며, 따라서 불안을 감소시킨다. 그러니까 불안이 억압을 야기한다는 것이다.

억압은 완전할 수 없다. 성행위를 할 때 불안에 의해서 촉발된 불완전한 억압 때문에 성행위를 제대로 해내지 못하거나 충분히 즐기지 못하는 경우가 있다. 이것은 흔히 있는 타협이다. 이것은 마치 자기 자신에게 무의식적으로 "나도 내가 이것을 해서는 안된다는 사실을 알고 있어. 하지만 이것을 아주 잘 하지만 않거나 아주 많이 즐기지만 않는다면 아마도 나는 그렇게 심한 죄의식을 느끼지는 않을 거야"라고 이야기하는 것과 같은 것이다. 성행위를 어설프게 하는 것이 이 상황에서 특별한 가능성이다. 종종 신경계에 미치는 불안의 영향 때문에 성교의 수행이나 즐거움이 방해받는다.

이러한 성적 상황과 관련된 다른 위험에 대해서도 상상해 볼 수 있다. 성교를 하다가 들킬 수도 있다. 임신이나 질병을 예방할 수 있을지에 대해 확신이 없을 수도 있다. 이런 것들은 공격하는 사자가 될 수 있으며 경고 신호를 작동시킨다. 즉, 위험에 직면할 때 무력감을 예상하게 된다.

나는 준비를 잘 안했다고 느끼면서 강의를 해야 할 때 신체적으로 여러 가지 불안 신호를 느낀다. 나 자신이 바보스러워지고 제자들에게 비웃음을 당할 것이라는 예상이 위험신호다. 나는 그 위험에 직면하면 아무것도 할 수 없을 것이라고 예상하며, 내 몸은 빨리 강의실을 벗어나라고 경고한다. 나는 작은 비행기를 타곤 했는데, 날씨가 의심스러운 경우 의식적으로는 내가 두려움을 느끼지 못했다 할지라도 비행기를 타는 날 아침에 위경련을 앓는 경향이 있었다.

프로이트의 이론이 위험의 예상에 대해서 뿐만 아니라 그 위험에 직면했을 때의 **무력감**의 예상에 대해서도 지적했다는 사실을 기억하는 것이 중요하다. 만약 위험에 대처하는 자신의 능력을 믿는다면 경고를 받을 필요가 없으며 불안도 경험하지 않을 것이다.

지금까지 위험을 예상하면 특정한 신체적 변화가 일어난다는 것을 말했다. 프로이트는 이 현상을 출생 순간에 불쾌한 자극이 갑자기 증가하는 것에 대한 신체의 반응 때문에 발생하는 것으로 이해하였다. 모든 육식동물과 인간이 아닌 영장류들 모두가 위험에 대해서 유사한 신체 반응을 경험한다. 따라서 갑작스럽게 발생한 불쾌한 자극에 대한 이러한 반응은 신경학적으로 이미 결정되어 있는 것처럼 보인다. 자궁 내에서는 자극이 조절되고 통제된다. 불쾌한 것으로 경험될 수밖에 없는 자극들이 출생시에 갑작스럽게 놀라운 속도로 증가한다. 영아의 몸은 심박과 호흡에서의 갑작스러운 큰 변화를 포함해서 우리가 불안이라고 알게 된 모든 종류의 변화를 보이며 반응한다. 프로이트는 이 순간을 '외상적 순간'이라고 명명하였다. 사실상 이것이 원래의 외상적 순간이다. 그러나 영아는 위험을 예상하지 못하기 때문에 이 순간에는 불안을 경험하지 않는다. 그러나 **무력감**은 경험할 수 있다. 새롭고 불쾌한 자극에 대해서 그들이 할 수 있는 것은 아무것도 없다. 이것은 위험에 직면했을 때 경험하는 무력감의 원형이 된다.

영아는 아주 이른 시기에 어머니의 존재가 지닌 엄청난 중요성을 학습한다. 뭔가 불쾌한 일—배고픔, 고통, 불편함—이 일어나면 영아는 어떻게 할 수가 없다. 오직 어머니만이, 아니면 그녀의 대리인만이 이를 해결할 수 있다. 위급한 상황에서 어머니가 곁에 있는 것이 중요하다는 사실이 금방 명백해진다. 물론 다른 이유 때문에도 어머니의 존재는 크게 필요하다. 어머니는 사랑과 즐거움의 원천이다. 그러나 어머니가 곁에 없는 것이 **위험**한 이유는 문제가 일어나면 아무도 도와줄 사람이 없다는 것이다. 이때가 아동의 발달에서 **예상**이 학습되는 시기(생후 약 6~7개월경)다. 이것은 큰 발전이다. 어머니가 곁에 없음을 지각할 때, 영아는 "지금은 전혀 불편하지 않아. 하지만 곧 불편한 일이 생길 수도 있어. 그 때엔 엄마 없이 나 혼자서 아무것도 할 수 없을 거야"와 같은 말을 스스로 하게 된다. 불안다운 불안, 즉 위험에 직면했을 때 몰려오는 임박한 무력감의 경고신호가 이 시점에서 가능해진다. 영아는 이런 불안을 경험하여 울거나 엄마를 부르게 되며, 운이 좋다면 위험이 실제로 발생하기 전에 그로부터 벗어나는 것을 학습하게 된다. 생존의 관점에서는 이런 불안 예기 메커니즘이 매우 적응적이지만, 심리적으로는 많은 문제점이 있다. 왜냐하면 머지않아 아동은 어머니로 하여금 사랑과 보호를 철회하도록 만드는 것이 무엇인지를 알게 되고 공포를 학습하여 억제하기 때문이다. 불안은 실제로 불편이 발생하기 전 상당히 오랜 단계를 거쳐 촉발된다.

나는 내가 어머니에게 상처를 입히거나 화를 내게 한 것을 알았을 때 두려워 떨었던 것을 너무나 생생하게 전부 기억한다. 나는 폭력적인 가정에서 성장하지 않았다. 아버지나 어머니로부터 매맞은 기억이 전혀 없다. 벌을 받거나 혜택을 빼앗긴 일도 거의 없다. 그러나 부모님 중 한 분과 문제가 될 만한 조그마한 지표라도 있으면 나는 공포에 떨었다. 프로이트는 최초의 외상적 경험이라 할 수 있는 출생 순간에서 이런 현상의 직접적인 기원을 찾는다. 다음 단계는 훨씬 더 힘들다. 부모님을 불쾌하게 만들 수 있는 어떤 행동이나 말을 실제로 하거나 이를 **생각**만 해도 나는 곧바로 불안해진다. 프로이트는 우리 일생을 통한 가장 기본적인 공포가 중요한 사람이나 물건을 상실하는 것이라고 생각하였다. 중요한 사람의 사랑을 잃는 것은 그 사람을 잃는 것과 심리적으로 같다. 프로이트에 의하면, 상실에 대한 반응은 고통이며 상실을 예상하는 것에 대한 반응은 불안이다.

　프로이트는 불안을 **현실적 불안**, **도덕적 불안**, **신경증적 불안**의 세 가지로 분류하였다. 불안은 자아의 기능이며, 자아는 외부세계, 이드, **초자아**로부터 오는 세 가지 요구를 적절하게 다루어야만 한다. 이 세 가지는 각각 고유한 불안을 가지고 있다. 현실적 불안은 외부세계에 있는 어떤 것에 대한 불안(공격하는 사자)이며 도덕적 불안은 초자아에 의해서 처벌받을 것에 대한 불안(이 일을 한다면 나는 심한 죄책감을 가질 거야)이다. 그리고 신경증적 불안은 의식적으로 인식되는 대상이 없는 막연한 불안(두렵기는 한데 이유를 모르겠다)이다. 신경증적 불안은 이드에서 유래된 숨겨져 있는 충동에서 발생한다. 감춰진 충동이 일단 드러나게 되면, 그 불안은 현실적이거나 도덕적인 것이 된다. 처음에 어떤 충동이 두려워서 억압된 이유는 그 충동대로 행동할 경우 현실적인 위험이 야기되거나 처벌적인 죄책감을 갖게 되기 때문이다.

프로이트는 어머니에 대한 강력한 근친상간적 애정 때문에 두려움을 가지고 있던 '어린 한스'[3]라는 아동 환자의 예를 제시하였다. 불안의 진짜 이유를 한스가 알지 못했다는 점에서 이것은 신경증적 불안이며 또 근친상간적 사랑을 실제로 표현하면 외부세계에서 처벌받을 수 있다는 점에서는 현실적 불안이기도 하다. 여기까지 읽은 독자들은 한스가 궁극적으로는 **근친상간**의 충동 때문에 처벌받을까 두려워한다는 것을 의심하지 않을 것이다. 한스는 말에 물릴지도 모른다고 두려워하였는데, 프로이트는 이를 거세공포로 해석하였다.

프로이트는 거세불안이 남자들의 과도한 억압과 신경증의 주요원인이라고 생각하였다. 예를 들어, 아무리 예방을 한다고 하더라도 많은 남자들이 성병에 대한 지나친 두려움을 가지고 있음을 지적하였다. 한편 여성의 과도한 억압과 신경증은 어머니의 사랑을 잃을까 두려워했던 어린 시절의 공포에서 기인하는, 애정의 상실에 대한 두려움 때문에 야기되는 것 같다고 생각하였다. 이것은 성적 충동이 부분적으로 혹은 전체적으로 억압되어 일어나기 때문에 신경증적 불안이며, 동시에 실제로는 외부세계에서 올 수 있는 고통스러운 결과를 두려워하기 때문에 현실적 불안이기도 하다.

신경증적 불안이 알 수 없는 무의식적 위험에 대한 공포이기 때문에, 치료의 목적은 위험 대상을 알게 하여 그것을 다룰 수 있도록 하는 것이다. 좋은 예로 광장공포증이 있다. **광장공포증** 환자들은 집을 나서는 것, 대중 속에 있는 것, 거리에 나가 있는 것을 두려워한다. 그들은 두려움의 이유를 모른다. 그들이 알 수 있는 것은 오직 그런 상황들이 강렬한, 때로는 참을 수 없는 불안감을 일으킨다는 사실뿐이다. 광장공포증의 밝혀진 한 가지 원인은 이러한 연결고리다. 즉, 나는 충족되지 않은 성적 욕망으로 가득 차 있다. 내가 그 충동에 따라 행동한다면 끔찍한 죄책감을 갖게 될 것이다. 내가 공공장소에 나간다면 아주 많은 사람들과 마주칠 것이며, 그들 중 누군가는 내가 충동적으로 행동하도록 유혹할 것이다. 그 유혹이 강하면 나는 넘어갈 것이므로 잠재적인 위험이 사방에 널려 있다. 나는 내가 중요하게 생각하는 사람들의 사랑과 존경을 잃게 될 것이다. 나는 아마도 병에 걸리거나, 내가 남자로서 어떤 방식으로든 상처를 입게 될 것이다. 무엇보다도 내 양심은 내가 태어나지 않았기를 바라게 될 것이다. 바깥에 나가는 것을 생각하면, 나는 끔찍한 위험을 예상하게 되고, 불안이 몰려오며, 거리의 유혹을 피하라는 경고를 받는다. 나는 바깥에 나간다는 생각이 왜 그렇게 끔찍한지 그 이유는 알 수 없고, 단지 두렵기만 하다.

일상생활 속에 개입된 불안

앞에서 나는 불안이 모든 문제의 인과관계의 연결고리 중 어딘가에 있다고 언급하였다. 불안의 중요성은 아무리 강조해도 지나치지 않는다. 예전에 나는 몇 년 동안 행복하게 살았던 집에서 강제로 쫓겨난 적이 있었다. 건물이 팔렸으니 퇴거해야만 한다는 경고를 받았을 때, 나는 심각한 **공황발작**을 경험하였다. 발작은 며칠이 지난 후에 가라앉았지만, 나는 여전히 극도로 불안한 상태였다. 이웃에 다른 좋은 아파트가 있다는 사실을 곧 알게 되었지만 불안은 감소되지 않았다. 연로한 집주인이 곧 사망할 것 같아서 부인이 그 건물을 팔고 싶다고 했기 때문에 언젠가는 이사를 가야 한다는 사실을 예상하고 있었다. 나의 불안은 강하게 남아 있다가 새 아파트로 이사한 후 몇 달이 지나서야 점진적으로 가라앉았다. 치료자인 내 친구가 나의 불안이 상당히 심하다고 말해 주었다. 나는 그 원인을 찾기 위해 노력했지만, 그럴 때마다 불안이 증가되어 이내 포기하고 말았다.

그 외적 상황은 현실이긴 하지만 사소한 것이다. 무의식적인 무언가가 분명히 개입되어 있다. 이사한 지 1년이 지나서, 마침내 나는 이에 관련된 신경증적 불안을 찾아낼 수 있었다. 내가 열세살이었을 때, 아버지가 젊은 나이에 아무런 예고도 없이 갑작스러운 심장발작으로 돌아가셨다. 슬픔에 젖은 어머니가 나를 데리고 도망갔다. 우리는 우리가 살던 집과 친구 등 정들었던 모든 것들을 순식간에 잃게 되었다. 어머니는 은둔생활을 하였고 얼마 동안 나는 알지도 못하는 친척들과 함께 낯선 장소에서 살았다. 어머니는 슬픔에서 회복되자, 결혼 전의 직업이었던 배우생활로 돌아갔다. 우리는 작은 아파트에서 함께 살았고, 나는 어머니를 거의 볼 수 없었다. 나는 모든 것을 잃었다고 느꼈었다.

내 아파트를 잃게 되는 사소한 불편에 신경증적 불안이 개입되어 있다고 상상하는 것은 어려운 일이 아니다. 집주인의 절박한 죽음, 금방 팔린 건물, 내 집을 잃는 것 모두가 해묵은 상실감을 촉발시켰다. 그러나 신경증적 불안이 무엇인가? 4장을 읽은 독자들이라면 충분히 알 수 있을 것이다. 나는 열세살이었고, 그 시기는 오이디푸스 콤플렉스의 강도가 갑작스럽게 증가하는 시기다. 나는 무의식적으로 아버지가 사라지기를 원했고, 끔찍하게도 내 소원은 실현되었다고 가정해 볼 수 있다. 일차 사고과정의 영역에서 소원은 행위와 동등한 것이므로, 나는 부친 살해의 죄책감을 가지게 된다. 부친 살해에 대한 고전적인 처벌은 오이디푸스의 운명과 마찬가지로 추방이다. 나 역시 추방당해서 나의 죄책감을 확인받게 되었다. 드라마의 종결은 젊고 아름다운 어머니와 함께 침실이 하나 있는 아파트에서 살고 있는 나 자신을 발견하게 되는 것이다. 어머니를 많이 보진 못했지만, 오이디푸스적 승리가 완성되었다는 것은 사실이다.

어린 시절의 시나리오가 반복될 때마다 예전의 불안은 떠오른다. 이를 프로이트는 도덕적 불안 혹은 초자아 불안이라고 했다. 이것은 나 자신의 양심이 부친 살해와 근친상간이라는 궁극적 범죄를 호되게 처벌할 것이라는 공포다. 이에 더하여 이러한 새로운 추방이 최초에 경험했던 추방의 고통을 되살아나게 할 것이라는 무의식적 공포를 자극한다.

햄릿을 마비시킨 불안은 무엇일까? 만약 그의 숙부가 죽어 마땅하다면 똑같이 죄를 범한 햄릿도 같은 운명이어야만 한다. 만약 자신이 숙부를 죽인다면 그 역시 죽어야 하기 때문에 그는 무의식적으로 두려움을 느꼈는데, 실제로 그 또한 죽었다. 자기보다 죄가 가벼운 사람을 죽인다면 그의 양심은 자신을 더 호되게 처벌할 것이라고 두려워하는 무의식적인 초자아 불안도 그는 가지고 있었다.

불안은 모든 신경증적 문제의 인과관계적인 연결고리 속 어딘가에 있다.

고독한 젊은 여성 내담자인 제니는 자신이 사람들과 관계 맺기를 열망하고 있음을 알았지만 친구나 연인이 될 가능성이 있는 사람들이 다가오면 오히려 피하곤 하였다. 몇 달 동안 치료를 받은 후, 그녀는 비로소 자신은 사람들과 사귀게 되면 친밀하게 될 것이 뻔하고, 친밀하게 되면 꼬집어 말할 순 없지만 어떤 위험이 생길 것이라는 공포를 가지고 있음을 알게 되었다. 접촉에 관한 공포를 어린 시절의 사건과 연관시키기 전까지 그 위험은 정체불명으로 남아 있었다. 그녀가 다섯살 때, 가족 내에서 그녀가 정말로 신뢰하는 유일한 존재였던 사랑하는 아빠가 아무런 경고도 없이 가족을 버리고는 소식을 끊었다. 이 사건은 그녀에게 굉장히 충격적이었다. 제니는 자신이 친밀한 관계를 맺으려 할 때마다 버림받을 것에 대한 무의식적인 공포가 엄습한다는 사실을 차츰 알게 되었다.

4장에서 살펴보았던 제프리는 부모님이 이혼한 후 어머니와 친밀한 관계를 형성하면서 혼자 남겨졌던 오이디푸스적 승리자다. 그의 문제는 아내와의 관계에서 성적으로 억압하는 것이었다. 제프리는 어머니가 세탁해 주는 침대 시트에 자신의 몽정 자국을 다 보이게 남겨 둠으로써 상징적인 근친상간을 하였다고 무의식적으로 믿고 있었다. 일차과정 사고의 논리에 따르면, 모든 성교 혹은 적어도 여성과 하는 모든 성교는 죄였다. 따라서 성교에 대한 생각 자체가 자신의 양심에 의해 처벌받을 것이라는 무의식적인 공포를 불러일으켰다. 뿐만 아니라 그는 자신이 어머니에게 속해 있으며, 다른 누군가와 성행위를 하는 것은 간통이라고 믿었다. 그는 무의식적으로 어머니의 복수를 두려워하였다.

불안은 어떻게 경감되는가

드러나는 증상 중 하나로나 숨겨진 원인으로나 간에 불안은 어떻게 경감되는가? 정신역동 치료자들은 그 답을 분명히 안다. 이유를 모르기 때문에, 불안은 너무 강하고 너무 혼란스러우므로 결국 눈으로 볼 수 있게 만들어야 한다. 내가 집에서 쫓겨났을 때 그랬던 것처럼, 때로는 시간이 지나면 불안이 감소되기도 한다. 그러나 그렇지 않을 때가 많다. 그레고리는 부모와의 관계가 어떠했느냐에 대해 상당히 많이 알게 된 후에야 비로소 자신의 숨겨진 불안을 겉으로 드러내어 감소시키고 성적 억제에서 벗어났다.

정신역동적 방법외에 불안을 감소시킬 수 있는 다른 두 가지 주요 접근이 있다. '인지치료'에서는 내담자들에게 자신이 두려워하는 상황이 실제로는 생각보다 덜 위험하다는 사실을 알게 하여 도움을 준다. 이러한 합리적 접근이 그 문제의 무의식적 근원에 도달할 수 있는지에 대해 정신역동 치료자들은 당연히 의문을 가지고 있다. 인지치료자들은 그것이 문제가 되지 않는다고 한다. 이 문제는 아직 논쟁의 대상으로 남아 있다.

남아프리카의 정신과 의사인 조셉 월피[4]에 의해서 1950년대에 개발된 '**체계적 둔감화**(Systematic desensitization)'는 **고전적 조건화**(파블로프 이론)의 모델에 기초를 두고 있다. 학습이론을 연구하는 심리학자들은 바람직하지 않은 반응과 양립할 수 없는 반응을 내담자에게 가르침으로써 바람직하지 않은 반응을 제거할 수 있다고 주장한다. 월피는 **이완**이 불안과 양립할 수 없기 때문에, 내담자들이 두려워하는 자극이 제시된 상황에서 이완하는 것을 학습한다면 불안해질 수 없을 것이라고 추리하였다. 더 나아가서 그는 내담자들이 두려워하는 대상 앞에서는 쉽게 이완하지 못하므로 공포에 대한 접근을 점진적으로 할 필요가 있다고 하였다. 월피는 내담자들이 이완된 상태에서 위협적인 상황을 단지 상상만 하게 하거나 그 상황의 더 무서운 측면에 대해 점진적으로 상상하게 함으로써 불안을 감소시킬 수 있음을 발견하였다. 월피는 모든 문제가 **공포증**으로 이해될 수 있다고 믿었으므로 공포증을 치료함으로써 자신의 기법을 발전시키려 했다. 즉, 대상이나 상황에 대한 두려움은 그 위험에 대한 내담자 자신의 예측에 의해 결정되지 않는다. 내담자는 실제로 비행기가 추락할 가능성이 매우 적다는 것을 잘 알고 있으면서도 비행기가 출발하자 공포에 떨었다.

비행 공포가 너무 심해서 취업의 기회를 제한받고 있는 사람을 상상해 보라. 월피는 내담자의 과거나 무의식에 대해서는 전혀 관심이 없었다. 그는 내담자가 두려워하는 상황을 가장 약한 것에서 가장 심한 것에 이르기까지 위계를 설정하는 작업을 진행하였다. 예를 들어, 가장 약한 상황은 누군가가 '비행기'라는 단어를 이야기하는 것을 듣는 것이다. 가장 심한 상황은 강한 폭풍우가 내리는데 비행기 안에 있는 자신을 발견하게 되는 것이다. 그런 다음, 월피는 내담자에게 첫 번째 상황을 상상하는 동안 스스로를 이완시킬 수 있는 '점진적 이완'이라 불리는 이완기법을 가르친다. 내담자가 불안 없이 상상할 수 있게 되면 다음 단계로 넘어가는데, 공포 없이 가장 심각한 상황에 대해 상상할 수 있을 때까지 동일한 절차를 반복한다. 월피의 연구는 내담자가 상상한 상황의 위계를 모두 성공적으로 수행하게 되면 아무런 불안을 경험하지 않으면서 실제 상황에 직면할 수 있게 된다는 것을 밝혀 내었다.

기저에 존재하는 원인이 전혀 다루어지지 않았기 때문에 환자의 공포증이 치료되었다고 할지라도 재발하거나 다른 증상으로 대체될 위험이 항상 존재한다는 것이 월피에 대한 비판이다. 또한 그런 기법은 불안을 전혀 의식하지 못하고 단지 흥분이 안 된다고 호소하는 그레고리와 같은 사람들의 문제에는 적용할 수 없다. 과학적인 관점에서는 월피 기법의 효능이 아직 검증되지 않고 있다.

정신역동적 치료자들 중 월피의 작업에 관심을 갖게 된 어떤 집단은 다음과 같은 가능성을 제기하였다. 증상이란 무의식적 현상에 의해 야기된다고 믿기 때문에 증상과 그 기저에 존재하는 원인 사이는 반드시 연상적으로 연결되어 있을 것이다. 만약 기저에 존재하는 원인이 정신역동적 치료를 통해 성공적으로 다루어진다면 증상은 사라질 것이다. 연결고리를 반대 방향으로 적용하는 것은 가능하지 않을까? 다시 말하면, 증상을 월피의 기법과 같은 방식으로 다루면 연상의 고리가 기저에 존재하는 원인을 약화시키거나 심지어 제거할 수 있지 않을까?

나는 통근하는 길에 놓여 있는 다리의 오르막 부분을 운전할 때면 언제나 공황발작을 경험하는 사람을 치료한 적이 있다. 내담자는 석사학위를 받은 아주 성공적인 사람이었다. 그의 아버지는 화를 잘 내고 앙갚음하는 성격의 노동자였다. 우리는 아버지보다 더 잘 되는 것에 대한 내담자의 죄책감과 그 때문에 치러야 할 대가에 대한 공포감에 대해서 몇 달 동안 치료하였다. 또한 아버지를 능가하는 것과 다리를 올라가는 것 사이의 상징적 관련성에 대해서도 상담하였다. 몇 달 뒤, 다리에 대한 그의 공포감은 사라졌다. 내담자를 힘들게 하는 다른 문제를 다루기 위해서 이후에도 몇 년 동안 치료관계를 지속하였다. 공포증은 다시 나타나지 않았다. 내가 월피의 기법으로 다리에 대한 공포증을 치료하여 성공했다면 어떤 결과가 일어났을지 추측해 보는 것은 흥미로운 일이다. 연결고리가 거꾸로 작동하여 아버지를 능가하는 것에 대한 그의 죄책감과 공포증이 감소되었을까? 그의 공포증이 재발되지 않도록 완치되었을까?

이 모든 것들은 추측에 불과하다. 우리는 프로이트가 이러한 역행적 가설이 매우 신뢰할 수 있는 것이라고는 생각하지 않았을 것임을 알아야 한다. 그럼에도 불구하고 공포증이 내담자의 주된 문제이거나 혹은 그 문제가 내담자를 괴롭히고 있다면, 이 문제를 다루기에 가장 효율적인 심리학적 방법은 월피의 체계적 둔감법인 것처럼 보인다. 나중에 다른 방식의 치료에서 내담자가 다른 문제를 제기하고 싶어 할 수도 있다. 뿐만 아니라 최근에는 특히 항우울제 같은 약물로 공포증을 치료하는 데 있어서 중요한 진전이 있어 왔음도 우리는 알아야 한다.

월피의 방법이 효과적이란 사실은 증상이 어떻게 획득되었는지를 아는 것이 증상을 제거하는 데 반드시 필요한 가장 좋은 방식은 아님을 의미한다. 불안의 기원에 대한 프로이트의 견해는 절대적으로 옳을 수 있지만, 동시에 어떤 불안증은 정신역동 기법이 아닌 다른 기법에 의해서도 경감될 수 있다는 것 또한 사실일 수 있다.

불안을 어떻게 치료할 것인지를 이해하는 것은 프로이트의 첫 번째 관심사 중 하나였다. 이 때문에 프로이트는 7장의 주제인 방어기제에 관한 연구를 하게 되었다.

07 방어기제

모든 것의 시발점이 되는 프로이트의 주요 개념은 불안에 대한 방어
의 결과물로 마음의 병이 생긴다는 것이다.
　　　　　 - 피터 매디슨의 『프로이트의 억압과 방어의 개념』 중에서

　우리는 거의 생애 초기부터 피할 수 없는 갈등 상태에 놓이게
된다. 충족을 요하는 절대적인 충동들이 있다. 그에 대항하는 외
부세계는 그러한 많은 충동들을 만족시키려는 시도를 처벌하겠다
고 위협한다. 그것이 첫 번째 갈등이며, 이는 다양한 형태로 일생
동안 계속된다. 아동기에는 죄를 벌하려고 위협하는 초자아, 즉 양
심이라는 또 다른 힘이 발달하는데 이를 다루어야 한다. 정신분석
은 이러한 갈등들과 그것들이 어떻게 다루어지는가를 연구한다.

153

프로이트가 묘사한 인간의 정신세계에서 충동은 이드에서 일어나며 자아는 이드와 외부세계 그리고 초자아 사이에서 생기는 갈등을 조절하는 책임을 맡은 성격의 한 부분임을 우리는 알았다. 자아는 우리가 최소한 몇 가지 충동만이라도 충족시키려고 시도하는 동안 우리를 위험의 고비에서 벗어나게 해야 한다. 즉, 우리의 정신적 고통을 최소화하려고 해야 한다. 무엇보다도 자아는 불안의 세 가지 유형인 현실적, 도덕적, 신경증적 불안에 의해 압도당하지 않도록 우리를 보호해야 한다. 이는 쉬운 일이 아니다. 어떤 충동들이 만족되려 한다는 것을 예측하게 되는 바로 그 순간에 처벌이라는 유령이 나타나서 커다란 불안을 유발한다. 하지만 충동을 무시하려는 의식적인 결정은 심각한 좌절을 가져올 수 있다.

이와 같은 딜레마를 해결하려는 자아의 수많은 시도에 대해 프로이트는 **방어기제**(defense mechanisms)라는 이름을 붙였다. 프로이트는 방어기제가 정신분석이론의 초석이라는 것을 여러 번 강조하였다. 방어기제들을 이해한다면 마음이 어떻게 작동하는지를 이해할 수 있게 된다. 비록 프로이트가 방어기제를 통해 신경증을 이해할 수도 있다고 하였지만, 프로이트와 그의 추종자들 어느 누구도 방어기제를 사용하는 것이 꼭 병리적이라고는 믿지 않는다는 점에 주목해야 한다. 오히려 우리는 누구나 방어기제를 사용하며 방어기제 없이는 살 수가 없다. 다만 자아가 과도하거나 융통성 없이 이들을 사용하면 문제가 된다.

우리는 신체의학에서 몸이 때때로 병이나 상처를 이겨 내려고 지나치게 열성적으로 시도하다가 오히려 상태를 악화시키는 경우를 종종 관찰한다. 방어기제가 신경증을 일으키는 열쇠가 된다는 프로이트의 주장은 꼭 같은 함의를 지닌다. 사람들은 불안으로부터 자신을 보호하기 위해 때때로 과도하게 방어기제를 사용함으로써 자신들의 성격 특성의 일부가 되게 하여 극심한 문제를 안게 되기도 한다.

다양한 방어기제들 중에서 프로이트는 맨 처음 **억압**이라는 기제에 초점을 두었다. 우리는 2장에서 과도한 억압이 우리 삶을 어떻게 고달프게 하는지를 알아보았다. 후에 프로이트는 다른 방어기제들을 추가하였지만 결코 그러한 방어기제들을 체계적으로 설명하기 위한 집필은 하지 않았다. 그 과제는 프로이트의 딸인 안나 프로이트의 몫이 되었다. 그녀가 1936년에 출간한 『자아와 방어기제(The Ego and the Mechanisms of Defense)』[1]라는 책은 여전히 이 주제를 다룬 탁월한 정신분석 서적 중의 하나로 여겨지고 있다. 그녀는 아버지의 저서에서 방어의 목록들을 따오고 거기에 몇 가지를 추가하였다. 여기에서 우리는 그것들 중 가장 중요한 몇 가지를 다룰 것이다.

나는 방어기제에 관한 고전적인 정의에서 떠나 하나의 정의를 제안하고자 한다. 이 정의가 단순하여 쉽게 이해되기를 바란다. **방어기제란 개인을 불안으로부터 보호하려는 의도로 지각을 조작하는 것이다. 지각은 자신의 감정이나 충동과 같은 내적 사건일 수도 있고, 다른 사람들의 감정이나 세상의 현실과 같은 외적 사건일 수도 있다.**

억 압

우리가 잘 아는 억압이라는 기제를 검토함으로써 이 정의를 예시할 수 있다. 억압(repression)은 충동이나 감정을 의식에서 배제한다는 것을 의미한다. 따라서 이것은 내적 사건에 대한 지각을 조작하는 것이다.

용납되지 않는 사람에 대한 에로틱한 욕망은 위험하다. 그 대상이 자기 부모나 자녀 또는 형제자매 혹은 동성(자신을 이성애자라고 규정할 경우)일 경우에 그러한 욕망을 인식하는 것은 자신을 고통스러운 죄책감이라는 위험에 빠지게 할 것이다. 그 욕망을 드러내려고 한다면 치욕을 당하거나 처벌받는 등의 더한 위험에 놓이게 될 것이다. 만약 그러한 충동을 인식하고 전적으로 숨긴다면 죄책감뿐만 아니라 결코 충족될 수 없는 강한 욕구의 좌절 또한 경험해야 한다. 그런 욕망을 모르고 있는 것이 분명 자신에게 이롭다.

공격 충동 또한 마찬가지다. 많은 사람들은 그들이 가까운 사람들에게 화난 감정을 품고 있다는 것을 잘 모른다. 어떤 사람은 자신이 누구에게 화가 나 있다는 사실을 인정하지 않으려 한다. 에로틱한 감정과 마찬가지로 화난 감정 또한 모르고 있는 것이 더 나은 것 같다.

대안이 있는데 그것은 억압라는 대안이다. 우리는 의식이라는 응접실을 지키는 옛 친구인 경비원을 다시 만나게 된다. 경비원은 응접실로 들어가려는 욕망을 검색하여 못 들어가게 하고 현관에 붙잡아 둔다. 만약 그 욕망이 어떻게 해서 응접실에 들어가게 되면 경비원은 그 욕망을 다시 밖으로 몰아낸다. 방어기제이론으로 설명하면, 자아는 이드의 다음과 같은 이중적 요구를 알고 있는 것이다.

- 욕망은 의식상에서 인식되고자 한다는 점
- 욕망은 행동을 통해 충족되고자 한다는 점

이러한 요구 중 하나라도 허용된다면 초자아가 죄책감이란 것을 가지고 공격할 것임을 자아는 잘 알고 있다. 또한 그 욕망이 겉으로 드러난다면 외부세계로부터 부정적인 반응을 얻기 쉽다는 점도 자아는 잘 알고 있다. 그래서 자아는 그 욕망을 억압한다. 의식 안으로 못 들어오게 하고 무의식 속에 가두어 두어, 자아는 불안으로부터 그리고 위험에 봉착할 때 무력감을 예상하는 것으로부터 스스로를 보호한다. 8장에서 공격성에 관한 사례를 살펴볼 것인데 그것은 바로 **피로스의 승리**(pyrrhic victory)다. 초자아는 공격적인 감정이 무의식화되는 것으로 만족하지 않는다.* 앞의 예에서 내적 사건(욕망)에 대한 지각은 차단되었다. 나는 여전히 그 사

---

*프로이트는 당대의 가장 숙련된 신경학자 중 한 사람이었다. 그는 치료자로서 활동을 시작하기 전에는 자신을 신경과학자로 분류했다. 그는 우리들 머릿속에 논쟁하고, 위협하고, 타협하는 세 명의 작은 사람들이 들어 있지 않다는 것을 잘 알고 있었다. 이드, 자아, 초자아가 성격의 세 측면으로서 각각 그 집단의 기능을 대표한다. 내가 여기서 한 것처럼, 그는 가끔 그것들이 마치 독립된 실체인 것처럼 설명하는 것이 도움이 된다고 생각했다.

람을 갈망하거나 해치고 싶어 한다. 하지만 그러한 욕망은 지금 무의식적이고 보이지 않으며 더 이상 지각되지 않는다.

2장에서 보았다시피, 억압은 필수적이다. 근친상간의 소망이 그 좋은 예다. 어느 누구도 금기를 깨뜨려 그 결과에 대한 책임을 감수하려 하지 않기 때문에 그러한 충동을 인식하는 것은 고통과 좌절과 죄책감을 유발하게 될 것이다. 우리가 갖는 많은 에로틱한 욕망과 공격적 충동에 대해서도 똑같이 말할 수 있다. 만약 우리가 억압을 전혀 하지 않는다면 의식에 침입해 들어오는 수많은 상상들과 충동들로 인해 어찌할 바를 모를 것이다.

역시 2장에서 보았듯이, 우리들 대부분은 필요 이상으로 억압한다. 만약 우리가 애정과 욕정을 모두 포함한 사랑의 감정, 장난기, 자기주장, 애도와 슬픔 등을 충분히 인식할 수 없다면, 우리의 삶은 불완전하고 왜곡될 것이다. 적절한 충동을 적당한 정도로만 억압한다면 억압이란 것이 필수적이지만 그 정도가 지나치면 삶에서 심각한 문제가 일어날 수 있다.

이를 통해 배우게 되는 아동 양육에 대한 중요한 교훈이 있다. 좋고 나쁜 **행동**만이 있는 것이 아니라 좋고 나쁜 **감정**도 있다는 것을 우리는 배웠다. 자녀들에게 어떤 행동을 하면 안 된다는 것을 가르칠 때, 그들이 어떤 감정을 갖든 그것은 그들의 권리임을 전적으로 지지하면서 자신의 감정과 행동을 구분하도록 자녀들을 격려하는 부모는 드물다. 하지만 그것을 구분하도록 격려하는 일은 앞으로의 삶에서 생길 과도한 억압으로부터 자녀를 오랫동안 보호하는 것이 될 수 있다.

프로이트 부녀는 모두 억압이 기본 방어기제인 동시에 심각한 신경증적 문제를 일으킬 수도 있는 것이라고 생각했다. 이제 우리는 과도하게 사용한다면 매우 파괴적일 수 있지만, 대체로 정상적인 정신생활의 일부분이 되는 몇 가지 방어기제에 관해 알아보고자 한다. 부인, 투사, 반동형성, 공격자 동일시, 치환 및 자책이라고 명명된 기제들을 살펴볼 것이다.

부 인

억압은 내적 사건에 대한 지각을 조작하는 것이다. 이에 반해 부인이라는 기제는 외적 사건에 대한 심리적 조작이다.

부인(denial)은 자신의 생각이나 감정 밖의 세계에 있는 무언가를 지각하지 못하거나 그릇되게 지각함으로써 자신을 불안으로부터 보호하는 것을 의미한다. 아동기 이후가 되면 부인은 자아에 어떤 문제를 일으킨다. 자아의 과제 중 하나는 현실 검증이다. 현실을 평가하는 자아의 능력을 통해 우리는 생존할 수 있으며 만족을 최대화하는 것도 그 능력을 통해서이다. 우리가 과속 운전을 얼마든지 즐길 수 있다는 것을 일깨워 주는 것은 자아이고, 엄청나게 속도를 내면 우리는 구속되거나 죽게 될 수 있다는 것은 현실이다. 가령, 자아가 과속은 위험하지 않다고 현실을 왜곡하는 방어기제를 사용한다면 문제가 발생한다. 그렇지만 가장 성숙하고 융통성 있는 자아조차도 때로는 그냥 그렇게 해 버린다.

부인의 한 가지 좋은 예는 가장 잘 알려진 건강상의 위험, 즉 흡연의 위험성을 대부분의 사람들이 인정하지 않으려는 고집성이다. 큰 불안 없이 흡연하려면 위험 인식을 지워 버려야 한다.

미국과 소련의 핵 대립이 한창일 때, 지구에 사는 모든 사람들은 상상조차 할 수 없는 대재앙의 끊임없는 위험 속에 있었다. 사람들이 불안 없이 살기 위해서는 어느 정도의 부인이 필요했을 것이다. 대부분의 사람들은 부인을 많이 하며 살아가는 것 같다. 반핵운동가들조차도 활동을 지속하기 위해서는 일종의 부인이 필요하였다.

심한 도박중독자들은 큰 손실을 부인한다. 거액의 로또에 당첨되지 못하는 이유는 망설임이다. 한 친구가 로또에 당첨되는 것에 대해 말하자, 누군가가 그 친구가 게임을 하는 줄 몰랐다고 했다. 그 친구는 "나는 게임을 하지 않아. 하지만 게임하는 사람들만큼 나에게도 당첨 확률이 있어"라고 대답했다. 이것은 거의 사실이다. 하지만 로또를 사는 사람들의 수는 줄지 않는다. 슬롯머신 게임에 빠진 사람들은 돈 잃을 확률이 높다는 사실을 부인하지 않고서는 게임을 지속할 수 없을 것이다. 심지어 카지노에서 최악의 상황인 한 끗을 가진 사람조차도 마지막에 자신들이 가지게 될 낮은 확률을 부인하는 것이 틀림없다.

우리들 대부분은 이따금씩은 부인의 방어를 사용한다. 나는 직장에서 어떤 임무를 무척이나 원했는데, 몇 주 동안은 내가 그 임무를 맡게 될 선두주자라고 믿었다. 결과가 밝혀질 때 내가 받을 충격을 염려한 내 친구는 나를 조용히 불러서 내가 가망이 없다는 것을 나만 빼고 모두가 알고 있다고 했다. 나의 상관이 계속해서 그런 단서를 주었다는 것이다. 그러나 나 자신은 그러한 단서를 알아채지 않으려고 한 것이었다.

때때로 대인관계에서도 부인을 사용하는 경우가 있다. 예컨대, 우리의 사랑이 보답 없는 것임을 알려 하지 않거나, 반대로 대인관계가 너무 좋을 때 우리가 의도했던 것보다 더 깊어지는 것을 원치 않는 경우다.

흡연의 예와 같이 부인은 매우 위험할 수도 있다. 하지만 때로는 도움이 될 때도 있다. 나의 한 친구는 결과가 나쁘게 나올 수도 있고 좋게 나올 수도 있다는 말을 들으면서 조직검사를 받아야 했다. 그녀는 그 얘기를 듣고 일주일 후에 조직검사를 하기로 되어 있었다. 그 친구는 일주일 동안 직장에 나가 일을 처리하였다. 나는 한 현명한 심리학자 친구에게 그녀가 현실을 부인하는 것과 앞으로 일어날지도 모르는 비극적인 결과에 대한 마음의 준비를 하지 않는 것이 염려스럽다고 하였다. 심리학자 친구는 나에게 그 친구를 그냥 내버려 두라고 하면서, 자기 힘으로 아무것도 할 수 없는 위험을 부인할 수 있는 자아 강도를 가지고 있는 것이 오히려 기쁜 일이라고 하였다. 나는 아직도 그 충고가 잊혀지지 않는다. 결과적으로 그 이야기는 해피엔딩이 되었다.

투 사

내적인 지각과 외적인 지각 모두를 조작하는 방어기제가 **투사**

다. **투사**(projection)는 자신의 감정을 억압하고 다른 사람이 그 감정을 가지고 있다고 잘못 지각함으로써 불안으로부터 자신을 보호하는 것을 말한다. 자기 자신의 분노를 억압하고 상대방이 자기에게 화가 나 있다고 지각하는 것이다. 또 욕정을 억압하고 상대방이 자기에게 욕정을 품고 있는 것으로 보는 것이다.

그런데 이러한 형태의 투사는 **동성애 공포증**을 흔히 동반한다. 즉, 자신의 동성애적 갈망을 억압하고 다른 사람, 아마도 자신이 동성애자라고 생각하고 있는 어떤 사람이 자기를 유혹하려 한다고 믿는다. 정치적으로 동성애자들을 비난하는 많은 사람들이 투사를 하고 있는 것 같다. 예를 들어, 동성애자는 교사나 스카우트 대장이 될 수 없는데, 그 이유는 그들이 동성애자의 생활양식을 조장하거나 심지어 어린 소년들을 유혹할 수도 있기 때문이라는 것이다. 이러한 말은 근거가 없다. 그래서 투사이론에 의하면 유혹을 당하거나 유혹할 위험이 있다고 두려워하는 사람은 동성애자를 비난하는 그 사람들이라는 것을 암시한다. 독자들은 많은 이성애자 군인들이 왜 자신들의 부대에 동성애자들이 포함되는 것을 공개적으로 맹렬하게 반대하는지 이해할 수 있을 것이다. 프로이트는 **동성애 공포증**적 투사가 여러 편집증 사례들을 설명할 수 있다고 믿었다.

제이라는 내담자는 박사과정생으로 논문을 끝내는 데 오랜 시간을 끌고 있었다. 시간이 지나면서 그는 논문 심사위원회의 교수들에게 점점 더 화가 났고, 교수들이 자기 앞에 나타나는 새로운 장애물들을 제거해 주지 않는다고 비난하였다. 결국 그는 교수들이 자기에게 학위를 주지 않고 자기를 탈락시키려는 음모를 꾸민다고 결론내렸다. 이 기간 동안, 나는 그가 논문 쓰기를 기피하고 무의식적으로 논문을 끝내지 않으려 한다는 것을 차츰 확신하게 되었다. 그의 부친은 노동자였고 자신을 희생하며 아들을 공부시켰는데 아들이 대학원에 입학하자마자 사망하였다. 제이는 부친에 대한 사랑, 교육을 받도록 격려해 주신 것에 대한 감사, 아들인 자기가 공부를 끝내는 것을 보지 못하고 돌아가셨다는 슬픔 등에 대해 자주 얘기하였다. 그가 부친을 능가한다는 것에 대해 매우 죄책감을 느끼는 것이 차츰 확연해졌다. 아버지의 죽음이 자기로 하여금 어머니를 혼자 소유할 수 있게 하였기 때문에 그 죄책감은 복합적으로 형성되었다. 복합적인 감정들이 제이를 위협하였고, 이 문제의 해결방법으로 자신의 무가치감과 실패에 대한 소망을 교수들에게 투사하게 된 것이다.

우리 모두는 오랫동안 경미한 투사를 사용하면서도, 그 정도가 심해져서 대인관계에 영향을 끼치지 않는 한 이를 알아채지 못한다. 불륜에 대한 상상을 파트너에게 투사하고 자신의 파트너를 비난하는 것은 흔히 볼 수 있는 일이다.

내가 대학생일 때 내 친구중 한 명은 자기 룸메이트와 매우 친했는데 그는 자신이 출타해 있는 동안 약혼녀가 룸메이트와 바람을 피우려 마음먹고 있다고 확신하게 되었다. 심하게 다투는 동안, 매우 침착하고 영리한 그의 약혼녀는 "누군가 테드와 자고 싶어 해. 맞아, 하지만 나는 아냐"라고 말하였다. 내 친구는 매우 화가 났다. 후에 그 친구는 나에게 그 순간까지 자신은 순수한 이성애자라고 굳게 믿었었다고 말했다. 심리학 과목에서 모든 사람은 무의식적으로 양성애적이라는 이론을 배웠을 때, 그는 '나만 빼고' 라는 생각을 했다는 것이다.

이 상황은 가벼운(그리고 매우 교훈적인) 문제로 끝났다. 투사가 심해지면 심각한 문제를 일으킬 수 있고 악화되면 심한 편집증에 이르게 될 수 있다.

반동형성

반동형성(reaction formation)은 내적 지각을 조작함으로써 자신을 불안으로부터 보호하려는 방어기제다. 이는 감정을 반대로 지각하는 것을 의미한다. 사랑이 공격성으로, 공격성이 사랑으로 바뀌는 것을 주로 의미한다.

베토벤의 생에서 가장 황홀하고 가슴 아픈 사건 중 하나는 조카 칼과 그의 어머니인 형수 조안나에 관련된 것이다. 베토벤은 조안나를 이유 없이 미워했고 그녀에게서 칼을 구해 내야겠다고 굳게 마음먹었다. 베토벤을 심리적으로 가장 잘 아는 자서전 작가인 메이너드 솔로몬[2]은 조안나에 대한 베토벤의 강박적인 증오가 그녀에 대한 무의식적인 강한 애정을 나타내는 것이라는 설득력 있는 주장을 폈다.

반동형성의 극히 중요한 유형은 **소망**을 **두려움**으로 잘못 지각하는 것이다. 그것은 소망으로 인한 죄책감으로부터 자신을 보호하기 위한 일반적인 방법이다.

　메리안이라는 내담자는 자신의 열살 난 아들의 신체적 안전에 대해 염려가 많았다. 그녀는 아들을 꽉 휘어잡았고 다른 어머니보다 더 많이 아들의 자유를 제한하였다. 그녀는 아들에게 어떤 나쁜 일이 일어날 것 같아 항상 불안하다고 말했다. 외동아들인 이 아이가 태어나기 전에는 그녀는 쾌활하고 느긋한 사람이었다고 했다. 아들 출산 후에 오랫동안 산후우울증을 겪었다. 이것이 고통스러운 우울증의 시작이었다. 메리안은 아들을 얼마나 사랑하는지 그리고 아이의 안전에 대해 얼마나 걱정하는지에 대해 자주 얘기했다. 몇 달이 지나서야 비로소 그녀는 아들에 대해 화가 났을 수도 있다는 가능성을 탐색할 수 있었다. 그리고 여러 달이 지난 다음 나는 그녀에게 "우리 둘 다 아이가 당신을 해치지 않을 것임을 알고 있다. 하지만 내가 보기에는 이따금씩 당신은 아들이 당신을 망쳐 놓았기 때문에 벌주고 싶은 마음이 생기는 것을 어쩔 수 없는 것 같다"라고 말할 수 있었다.

3장에서 항문기에 고착된 사람들이 가진 공포의 저변에 있는 소망에 관한 좋은 예를 보았다. 더럽고 지저분한 것에 대한 그들의 두려움은 아이로서 누릴 수 있었던 자유가 허용되지 않아서 생긴 소망을 위장하는 것이었다. 이러한 방어기제를 적절히 사용한다면 비교적 해가 없다. 하지만 자주 사용한다면 이런 형태의 반동형성은 고통스런 신경증을 만들어 낼 수 있다.

정신역동 치료자들은 내담자가 어떤 것을 두려워하는 이유를 잘 알 수 없을 때는 그 공포가 위장하려는 소망이 무엇인지를 마음속으로 생각해 보아야 한다는 것을 알고 있다.

반동형성의 반대 형태는 **역공포증**(counter-phobia)인데, 이것은 공포를 욕망으로 잘못 지각함으로써 두려움에 직면하는 것으로부터 우리 자신을 보호하는 것이다.

나는 칼을 판매하는 가게에 매혹된다. 번쩍거리는 나이프, 면도칼, 가위 등 수많은 종류의 칼을 모아놓은 커다란 진열창이 있는 체인점이 뉴욕에 있다. 나는 스위스제 군용 나이프가 또 하나 필요하지는 않지만 그 창 앞에서 오랜 시간 구경하는 것을 좋아한다. 여기까지 읽은 독자들은 이것이 심각한 **거세불안** 사례에 대한 역공포증적 반응임을 알아차릴 것이다.

공격자 동일시

안나 프로이트의 저서에서 가장 중요한 부분 중 하나는 공격자와의 동일시에 관한 장이다.[3] 프로이트가 여러 맥락에서 그 현상을 기술하였지만 그것을 따로 명명하지는 않았다.

자기를 향해 공격적인 의도를 보이거나 그런 의도를 가지고 있을지 몰라 겁이 나는 어떤 강한 사람과 맞닥뜨리는 것은 상당한 불안을 유발한다. 자기보다 더 강한 어떤 사람에 대해 공격적인 의도를 가지는 것 또한 불안을 유발할 수 있는데 왜냐하면 보복당할지도 모른다는 두려움 때문이다. **공격자와의 동일시**(identification with the aggressor)는 힘 있는 사람과 갈등이 있거나 그런 사람의 지배하에 있음으로써 유발되는 불안으로부터 자신을 보호하기 위해 고안된 방어이다.

공격자와의 동일시는 오이디푸스 콤플렉스의 해결, 청소년기의 **정체감 형성** 그리고 초자아 형성에서 중요한 역할을 한다는 것을 4장에서 배웠다.

정신분석가인 낸시 맥윌리엄스[4]는 안나 프로이트가 이 현상을 '**공격자의 내사**(introjection of the aggressor)'라고 했더라면 더 좋았을 뻔했다고 지적했는데 그 이유는 그녀가 생각했던 것이 바로 이런 뜻이었기 때문이다. 동일시는 대체로 내사보다 덜 자동적이고 덜 무의식적 방어를 의미한다. 아이들은 옷, 태도, 독특한 버릇 등에서 부모나 스승 또는 또래들을 정확히 **동일시**한다. 그들은 오이디푸스 콤플렉스에서처럼 이 사람들의 여러 면들을 **내사**한다. 내사란 다른 사람이 가지고 있는 여러 특징들이 자기 속에 있다고 무의식적으로 가정하는 것을 의미한다. 하지만 우리는 안나 프로이트의 용어가 학술용어로 확고한 위치를 점하고 있기 때문에 그 용어를 계속 사용할 것이다.

공격자와의 동일시는 위험한 인물의 어떤 측면을 내사함으로써 **자신**의 힘이 커졌다고 지각할 수 있게 만든다. 하나 이상의 개인적 성격 특성을 내사하거나, 공격성을 내사하거나, 혹은 두 가지 모두를 내사할 수 있다. 전통적인 오이디푸스적 해법으로 사람들은 자신을 이성애적이라 규정하고 자기 배우자를 찾으려 함으로써 동성의 부모처럼 된다. 또한 다른 많은 방법으로도 그 부모처럼 될 가능성이 많다. 이러한 내사를 통해 자기 정체감의 중요한 부분을 형성한다.

이러한 방어에서 사람들은 **투사**도 사용한다. 초자아의 불안에 대항하여 자신을 보호하기 위해, 즉 죄책감으로부터 자기를 보호하기 위해 자기의 공격적인 의도를 타인에게 투사한다. 따라서 아버지에 대한 공격적인 감정을 인식하지 못하고 단지 아버지가 **두렵다**는 것만을 알고 있다. 아버지의 힘을 내사했기 때문에 그러한 두려움은 견딜 수 있는 것이다. 전지전능한 초영웅이 되는 놀이를 하는 어린이들은 이런 방어를 날마다 적응적으로 사용한다. 물론 그들은 두려울 정도로 힘이 강한 인물, 대개는 한쪽 부모와 동일시한다.

그 자신이 유태인 대학살의 생존자인 정신분석가 브루노 베틀하임은 나치의 **강제 수용소**[5]에 관한 그의 저서에서 이와 같은 방어의 가슴 찢어지는 예를 제시하였다. 유태인 수감자들은 자신들을 나치의 간수와 동일시하였다. 그들은 간수의 걸음걸이와 버릇을 흉내 냈고 버려진 간수복 조각을 가치 있는 소유물로 간직했다.

치환과 자책

안나 프로이트는 우리가 아직 고려하지 않은 두 가지 방어기제를 사용하여 불안에 대응하려 시도하는 어떤 여성환자에 관한 얘기를 소개하였다.

이 환자는 어릴 적에, 어머니가 오빠들을 편애한다고 믿었던 차별의식 때문에 생긴 심한 시기와 질투심으로 괴로워했다. 이것은 마침내 어머니를 향한 강한 적개심으로 바뀌었고, 그녀는 노골적으로 화를 내며 순종하지 않았다. 그러나 어머니에 대한 그녀의 사랑 또한 똑같이 강해서 심각한 갈등을 일으켰다. 그녀는 자신의 분노가 자기가 애타게 필요로 하는 어머니의 사랑을 잃게 할지도 모른다고 두려워했다. 그녀가 자라서 잠복기에 이르렀을 때, 그녀의 불안과 갈등은 더욱더 심해졌다. 이러한 불안을 극복하기 위한 첫 번째 시도로 그녀는 치환이라는 기제를 사용하였다. 양가감정 문제를 해결하기 위해 그녀는 증오심을 일련의 여자들에게 치환하였다. 그녀의 삶에는 항상 그녀가 몹시 증오하는 제2의 여성이 있었다. 이렇게 하는 것은 어머니를 증오하는 것보다 죄책감을 덜 갖게 하지만 전혀 죄책감을 안 가질 수는 없었다. 따라서 치환은 적합한 해결책이 못 되었다

그녀의 자아는 지금 [프로이트가 **자책**이라고 명명하였던] 두 번째 기제를 사용하였다. 지금까지 타인들에게만 향했던 증오가 내부로 방향을 틀었다. 그녀는 자기비난과 열등감으로 스스로를 괴롭혔다. 청소년기를 지나 성인기에 이르기까지 자신을 불리한 처지에 놓이게 하고 자신의 이익을 훼손시킬 수 있는 일은 무엇이나 했으며, 항상 타인들의 요구에 부응하여 모든 것을 양보했다.[6]

다른 기제들과 마찬가지로 치환(displacement)과 자책(turning against the self)은 일상생활에서 흔히 일어나는데 경미하고 일시적이기만 하다면 비교적 무해한 것이다. 치환은 흔한 방어여서 '개를 걷어차기' 라는 별명을 얻었다. 직장 상사가 나에게 나쁘게

대하더라도 나는 그에게 분노를 **표출**할 수 없다. 더욱 미묘한 것은 분노를 충분히 **느낄** 수도 없다는 점이다. 그 이유는 분노를 느끼면 나의 직장생활이 즐겁지 않게 될 것이며 또 나의 동성 부모를 향한 분노감에 대한 무의식적 죄책감을 일깨워 주기 때문이다. 이런 때 나와 가까운 사람들은 내가 분노를 표출해도 탈이 없는 안전한 목표물이기 때문에 나를 피하게 된다.

빅토리아라는 내담자는 어린 시절 분노를 표출하면 주로 며칠 동안 무시당하는 무서운 결과가 초래된다는 것을 배웠다. 그녀는 성장했으나 분노를 표현하기는커녕 느낄 수도 없었다. 대인관계에서 어떤 어려움이 생기면 그녀는 우울한 느낌만 가질 뿐이었다. 오랜 시간이 지나서야 비로소 그녀는 우울이 자신을 향한 분노라는 것을 알게 되었다. 왜냐하면 분노를 표출할 수 있는 유일하게 안전한 대상이 자기 자신이기 때문이었다.

이 장의 서두에서 나는 **방어기제**란 자신을 불안으로부터 보호하기 위한 지각의 조작이라고 정의하였다. 지각은 자신의 감정이나 충동과 같은 내적 사건일 수도 있고 타인의 감정이나 현실 세계와 같은 외적 사건일 수도 있다. 나는 그것이 전통적인 정의와는 다르다고 전제하였다. 이 다른 점이 아주 흥미로운 이슈를 제기한다.

안나 프로이트는 "치환…… 또는 자책과 같은 방어과정들은 본능적 과정 그 자체에 영향을 주며, 억압과 투사는 본능적 과정이 지각되지 않도록 방해만 할 뿐이다"[7]라고 기술하였다. 이 말은 그녀의 저서에서 인용한 위의 예에서 빅토리아가 자기 어머니를 미위하는 것을 실제로 그만두고, 먼저 다른 여자들을 미워하기 시작했다가 나중에는 자기 자신을 미워하게 되었다는 것을 의미한다. 그 변화는 지각되지 않았을 뿐이다. 내가 제안한 정의는 어머니에 대한 증오는 여전히 무의식적으로 남아 있는데, 단지 억압되어서 지각되지 않을 뿐이라는 것을 의미한다.

자신의 에로틱한 오이디푸스적 갈망을 타인에게 치환한 다음 본래의 갈망은 무의식적으로 계속 가지고 있다는 틀림없는 증거를 은연중에 드러내 보이는 내담자를 흔히 볼 수 있다.

프로이트가 1926년에 창안해 낸 두 번째 불안이론은 방어에 대한 그의 이론에 커다란 영향을 주었다. 프로이트는 1926년의 이론에서 불안이란 위험에 봉착하면 곧 무력하게 될 것이라고 경고하는 신호라고 했던 것을 독자들은 상기할 수 있을 것이다. 방어는 이 무기력의 감각으로부터 사람을 보호하는 것을 의미한다. 프로이트는 성인의 불안은 신생아, 영아 또는 아동기에 강력한 외상적 자극들로 휩싸였던 아주 어릴 적의 외상적 상황들을 상기시키는 작용을 함으로써 악화된다고 생각했다. 따라서 방어기제의 중요한 기능은 그러한 외상적 자극을 머릿속에서 떨쳐 버리게 하는 것이다.

방어가 부딪혀야 할 세 가지 종류의 불안 중 하나는 도덕적 불안, 즉 초자아의 두려움이다. 그것은 정신역동적 심리학의 주요 이슈 중 하나인 죄책감의 문제인데, 8장에서 다루고자 한다.

08
죄책감

진보된 문명의 대가는 곧 죄책감이다.
— 프로이트의 『문명과 그 대가』에서—

'**문명**'의 발달에 대한 프로이트의 주요 연구의 놀라운 전제는 이러하다. 우리는 진보된 문명을 위해 행복을 희생해 왔으며 우리 불행의 기제는 죄의식이 증가하는 것인데, 그것은 주로 무의식적인 충동에 대한 죄의식이다. 이 장에서는 우리가 행복을 어떻게, 왜 잃어버렸는지에 대한 프로이트의 이해와 그 이해가 초자아에 대한 그의 이론에 어떻게 연결되는지를 알아볼 것이다.

한 내담자는 어려운 작업을 하는 동료를 돕기로 얼떨결에 약속하였다.

실제로는 하고 싶지 않은 약속이었다. 한동안 깊이 생각한 후 그녀는 용기를 내어 그 약속을 취소했다. 그 동료는 그녀가 약속을 어긴 것에 대해 크게 화를 내며 비난했다. 나의 내담자도 처음엔 화가 났다. 그녀는 처음부터 그 일을 도와주고 싶지 않았는데 교묘하게 꼬임에 빠졌다고 생각했다. 약 30분 동안은 화가 나서 어쩔 줄 몰라 했는데, 그 뒤에는 고통스러운 죄책감이 몰려왔다. 자기가 원하는 것이 무엇이었든 간에 자기 동료를 실망시킬 권리는 없다고 스스로 되뇌었다.

이 사례나 이와 유사한 사례는 우리 모두는 아닐지라도 많은 사람들이 익히 알고 있다. 이 죄의식은 놓칠 수 없을 정도로 자명하여 겉으로 드러나기 때문에 우리는 이것을 **'드러난'** * **죄의식**이라 생각할 수 있다. 이런 죄의식을 가진 사람들은 자기가 한 행동이나 말, 심지어 생각까지도 수치스럽게 여기며 이를 힘든 짐으로 알고 살아간다. 이런 종류의 죄의식이 특별히 심한 사람들에게는 다른 사람이 화를 내거나 항의할 필요가 없다. 다른 사람이 자기 의견을 주장만 해도 그들은 죄의식을 느끼게 된다. 이런 경우는 우리가 잘 알고 있으며, 이와 같은 죄의식을 가진 사람들을 돕기 위한 서적이나 워크숍이 여러 해 동안 많이 있었다.

상상속의 태만죄는 실제로 지은 죄와 마찬가지로 이 죄의식을 불러일으킨다. 혼자 조용히 있을 때면 언제나 나타나는 이면의 죄의식을 수년간 경험해 온 내담자가 있었다. 그는 항상 해야 했던

---

* 역주: 저자는 죄의식을 noisy, quiet, silent의 세 가지로 구분하였다. 그 의미상 역자는 '드러난' '비밀스런' '묻혀 있는'으로 각각 의역하였다.

일이나 해야 할 일이 있다고 믿었다. 가끔은 그가 하지 않은 일이 무엇인지 알 수도 있지만 대체로는 모르는 것들이다.

'비밀스런' 죄의식도 있다. 이 죄의식은 드러난 죄의식처럼 떠벌리지 않는다. 비밀스럽게 죄의식을 가진 사람들은 일반 사람들이 눈치 채지 못하는 방식으로 자신을 벌한다. 그들은 정신역동적 치료자들로 하여금 그들 자신을 처벌하거나 어떤 일을 그르침으로써 비밀스런 죄의식을 조금이나마 줄이기 위해 무의식적으로 노력하는 것으로 추론하도록 만든다.

수년 전 유력한 대통령 경선자가 간통을 저질렀다고 공개적으로 비난받은 적이 있었다. 그는 "만약 당신들이 나를 믿지 않는다면 내 뒤를 밟아보시오"라고 분개하며 이 사실을 부인했다. 그날 밤 그는 자신의 정부와 밤새도록 데이트를 가졌다. 기자들은 다음 날 아침 그의 거짓말을 공개했고, 그의 대통령 꿈은 영원히 사라졌다.

학생들은 준비를 많이 한 중요한 시험의 날짜를 '잊어버린다'.

어떤 종업원은 자신이 그처럼 바라던 승진의 대상이 되었다는 사실을 알게 되자마자 자기 상사를 모욕한다.

한 남자는 자신이 열렬히 원하던 여성을 겨우 설득하여 잠자리에 들었는데 실망스럽게도 발기를 못한다.

'드러난' 또는 의식하고 있는 죄의식과 죄의식처럼 느껴지는 않지만 무의식적으로 마땅히 받아야 할 것처럼 보이는 벌을 단지

가하기만 하는 '비밀스런' 죄의식 외에도 **'묻혀 있는' 죄의식**이 있다. 이 죄의식을 가진 사람들은 죄의식을 느끼지 않는다. 그들은 납득할 수 없는 처벌을 자초하지 않는다. 그저 오랜 동안 자신들이 나쁜 사람인 것처럼 느끼기만 하거나 어렴풋이 불행과 불만을 느낄 뿐이다. 최종분석에 의하면, 이것은 가장 보편적이고 가장 심각하며, 그리고 늘 지속되기 때문에 가장 파괴적인 형태의 죄의식이다.

프로이트의 관점에서 보면, 구속받지 않는 인간은 자신들의 이익과 만족과 즐거움을 이기적으로 추구한다. 만약 누군가 또는 무엇인가가 그들을 방해하면 그들은 화를 내게 되고, 또 만약 자기가 충분히 힘이 있다고 믿는다면 주저 없이 그 방해물을 제거할 것이다. 많은 사람들이 서로 가까이 근접하여 살고 있는* 때에 이런 경향이 억제되지 않는다면 혼란이 일어날 것이다. 프로이트가 토머스 홉스의 『리바이어던(The Leviathan)(1651)』을 알고 있었다는 증거는 없지만, 여기에서 기술된 견해는 그 책에서 제안된 것과 동일하다. 홉스처럼 프로이트는 문명, 특히 진보된 문명이 존재하기 위해서는 억제되지 않은 자기중심적인 공격성을 억누를 수 있는 기제가 필요하다고 생각했다. 외부의 권위적인 힘에 의해 부분적으로 억제할 수 있지만 권위적인 힘이 항상 어디에나 있는 것은 아니

---

*프로이트는 가까이 근접하고 어떤 면에서 상호 의존하며 살아가는 핵가족보다 더 큰 어떤 집단이 '문명'을 형성한다고 생각했다. 이것은 처음부터 거의 모든 문화를 포함하는 것처럼 보일 것이다. 가까이 근접하고 상호 의존하며 살아가는 아주 많은 사람들이 '진보된 문명'을 형성한다.

다. 언제 어디에서나 영향력을 발휘할 수 있는 권위의 심리적 대상인 내적 기제가 필요하다. 프로이트의 견해는 이런 필요성 때문에 인간들의 마음속에서 그러한 내적 권위가 발생되고 점점 엄격해진다는 것이있다.

현대 생물학자들은 이것이 진화일 것이라고 이해할 것이 분명하다. 이것은 우리가 상관할 필요가 없다. 초기의 인류에게 무엇이 진실이었건, 현대인들은 이 내적 권위를 확실히 가지고 있는데, 프로이트는 그 성향에 대한 강력한 설명을 해 주었다. 우리는 2장에서 이것이 프로이트가 초자아라고 명명한 성격의 일부임을 배웠다. 프로이트의 관점에서 이것은 다음과 같은 방식으로 발달한다.

만약 어린아이들이 통제되지 않은 채 방치된다면 그들은 쾌락과 만족을 제멋대로 추구할 것이다. 처음에는 그들이 다른 사람의 만족을 방해하지 못하도록 신체적으로 규제할 필요가 있다. 그러나 곧 권위적인 부모가 곁에 있는 것만으로도 자녀들을 억제하기에 충분하게 된다. 프로이트는 이것을 초자아의 발달에 있어서 중요한 단계라 보았다. **왜** 단지 부모가 곁에 있는 것만으로도 아이들은 흥미 추구를 멈추기에 충분한가? 어린아이들은 비록 그 벌이 타이르는 것과 같이 약한 것일지라도 처벌의 예상을 빨리 학습한다. 만약 내가 커스터드 크림을 카펫에 쏟는다면 어머니는 나를 심하게 나무라고 나는 기분이 나빠질 것이다. 하지만 그것이 왜 기분을 나쁘게 할까? 나는 커스터드를 쏟는 것이 재미있을 것이고 어머니의 꾸중은 실제로 내게 상처를 주지 않을 것이다. 하지만 나는 어머니가 나를 **사랑한다**는 사실이 얼마나 중요한지 재빨리 알게 되기 때문에 어머니의 꾸중은 내 기분을 나쁘게 만들 것이다. 나는 어머니에게 전적으로 의존한다. 어머니 없이는 살아갈 수 없다. 어머니가 나를 버린다면 나의 신체적인 욕구와 정서적인 욕구는 전혀 충족되지 않을 것이다. 나는 나를 사랑해 주는 어머니가 필요하다. 이 사실을 일단 학습하게 되면 어머니의 사랑을 잃는 위험은 우리의 삶 전체에 영향을 미치게 된다.

한 여성 내담자는 자신과 어머니 사이의 관계가 만족스럽다고 주장하며 치료받기 시작했다. 특별히 문제될 것이 없다는 것이다. 나는 곧 그녀가 다음과 같은 경험을 반복적으로 했다는 것을 알게 되었다. 어떤 합당한 이유로 그녀는 친한 여성 친구와의 데이트를 깨뜨려야 한다는 것을 알게 되었다. 이것은 심한 불안발작을 일으켰다. 불안의 이유를 물었을 때 그녀는 친구와의 만남을 취소해서 친구를 화나게 만들지 않았을까 두렵다고 대답했다. 그녀는 이런 과정을 수없이 겪었다. 다음에 만나서는 그 친구가 언제나 그녀를 충분히 안심시켜야 했다. 그래도 불안발작은 계속 일어났다. 수개월 동안의 치료 후, 그녀는 자신이 어머니를 내몰았다고 확신할 수 있는 어머니의 표정을 멀리서 바라본 기억을 되살려 내기 시작했다. 어머니의 사랑을 잃을지도 모른다는 무의식적인 공포는 여성 친구들과의 특이한 불안정한 관계로 바뀐 것이었다.

다음은 프로이트가 가장 중요하고 핵심적이라고 여긴 단계다. 경찰이나 부모가 모든 곳에서 언제나 지킬 수는 없다. 사람들이 자기보다 약한 이들을 대상으로 자신의 쾌락을 이기적으로 추구하지 못하게 하는 것은 무엇일까? 물론 많은 사람들이 그렇게 이기적으로 행동하고 따라서 범죄가 발생하며 강한 자가 약한 자를 착취하는 문제가 생긴다. 하지만 모든 사람들이 다 그렇게 행동한다면 우리는 문명의 종말이 될 큰 혼란을 맞게 될 것이다. 대다수의 사람들은 그렇게 행동하지 않는다. 대부분의 권위적 존재가 실제 곁에 있지 않을 때조차도 그렇게 행동하지 않는다. 왜 그럴까?

여기에는 두 가지 이유가 있다. 첫 번째 이유는 지금까지의 이야기에서 명백해진다. 즉, 누군가에게 들켜서 벌받을까 두려워한다. 그 벌은 사랑의 상실이라는 위험일 수도 있고, 실제로 신체적인 벌일 수도 있다. 앞에서 예시한 내담자는 자기 친구가 화낼까 두려워한다. 나는 과속 운전 때문에 벌금 티켓을 받을까 두려워한다.

하지만 만약 어느 누구에게도 들키지 않는다면 어떨까? 만약 권위적인 존재가 **정말로** 없다면? 그런데 왜 우리는 자신의 본능적인 만족을 추구하려는 충동을 부인하는가? 만약 이웃들이 본능적인 이기주의와 공격성을 우리에게 표출하지 않는 이유가 단지 외부 권위를 두려워하기 때문이라면 우리가 지금처럼 서로 함께 잘 지낼 수는 없을 것이라고 프로이트는 주장하였다. 그보다 더 위협적이고 두려운 어떤 권위적 존재가 필요한 것이다.

우리는 양심, 즉 프로이트의 용어로 초자아를 거론하며 이 장을 시작했다. 우리 이야기의 마지막 단계는 우리 머릿속으로 권위를 끌어들여서 항상 우리와 함께 있게 하며 그 판단을 항상 두렵게 생각하는 것이다. 양심이란 마음속에 들어와 있는 바로 그 권위다. 만약 우리가 욕구 충족을 거부하는 첫 번째 이유가 외부로부터의 벌에 대한 두려움이라면, 두 번째 가능한 이유는 권위적 존재가 없다는 것이 정말로 없는 것이 아니라는 것이다. 권위적 존재는 우리의 머릿속에 있다. 그래서 항상 처벌의 위험, 초자아에 의한 고문이 존재한다. 우리의 정신세계에는 우리가 죄의식이라고 이름 붙인 그 고문에 대한 위험이 있다. 우리가 금지된 쾌락에 저항한다면 그것은 그 고문의 두려움 때문인 것이며, 우리가 그 금지된 쾌락을 즐긴다면 초자아가 가하는 고통을 감수함으로써 그 대가를 지불해야 하는 것이다. 프로이트는 금지된 행동에 대한 초자아의 처벌을 설명할 때 '후회' 라는 단어를 사용했다.

우리의 머릿속에 머무르는 그 권위적 존재가 무엇인지는 쉽게 상상할 수 있다. 처음부터 그리고 가장 강력한 그것은 물론 부모다. 프로이트의 가장 소중한 통찰들 중 하나는 **동일시** 현상에 대한 것이었다. 이것은 우리가 성격을 형성하기 위해 우리 자신 속에 다른 이들의 특징들을 어떻게 집어넣는지에 관해 많은 것을 말해준다. 최초의 그리고 가장 강력한 동일시 대상은 부모다. 우리는 4장에서 오이디푸스 콤플렉스 해결의 중요한 기제가 우리의 두려운 경쟁자, 즉 동성 부모와의 동일시라는 것을 알았다. 이러한 동일시의 중요한 면은 입법자와 집행자로서의 부모의 기능이다. 아버지와 어머니는 많은 것들에 관해서 "너는 해서는 안 된다"라고 말하는데, 오이디푸스 콤플렉스의 경우 나의 경쟁자는 "너는 내 아내를 탐하면 안 된다"라고 말한다. 이런 동일시를 통해서 나는

근친상간을 금하는 것을 포함하는 여러 금지사항들을 내 머릿속에 집어넣는다. 금지사항들을 기억함으로써 그것들은 내 초자아의 주요 측면이 된다.

판단자로서의 외부 권위적 존재와 판단자로서의 초자아 사이에는 중요한 차이가 있는데 이것은 우리가 문명화된 삶에서 더 많은 기쁨과 충족을 얻기 위해 노력할 때 다루어야 하는 차이다. 그 차이는 이러하다. 즉, 외부의 권위적 존재는 우리의 행동만을 알 수 있고 또 벌할 수 있다. 반면 우리 머릿속에 있는 초자아는 우리의 행동뿐만 아니라 희망, 공상, 의도까지 알고 있다. 공상은 단지 공상에 지나지 않으며 실천에 옮기려는 의도가 없다고 주장한다 하여 초자아가 완화되지는 않는다. 초자아는 소망과 행동이 동일하다는 일차과정의 규칙에 의해 작동한다. 그래서 초자아는 행동뿐 아니라 의도만 있어도 우리를 벌한다. 어떤 경우는 우리가 실제로 행동한 것처럼 그 벌이 심할 수도 있다.

이제 단지 생각만 해도 죄의식을 느끼게 되는 이유를 알아보려 한다. 어떻게 그럴 수 있는가는 금방 알 수가 없다. 그러나 생각이 죄의식을 느끼게 할 수 있다는 프로이트의 주장이 옳다는 것을 증명할 수 있다면, 우리의 행복과 마음의 평화는 보장될 수 없는 상태에 있음이 분명해진다. 엄격한 규범을 조금이라도 어기면 처벌하는 매우 엄한 경찰에 둘러싸여 살아간다고 상상해 보자. 그런 삶은 재미가 전혀 없겠지만 아마도 우리는 조심해야 된다는 것을 배워서 아무런 문제를 일으키지 않고 살아갈 수 있게 될 것이다. 다음에는 이 엄격한 규범이 우리가 생각을 말로 표현하는 것에도 적용된다고 상상해 보자. 이것은 괴로운 일이지만 신중한 사람들은 달갑지 않은 주목을 받는 일은 피할 수 있을 것이다. 그러나 이제는 경찰이 **생각**을 읽는 심상 X레이를 발명해서 당신의 금지된 생각들을 엄하게 처벌한다고 상상해 보자. 아마 당신은 이민 갈 계획을 세울지도 모른다.

금지된 행동을 하지 않고 단지 생각이나 의도만으로도 우리가 죄의식을 느끼게 되는가? 어떤 사람들은 가끔, 또 어떤 사람들은 많은 시간 자신들의 생각에 대해 의식적으로, 정말 진심으로 죄의식을 느낀다. 가장 명백한 예로는 자기의 어떤 생각들이 죄악이라고 믿는 독실한 종교적인 사람들이다. 실제로 그들의 생각 중 많은 것들이 죄스럽다. 이런 죄스러운 생각들을 스스로 없애고자 극심한 금욕과 고행을 자처하는 종교적인 사람들을 흔히 볼 수 있다. 죄스러운 생각을 자신들의 몸 밖으로 쫓아내 버리기 위해 매질을 하거나 단식을 하는 성인(聖人)들의 이야기가 많이 있다. **성 프란시스**에 관한 다음의 이야기가 한 예다.

> 만약 육체의 유혹이 몰려오면 겨울에는 얼음으로 가득한 개천에 스스로 몸을 내던져서 모든 사악한 욕망이 흔적없이 사라질 때까지 그 속에 계속 있었다. 그리고 그의 추종자들 역시 그의 이런 엄청난 고행을 본받아 열렬히 따라 했다.[1]

성스럽게 되기를 열망하지 않는 많은 사람들은 자기들이 의식적으로 죄책감을 갖게 될 생각이나 소망을 가끔씩 갖는다. 사랑하는 병약한 친지를 돌보는 일이 힘들어지면 어느 순간 그가 죽기를 바라거나 그로부터 벗어나고 싶어 하는 자신을 발견하는 일은 드물지 않다. 또 자기 딸이 갑자기 성숙한 여자로 보이고 그 딸에 대한 욕정이 폭발하는 자신을 발견하는 아버지들도 가끔 있다. 이런 두 경우 모두가 의식적인 죄책감을 갖게 한다.

그러나 대부분의 사람들은 거의 언제나 단지 생각만 하거나 소망하는 것만으로는 의식적인 죄책감을 갖지 않는다. 만약 우리가 좋아하는 초콜릿 케이크 또는 금지된 사람과의 성관계를 거절하거나 또는 자신의 경쟁자에게 정말 더러운 욕을 하고 싶은 충동을 자제한다면 우리는 당연히 아쉬운 후회는 하지만 이러한 욕망에 대해 의식적으로 죄책감을 갖지는 않을 것이다.

비록 우리가 이런 욕망을 가진 것에 대해 의식적으로 죄책감을 갖지는 않을지라도 초자아는 금지된 소망을 간과하지 않는다. 초자아의 기능은 주로 무의식적이며, 초자아의 엄청난 힘은 무의식에 의존한다. 만약 초자아가 전적으로 의식적이라면 자신이 배운 어른으로서의 행동 기준에 따라 초자아의 금지 명령을 거부하거나 받아들일 수 있게 될 것이다. 만약 어렸을 때 금지되었던 행동에 대해 초자아가 경고를 한다면, 어른이 된 자아는 이 금지 명령이 더 이상 유효하거나 적절치 않다는 것을 알아 그 명령을 간단히 거부할 것이다. 그러나 무의식은 이런 규칙에 따라 기능하지 않는다. 일차과정의 영역에는 과거나 미래가 없다. 오래된 금지 명령들은 오늘날에도 유효하며 우리가 어렸을 때처럼 엄격하게 적용된다. 왜냐하면 이것은 일차과정의 영역이어서 소망은 행위와 마찬가지로 죄스러운 것이므로 처벌받아야 하기 때문이다. 정신분석이론은 갈라진 마음, 즉 내적 갈등에 관한 이론이다. 자아에 대한 초자아의 처벌적인 공격보다 더 생생한 예는 별로 없다.

우리는 이 장을 시작할 때 드러난 죄의식과 비밀스런 죄의식 외에 묻혀 있는 죄의식도 존재한다는 것을 지적하였다. 이제 묻혀 있는 죄의식이 무엇이고 어떻게 발생하는지 알아보자. 초자아가 금지된 소망에 대해 벌할 때, 그것은 모두 무의식의 가려진 영역에서 발생하고 무의식적인 죄의식의 형태를 취한다. 그것이 무의식적이기 때문에 우리는 그것을 죄의식으로 인식하지 않으며 우리가 왜 벌을 받고 있는지 알지 못한다. 단지 기분이 나쁘다는 것만 알 수 있을 뿐이다. 그저 막연한 불행과 불만을 느낀다.

여기에는 끔찍한 아이러니가 존재하는데, 도덕심이 강할수록 이 묻혀 있는 죄의식을 더 많이 경험할 가능성이 높다는 것이다. 프로이트는 성인(聖人)들의 자서전이 참회로 가득 차 있음을 지적했다. 프로이트는 어떤 충동이 충족되면 그 쾌락을 얻지 못한 좌절감은 감소되고, 어떤 쾌락을 얻지 못하면 이를 더욱 갈망하게 된다고 이 아이러니를 설명했다. 욕망이 증가할수록 초자아는 더욱 처벌적이 된다. 프로이트는 공격적 충동들이 억압되면 이런 묻혀 있는 죄의식을 일으킬 가능성이 특별히 높아진다고 생각했다. 그는 나중의 저서, 특히 『문명과 그 대가』에서 문화인은 성적 만족을 누리면서도 문명화된 삶을 살아갈 수 있지만, 공동체를 파괴하지 않으면서 공격적 충동을 충족시킬 수는 없음을 명백히 암시하였다. 그래서 공격적 충동들은 가장 깊이 억압되어 있어서 묻혀 있는 죄의식을 가장 심하게 만드는 것 같다고 추론하였다.

어렸을 때 우리는 충동을 부인함으로써 부모님들을 안심시키고 죄의식도 갖지 않았다. 나는 여동생을 때리고 싶은 충동을 자제하여 어머니의 인정을 받고 죄의식도 갖지 않는 보상을 받았다. 그러나 내가 바라는 것이 무엇인지 알 수 있는 권위적 존재가 일단 내 머릿속에 들어오면서부터 상황은 역전되었다. 각각의 부인된 충동은 이때부터 나의 죄의식을 **증가**시키는 것이다.

프로이트는 이런 상황을 다음과 같이 설명했다.

> 금욕은 이제 더 이상 완전히 해방시키는 효과를 가지지 않는다. 그리고 도덕적인 절제는 더 이상 사랑을 받는 것으로 보상받지 못한다. 사랑의 상실이나 외부 권위에 의한 처벌 같은 위협적인 외적 불행은 죄책감으로 인한 긴장이라는 영구적인 내적 불행으로 교체되었다.[2]

인간은 서로 가까이 지내면서 무리지어 살아가고자 하는 강한 욕구를 가지고 있다. 그러나 이 욕구는 우리가 가진 선천적인 공격성 및 자신들을 이기적으로 만족시키고자 하는 욕망과 갈등을 일으킨다. 프로이트는 그 해결책으로 양심의 발달을 생각했다. 만약 양심이 외부로 향하는 우리의 공격심을 자제하도록 하는 일만 하고, 지금까지보다 이 일을 더 잘 해낸다면 그것이 만족스러운 해결책일 수 있을 것이다. 그러나 양심은 이보다 더 나아가 우리가 하지 않으려 해도 하게 되는 **생각**에 대해서도 우리를 책망한다. 프로이트는 이것이 모든 이에게 적용되는 것은 아니며, 죄의식을 갖게 되는 빈도와 강도에는 큰 편차가 있다고 믿었다. 그는 모든 사람이 무의식적 죄의식의 발현인 불행과 불만을 빈번하게 경험하는 것은 아니라고 했다. 그러나 그는 우리들 대부분이 이를 경험한다고 믿었고 우리가 통제할 수 없는 생각에 대해 초자아가 공격을 하기 때문에 우리는 죄의식을 갖고 행복을 상실하는 대가를 치르며 서로 가까이서 의존하고 살아갈 수 있다고 했다.

나는 두 내담자의 경우를 예로 들어 무의식적인 죄의식의 파괴력을 설명하려고 한다. 그들 중 한 명은 죄책감을 의식하고 있었지만 다른 한 명은 그렇지 못했는데, 두 사람 모두에게 파괴적인 죄의식이 깊이 뿌리내리고 있었다.

제리는 이 장의 앞에서 언급했던 내담자다. 그는 했어야 했는데도 하지 않은 일들 때문에 항상 죄책감으로 시달렸다. 그가 골치아픈 일을 하나 끝내고 나면 곧바로 해야 할 일이 또 생기곤 했다. 그는 이것을 한 가지를 끝내고 나면 두 가지가 늘어나는 마술 같은 '해야 할 일'의 목록이라 생각했다. 요즘 같은 스피드 세상에서 거의 모든 사람들은 해야 할 일의 목록이 늘어나고 있다는 느낌을 갖고 있다. 어떤 사람들은 이를 억지춘향식으로 받아들이고 또 어떤 사람은 그냥 귀찮아하지만, 제리처럼 그런 일에 대해 진짜 죄의식을 느끼는 사람들이 많은 것 같다.

제리에게는 가끔 떠오르는 어린 시절 기억이 있다. 그는 아버지를 매우 존경했고 동시에 그만큼 많이 두려워했다. 그는 아버지가 그를 인정해 주길 바랐는데 그 부분에 대해 항상 의심스러워했다. 열두살쯤이었던 해의 어느 초저녁 그는 아버지에게 말했다. "숙제를 끝냈어요. 이제 밖에 나가도 될까요?" 아버지는 제리의 뇌리에 영원히 남을 말로 대꾸했다. "너는 올 A를 받지 못하지 않느냐?" 그 의미는 명백하다. 항상 더 해야 할 일들이 있다는 것이다. 이 사건이 성인이 된 지금 그가 가진 끊임없는 죄의식의 유일한 원인은 아니겠지만, 그것은 그의 수없이 많은 경험들을 통해 마음속에 심어진 태도를 상징한다. 만약 아버지의 인정을 받으려면, 그는 끊임없이 공부를 해야만 했다. 그렇더라도 그가 해야 할 일들은 끝이 없어서 인정을 받는 일은 희망이 없었다. 그가 치료받기 시작했을 때는 그의 아버지가 이미 오래전에 돌아가신 후였다. 이제 그의 초자아는 어떤 일도 결코 끝낼 수는 없다고 말하며 (무엇인지는 모르지만) 하지 않은 일들 때문에 벌을 내리고 있다. 그리고 아버지와의 동일시 밑바탕에는 달성할 수 없는 목표들을 가지고 그에게 부담을 주는 아버지에 대한 무의식적인 분노도 있었다. 하지 않은 일들에 대한 괴로움에 더하여 초자아는 무의식적인 분노에 대한 벌까지 가했다.

킴벌리라는 내담자는 20대 초반이었다. 그녀는 모든 것을 가진 것처럼 보였다. 그녀는 똑똑하고 매력적이며 아름다웠다. 그녀의 문제는 그녀가 고등학교 시절 이후로 데이트를 별로 하지 않았다는 것이다. 직접 언급하지는 않지만, 그녀는 약간 우울해 보였다. 그녀는 남자들을 피하기 위해 최선을 다했고 그럴 수 없을 때는 그들의 초대를 거절했다. 그녀는 왜 그랬는지 이유를 알지 못했다. 치료자인 나 역시 여러 달 동안 이유를 알 수 없었다. 그러던 어느 날 동료인 한 여성 치료자가 그녀에게 아주 따뜻하게 "킴벌리, 당신은 정말 아름다워요"라고 말했다. 킴벌리의 반응은 놀라웠다. 그녀는 빨갛게 얼굴을 붉히고 서둘러 방을 떠난 다음 심한 공황발작을 일으켰다. 다음 치료시간에서야 그녀는 그 사건의 의미를 탐색하기 시작해도 될 만큼 평정을 되찾았다. 그 후 여러 달 동안 우리는 이야기를 나누었다. 그녀의 어머니는 젊고 매우 매력적이었는데 딸이 자기보다 더 아름답다는 사실을 받아들이지 못했던 것처럼 보였다. 킴벌리가 청년기에 이르러 눈부시게 아름다워지자, 그녀의 어머니는 자신을 폐위된 미의 여왕으로 간주했고 심한 우울에 빠졌다. 어머니의 경쟁심은 전혀 거론되지 않았고, 자기가 어머니의 우울증의 원인이라는 것을 킴벌리는 의식하지 못했다. 그녀는 그저 자신이 얼마나 아름다웠는지에 관한 아주 희미한 느낌만 갖고 있었다. 치료를 받으면서 그녀는 아주 조금씩 기억의 조각들을 한데 묶어 이야기를 해 나갔다.

킴벌리의 아버지는 아내에게 헌신적이었고 킴벌리와의 관계도 아주 적절했다. 그럼에도 불구하고 킴벌리가 아무리 내색하지 않으려 했으나 그녀의 어머니는 킴벌리를 오이디푸스 콤플렉스의 승자로 보았다. 킴벌리는 무의식적으로 자신의 아름다움을 원망하게 되었고, 자기 때문에 어머니가 괴로워한다고 스스로를 비난했다. 남자들을 유혹하는 데에 자신의 미모를 이용할 수 있다는 것은 그녀로서는 생각조차 할 수 없었다. 대부분의 시간을 그녀는 자신의 외모에 특별한 것이 아무것도 없다고 스스로 부인하면서 보냈다. 그녀는 또 자기는 진정한 행복감을 가져서는 안 된다고 생각했음도 명백해졌다. 그녀는 어머니의 불행이 자기 탓이라고 생각했기 때문에 자신은 행복해질 권리가 없다는 죄의식을 가졌다. 오이디푸스 콤플렉스 이론을 숙지한 독자는 이제 킴벌리의 죄의식의 또 다른, 더 깊은 원천을 찾아냈을 것이다. 그녀의 어머니는 "나는 졌다. 네가 나를 이겼다"라는 메시지를 보냈다. 그래서 승리에 대한 킴벌리의 무의식적 고민은 자기가 의도적으로 어머니를 괴롭혔다고 믿음으로써 더욱 악화되었다.

　제리와 킴벌리가 그렇게 괴로워했던 것은 그들이 죄의식의 이유를 몰랐고 또 그 이유들이 억압되었기 때문이었다. 치료의 목적은 그들 각자가 관련된 기억을 점진적으로 되살려 내어 서로를 적절히 연결할 수 있는 조건을 만들어 주는 것이었다.

　11장에서 우리는 치료관계에서의 **전이**의 힘, 즉 어릴 때의 부모와의 관계가 치료자와의 관계에 옮겨지는 방식을 탐구할 것이다.

　제리의 경우는 전이의 치료적 가치를 극적으로 잘 보여 준다. 여러 달의 치료 후, 제리는 내가 자기를 인정하지 않았다고 확신한다는 말을 나에게 할 수 있었다. 즉, 나는 제리가 어떤 일을 신중하게 한다고 믿지 않았으며 하는 일에 비해 지나치게 많은 보수를 받는다고 생각하는 것 같다는 것이었다. 얼마 동안 나는 그것이 그에게 얼마나 괴로운 일인지 공감만 해 주었다. 마침내 나는 권위적인 위치에 있는 어른들이 그를 인정하지 않을 수도 있다고 믿을 만한 충분한 이유를 그가 가졌다고 얘기했다. 그에게 과거의 전례가 있었던 것이다. 권위자에게 무조건 복종해야 한다고 배웠기 때문에 자기가 인정받지 못한 것은 이해가 되었다. 제리는 그 논리가 아이들에게는 통할지 몰라도 전혀 완벽하지는 않다고 생각했다. 얼마 지나지 않아 그는 아버지가 아버지 자신의 문제를 가지고 있었을 가능성과 "너는 깨어 있는 순간엔 항상 생산적인 활동을 해야 한다"라는 명령도 없었을 가능성을 고려하기 시작하였다. 우리가 헤어질 즈음, 그의 죄의식은 상당히 완화되었다.

킴벌리와 나는 중요한 전이 현상이 나타날 때까지 오랫동안 함께 작업했다. 우리는 그녀의 남자에 대한 두려움과 데이트에 대한 불안을 탐색하느라 여러 달을 보냈다. 내가 다소 의심스러워했던 우울증이 완전히 표출되는 것도 보았다. 그녀는 우울증을 가졌음에도 불구하고 이전보다 화장을 더 잘하고 옷도 잘 입고 치료시간에 나타나기 시작했다. 나는 보통 그런 것을 관찰하면 그냥 넘기지 않고 얘기하는데 이 내담자에게는 왠지 얘기하기가 꺼려졌다. 마침내 내가 그녀의 옷과 화장에 관해 칭찬했을 때 내가 꺼려했던 이유를 알게 되었다. 내담자와 나 사이의 무의식적인 의사소통에서 이 주제는 그녀를 극도로 당황스럽게 하는 것이었음을 나는 알았어야 했다. 다음 치료시간에 그녀는 옷과 화장을 이전처럼 아무렇게나 하고 왔고, 다시는 그런 칭찬을 하지 말아 달라고 내게 간곡히 부탁했다. 나는 그녀의 고통스러운 마음에 공감해 주고는 더 이상 그 주제에 관해 언급하지 않았다. 몇 주 지나서 나는 그녀에게 나와 치료에 관해서 그녀가 가졌던 감정 때문에 우울증이 더 깊어지지는 않았는지 물어보았다. 그녀는 그럴 가능성이 있다고 말했다. 그녀는 치료가 점점 불편해져서 그만두려 하고 있었다. 그녀가 매력적이라는 사실을 내가 알아주기를 바라는 마음이 자기에게 있었다는 것을 그녀가 알게 된다면, 그것은 나에게 아주 큰 의미를 갖게 하는 것이라고 말하면서 그녀의 옷과 화장에 대한 금지된 주제를 다시 거론했다. 그녀의 그런 희망은 자신에게는 창피스런 자기중심적 생각으로 보이겠지만 내게는 아주 자연스러운 것이라고 말했다.

수년간 나는 무의식의 지혜에 대해 굉장히 매료되어 왔다. 내가 무의식의 메시지를 귀담아들을 때, 무의식은 종종 내가 할 수 있는 것 이상으로 치료를 진전시키곤 했다. 나는 킴벌리가 자기 탐색을 통해 의식의 바로 아래에서 자신의 억제의 역동을 이해하기 시작했고, 비록 주저하긴 했지만 금지된 영역을 다룰 준비가 되어 있다는 메시지를 나에게 보내게 되는 지점까지 이르렀다고 믿는다. 청년기에 그녀는 아버지가 자기를 매우 매력적이고 엄마보다 더 매력적이라고 알아주기를 바랐던 시기를 실제로 거쳤다. 아버지는 어머니에 대한 헌신적 사랑이 흔들리는 어떤 신호도 보이지 않았지만, 킴벌리는 자기의 이기적인 소망 때문에 어머니가 괴로워했다고 믿게 되었다. 그 후로 그녀는 스스로를 벌주어 왔다. 나는 그녀의 현명한 무의식이 그녀와 나의 관계를 그녀와 아버지의 관계처럼 만들어서 내가 그녀에게 매혹되기를 바라는 소망을 갖게 했다고 확신한다. 이것은 그녀의 성장하려는 욕망이 일깨워져서 마침내 죄의식을 극복하게 된 사례라고 나는 생각한다.

킴벌리가 이 주제의 가장 탈선적인 논의만 제외하고 무슨 얘기든지 할 수 있게 되기까지는 많은 시간이 흘렀다. 하지만 마침내 우울증은 진정되었고 그녀는 데이트를 하기 시작했다.

나는 이 장을 시작하면서 프로이트가 죄의식을 문명을 위해 우리가 지불하는 비싼 대가라고 생각했다는 점을 지적했다. 많은 사람들에게는 죄의식을 줄이고 피하고 속죄하려는 일이 중요한 에너지 소비이며 주요 동인이다. 『문명과 그 대가』는 우울한 책이다. 이 책이 출판되기 20여 년 전에 프로이트는 점진적으로 계몽된 문명들이 다양한 형태의 자기 표현, 좀 더 정확히 말하자면 쾌락 추구에 대한 가혹한 제재를 완화시킬 수 있다는 희망을 표현하는 훨씬 낙관적인 논문[3]을 썼었다. 그런데 『문명과 그 대가』를 썼던 1930년에 이르러 그는 그러한 낙관주의를 많이 잃었다. 그 변화에 대한 모든 이유들을 규명하는 것은 불가능하지만 제1차 세계 대전의 공포는 확실히 그 주된 요인 중 하나였다.

그러나 프로이트는 그의 낙관주의 전부를 잃은 것은 아니었다. 모든 사람이 다 사적인 생각에 대해 죄의식의 공격을 받는 것은 아니다. 그런 공격의 강도나 빈도에는 많은 차이가 있다. 그는 모든 사람이 무의식적인 죄의식의 표현인 불행과 불만을 빈번하게 경험하는 것은 아니라고 말했다.

프로이트가 시작한 치료법은 1930년 이후로 오랜 길을 걸어 왔다. 아동 양육에 대한 우리의 이해와 더욱 온화한 사회를 만들어 낼 수 있는 가능성 역시 그랬다. 우리는 이 장에서 죄의식으로 인한 고통의 많은 부분이 치료를 통해 경감될 수 있음을 보았다. 아마도 21세기에는 많은 부모들이 자녀들을 어떻게 키울 것인지를 배워서 죄의식이라는 무거운 짐을 지는 사람의 수가 줄어들게 될 것이다.

09
꿈

신사 숙녀 여러분 …… 어느 날, 신경증 환자들의 병리적 증상이 의미가 있다는 사실을 발견하였습니다. 이러한 발견을 토대로 치료를 위한 정신분석적 방법을 알아냈습니다. 치료하는 과정에서 환자들은 증상을 얘기하는 대신 꿈을 얘기하는 일이 생겼습니다. 그래서 꿈 또한 의미가 있을 것이라는 생각이 어렴풋이 들었습니다.
— 프로이트의 『개론 강의』에서

프로이트는 1900년에 출판된 『꿈의 해석』[1]을 가장 중요한 책으로 꼽는다. 실제로 이 책에는 놀랄 만한 것들이 포함되어 있다. 여기에는 오이디푸스 콤플렉스, **일차사고과정**과 **이차사고과정** 간의 구분, 성인 기능의 유아기적 기원 등이 소개되어 있다. 프로이트는 이 책을 매우 자랑스럽게 생각했는데 그 이유는 이 책에 이러한 중대한 발견들을 기술했기 때문이 아니라, 그전에는 아무도 해낼 수 없었다고 스스로 생각했고 책의 제목에서 분명히 알 수 있는 꿈의 암호를 해독해 냈다는 사실을 온 천하에 선포했다고 생각했기 때문이다. 그는 이것이 자신을 위해 매우 중요한 성취라는 것을 알았을 뿐만 아니라 신경증을 이해하고 치료하기 위한 자물쇠를 푼 것이라고 확신하였다. 만약 꿈을 해석하지 않는다면, 그 치료자는 정신분석을 하지 않는 것이라고 프로이트는 믿게 되었다.

꿈의 본질에 대한 프로이트의 첫 번째 통찰은 백일몽처럼 **꿈**이 소망을 표현한다는 것이다. **백일몽**은 개인이 적어도 사적으로 가지고 있는 소망을 표현한다. 나는 어렸을 때 우리 도시의 메이저 리그팀의 스타 야구선수가 되는 공상을 하였다. 나는 그에 대해 전혀 부끄러워하지 않았다. 친구들도 비슷한 꿈을 갖고 있었고, 그 꿈에 대해 우리는 자유롭게 얘기할 수 있었다. 지금은 일요일 아침 내내 커피숍에서 뉴욕타임스를 읽으며 시간을 보내는 상상을 가끔 하지만 죄책감은 없다. 이 생각이 부끄럽지도 않다. 백일몽에서 단서를 얻어 프로이트는 꿈도 소망의 표현이 될 수 있을 것이라고 추론하였다. 그리고 아동의 꿈은 백일몽에서와 같이 소망의 표현을 적나라하게 드러낸다는 것을 알았다. 프로이트는 그의 딸이 아파서 금식을 한 후, 딸기와 오믈렛과 푸딩 꿈을 꾸었음을 보고하였다.

프로이트는 성인의 꿈에서도 때로는 원하는 것이 너무 명료하여 꿈을 이해하기 위한 분석이 별로 필요 없을 정도라는 것을 관찰하였다. 그는 저녁에 짠 음식을 먹으면 밤에는 어김없이 목이 말라 깼다. 깨기 전에 그는 언제나 가장 맛있는 음료수를 즐겨 마시는 꿈을 꾸었다. 그리고는 일어나서 실제로 음료수를 마셔야 했다. 목마름이 마시고 싶은 소망을 유발했고, 꿈은 그러한 소망의 충족을 표현하였다.[2]

그러나 이렇게 명료한 경우는 드물다. 꿈에서는 무의식이 소망을 감추도록 강요한다. 이것이 다음으로 중요한 프로이트의 통찰이었다. 그는 소망이 무엇인지 알아낼 수 있는 유일한 방법은 꿈을 꾼 사람이 꿈에서 나타난 요소들을 자유롭게 연상하도록 독려하는 것이라고 했다.

프로이트가 꿈 해석을 왜 그렇게 중요시했는지 그 이유를 이해하는 것은 어렵지 않다. 모든 꿈은 신경증적 증상이 형성되는 것과 같은 방식으로 구성된다고 그는 믿었다. 신경증적인 증상의 무의식적 의미를 알게 되면 증상을 없앨 수 있다고 믿었기에 꿈을 해석하는 것이 치료의 첫 단계라고 보았다. 왜냐하면 꿈의 의미가 증상의 의미 중 일부를 드러내기 때문이다. 그의 정연한 체계는 너무 단순하다는 것이 증명되었지만, 이 체계에는 여전히 꿈의 세계에 대한 놀라운 통찰이 포함되어 있다.

프로이트의 모형

• **신경증**. 신경증은 수용될 수 없는 성적 소망이 억압되어 일어난다. 억압은 무의식적인 죄책감으로부터 개인을 완전하게 보호하지 못한다. 따라서 신경증이라는 고통이 생긴다. 숨겨

진 소망은 표출되고자 하는 압력하에 놓이게 되는데, 신경증적 증상에서 그것이 표출된다. 최소한 의식적인 죄책감이나마 피하기 위한 시도로, 완전하게 억압되지 않은 소망은 위장되어 처음에 억압했던 검열을 통과할 수 있게 된다. 따라서 그 증상은 그것이 가진 무의식적 의미를 알아내기 위해 분석되어야 한다.

- **꿈.** 숨겨진 소망들은 꿈속에서 그 출구를 찾는다. 잠자는 동안 검열장치가 느슨해진 것이 감지되면, 억압된 소망은 이 기회를 틈타서 표출되려 한다. 그러나 검열장치가 느슨해지긴 했어도 작동하지 않는 것은 아니다. 야간경비 임무를 맡은 어떤 자아기능은 위장되지 않은 소망이 자는 사람을 깨우기에 충분한 불안을 유발하게 될 것임을 인식한다. 따라서 소망을 억압하는 힘이 낮시간에서만큼 강하지는 못할지라도, 자아기능은 소망을 위장하여 자는 사람의 휴식을 (흔히) 보장한다.
- 수용될 수 없는 위장된 소망들은 신경증적 문제를 야기하므로 반드시 분석되어야 한다. 꿈을 만들어 내는 수용될 수 없는 위장된 소망들은 해독될 수 있고, 따라서 증상을 유발하는 소망들의 가면을 벗겨 낼 수 있다.

우리는 프로이트가 왜 꿈 해석이 무의식에 이르는 왕도라고 했는지 그리고 왜 신경증을 정신분석하기 위해 없어서는 안 되는 열쇠라고 생각했는지를 알 수 있다.

프로이트의 모형은 신경증에 관한 정신분석적 이론을 더 이상

충분히 기술하지 않는다. 억압된 성적 욕망들이 삶의 많은 문제들에 있어서 중요한 역할을 할지라도, 그것들이 유일한 원인이라고는 더 이상 간주되지 않는다. 이전 장에서 살펴본 것처럼, 다양한 무의식적 소망과 공포가 문제를 일으킬 수 있는 것이다.

꿈의 기원

꿈은 꿈꾸는 사람이 전날 경험한 어떤 사건에 대한 반응이라는 것을 프로이트는 발견했다. 그 사건(생각도 될 수 있고 실제 사건도 될 수 있는)에 대한 연상의 고리는 꿈꾸는 사람이 수용할 수 없는 억압되어야 했던 소망으로 이어진다. 자는 동안 검열장치가 느슨해짐에 따라 그 소망은 표출되려 한다.

검열장치의 역할

프로이트는 꿈에서 기억된 사건들을 표출된 내용이라 불렀고, 숨겨진 소망은 잠재된 내용이라고 불렀다. **검열장치**는 숨겨진 내용을 왜곡시켜 **표출몽**으로 변환한다. 왜곡이 일어나는 주된 과정은 **압축**과 **치환**이다. 다음의 사례를 예로 들어 보자.

한 내담자는 영화를 찍는 것을 보고 있는 꿈을 꾸었다. 한 쌍의 말이 절벽 끝까지 내몰려 떨어져 죽게 되었다. 그는 이것이 영화이고 그 말들은 안전하다는 것을 알았음에도 불구하고, 말들이 절벽 끝에 다다랐을 때 고개를 돌려야 했다.

그는 제일 먼저 말(horses)*과 매춘부(whores)*를 연상했다. 그리고 그는 꿈을 꾸기 전날 옛 친구와 했던 통화 내용을 기억해 냈다. 몇 년 전, 그와 친구는 크루즈 배의 댄서로 일하면서 대학 학비를 벌었다. 전날의 통화에서 친구는 추억을 회상하며 "우린 한 쌍의 매춘부일 뿐이었네, 그렇지?"라고 말했었다.

그들은 크루즈를 즐겼으며, 인기 있는 남자들이었다. 내담자는 그의 친구가 기본 규칙을 어기고 매우 매력적인 한 승객과 잠을 잔 것을 회상했다. 내담자는 친구의 배짱, 그리고 무엇보다도 성경험한 것을 부러워하며 심히 질투했다.

실제는 아니지만 분명한 위험에 놓인 말들에 대한 그의 연상은 다음과 같다.

말들은 학대를 받고 살해되는 희생물처럼 보인다. 사실은 말들이 제멋대로 행동하는 영화배우라는 것을 나는 확신한다. 상류 매춘부 또한 마찬가지라고 상상한다. 모든 사람들이 그들을 동정하며 그들이 학대받고 무기력한 약물중독자라 생각한다. 그러나 나는 그들 중 소수는 섹스의 세계에 빠져서 게으르고 사치스러운 멋진 생활을 한다고 상상한다.

─────────────

*역주: 말과 매춘부의 영어 발음이 유사하여 두 단어가 서로 연상된다.

나는 내담자가 친구를 부러워하는 것처럼 보인다고 말했다.

사실 그래요. 저는 스스로 꾸며 온 부르주아 생활에 정말 넌더리가 나요. 하류사회나 사창가를 남몰래 동경하고 있는 것 같아요. 매춘부가 되면 좋겠어요. 승객들과 잠자리를 갖고 돈을 많이 받는 것을 제외한다면 옛날에 배에서 있었던 것처럼 상류층 매춘부가 되고 싶어요. 돈도 많이 벌겠지만, 가장 중요한 보상은 아무런 부담없이 마음껏 섹스를 할 수 있다는 거죠. 부르주아로서의 책임감 때문에 죽을 것만 같아요.

여기까지가 우리들이 할 수 있는 그의 꿈에 대한 분석이다. 대부분의 꿈이 그러하듯 이 꿈에는 전체적으로 관련 있는 의미들이 포함되어 있는데, 그중 몇 가지만 우리들이 밝혀낸 것이다. 어떤 정신분석가들은 어떤 환자의 꿈 하나를 완전히 이해한다면 우리는 모든 분석을 다 이해할 수 있을 것이라고 상당히 진지하게 말했다. 나는 꿈에 대한 한 가지 유용한 의미를 내담자와 함께 발견할 때 행복하다는 것을 고백한다.

이 꿈에서 생성되는 그 날의 잔여물은 내담자가 친구와 통화한 내용인데, 그 친구는 자기들이 매춘부라는 말을 했다. 꿈속에 숨어 있는 내용은 책임감을 갖지 않고 자유롭게 성적인 낙원을 찾고자 하는 내담자의 소망이다. '매춘부(whores)'는 '말(horses)'로 바뀌었다. 모든 이야기가 짧은 영화 한 장면을 찍는 것을 보는 하나의 이미지로 압축되어 있다.

대부분의 꿈들이 소망을 표현한다고는 할 수 없다. 그러나 프로이트는 자기 자신과 환자들의 수많은 꿈을 해석한 후에 소망 충족이 모든 꿈의 특성이라고 확신하였다. 비평가들은 불안한 꿈과 처벌받는 꿈을 인용하면서 프로이트에게 도전하였다. 프로이트는 그의 체계에 초자아를 추가하였기 때문에 처벌받는 꿈에 대한 비판은 쉽게 방어할 수 있었다. 즉, 처벌받는 꿈은 초자아의 소망 충족을 표현하는데, 초자아의 가장 중요한 임무는 수용할 수 없다고 여겨지는 소망들을 가진 주체를 처벌하는 것이다. 불안한 꿈에 대한 비판은 방어하기가 어려웠는데, 『꿈의 해석』이 처음 출간된 지 30여 년이 지난 후에도 여전히 그 문제와 싸우면서 책을 계속 수정하였다. 이제 100년간의 지혜를 가지고 말할 수 있는 것은 비록 소망충족이론이 꿈을 이해하는 데 매우 유용하지만 어떤 한 가지 공식만으로 우리들의 꿈의 풍성함을 모두 이해하기는 어렵다는 것이다. 이에 관해 좀 더 알아보자.

이 장을 쓰기 전 며칠 동안 나는 꿈에 대한 또 다른 적절한 사례를 찾기 위해 프로이트의 책과 논문들을 뒤졌으나 별 성과가 없었다. 집필을 시작하기 전날 밤, 나는 별 특징 없이 잘 기억되는 꿈을 하나 꾸었다. 나는 대체로 꿈을 거의 기억해 내지 못하는데, 이것은 내 무의식이 준 특별한 선물이었다.

나는 축구팀의 한 선수로 라커룸에서 시합을 위해 막 출전하려던 참이다. 팀은 남녀로 구성되어 있으며 모두 일상복을 입고 있다. 나는 여자 선수들이 예전 내 학생이었다는 것을 알게 된다. 시합을 위해서는 11명 이상이 되어야 한다는 것을 깨닫는다. 나는 단순히 팀의 선수여서 내 책임이 아니라는 것을 알지만, 선수를 세는 것을 내 의무로 여기고 '이 일을 책임져야 할 보조 코치는 없나?' 라고 생각한다. 나는 소리 내어 머릿수를 세기 시작했는데, 미미 롤린스란 여학생이 큰소리로 아무 숫자나 말하기 시작하면서 내 주의를 흩트려 놓는다. 나는 화가 나서 "무례하고 웃기지도 않아. 멍청해"라고 말한다. 나는 미미의 하찮은 잘못에 대해 내가 생각해도 필요 이상의 공격적인 어조로 마지막 단어를 크게 소리 내어 말한다.

나는 꼭 필요했던 이 꿈을 꾼 것에 대해 기쁘고 감사하는 마음으로 잠에서 깼다. 그리고는 나의 연상들을 탐색하였다.

나는 지난주에 미미를 봤다. 그녀는 좋아 보였다. 선수를 세는 것은 학생들이 내 수업에 도착하기 전에 내가 의자를 세는 방식이다. 가끔은 쌓여 있는 의자를 내려놓으면서 세었는데, 이것은 교수가 할 일이 아니라고 혼잣말을 했지만 어쨌든 항상 하게 되었다. 나는 대학 시절에 축구를 그만둔 것을 후회한다. 지금도 그만둔 것을 실수라고 생각한다. 그 팀에 있던 여학생들은 매력적이었다. 미미에게 말했던 것은 내가 좋아하는 영화 〈섀도우랜드〉에서 데브라 윙거가 성차별자를 희롱하면서 "무례하기로 작정한 거예요, 아니면 그냥 멍청한 거예요?"라고 말한 대사다. 미미는 오페라 〈라보엠〉의 미미를 떠올리게 한다. 나는 빌과 새라라는 친구들이 생각난다. 빌은 오페라와 오페라 음반을 매우 좋아했다. 나는 그들이 파바로티를 숭배했던 그날들이 생각난다. 그 당시 빌과 새라는 나의 아버지와 어머니나 다름없었다. 나를 먹여 주고 보살펴 주고 분명히 나를 많이 사랑했다. 나도 그들의 집에 머무는 것을 좋아했다. 그러나 새라가 죽은 후 모든 것이 변했다. 나의 어머니상이 사라졌고, 내 생활환경이 변해서 그들이 살던 도시를 자주 가지 않았다.

나의 해석은 다음과 같다.

나는 가능한 여러가지 해석들 가운데 하나만 택할 것이다. 꿈과 연상을 고려하면, 이 꿈은 보살핌을 받고 의존적인 아이가 되고 싶은 강력한 무의식적 갈망을 드러낸 것으로 보인다. 나의 깨어 있는 의식적 삶에서, 나는 강박적으로 책임감 있고 돌보는 일을 한다. 내가 그런 역할을 하는 것에 대해 많은 분노를 갖고 있음을 꿈은 말해 준다. 아버지는 내가 열세 살 때 돌아가셨고, 어머니는 슬픔에 빠져서 몇 년 동안 나를 혼자 내버려 두었다. 어머니가 다시 나타났을 때는 보호자의 모습이기보다는 남자를 유혹하는 여자 같았다. 나는 그것이 심리학적으로 의미 있는 것임을 오랫동안 알고 있었지만 내 지식은 단지 지적인 것에 불과했다. 나를 두고 떠났다는 상실감과 버려진 것에 대한 분노가 뒤섞인 강한 열망이 내가 꿈을 해석했을 때 놀랍게도 나를 사로잡았다.

꿈의 상징성

꿈에 관한 연구를 시작하면서부터 프로이트는 **꿈의 상징성**에 관심을 가졌다. 예를 들면, 꿈에 나타난 왕과 왕비는 꿈꾸는 사람의 부모를, 왕자나 공주는 꿈꾸는 사람을 나타낸다. 프로이트는 상징, 특히 성적 상징들은 제대로 해석될 수 있어서 꿈에 숨겨진 내용을 밝혀 줄 수 있다고 확신하였다. 그는 또 상징을 해석할 때 해석자가 꿈꾸는 사람에게 자신의 환상을 개입시킬 위험이 있으며, 그 반면에 꿈꾸는 사람의 자유연상에 의한 해석이 보다 믿을 수 있는 것 같은 위험성이 있음을 알았다. 이러한 위험에도 불구하고 프로이트는 꿈을 해석하는 가장 강력한 방법은 꿈꾸는 사람의 자유연상과 해석자의 보편적인 상징에 대한 지식을 결합하는 것이라고 믿었다.

『꿈의 해석』 초판에서 프로이트는 상징성에 대한 언급을 거의 하지 않았다. 이후 제2판과 제3판에서 이 주제에 더 관심을 기울였다. 제4판에서는 프로이트가 오랫동안 연구했고 또 많은 관심을 기울여 온 이 주제에 한 장 전체를 할애하였다. 꿈의 상징성에 대한 프로이트의 글은 어떤 양면성을 드러내는 것처럼 보인다. 한편으로는 정신분석을 색다르고 신비스러운 것으로 여기지 않는 것에 대한 걱정을 하면서도, 새로운 '꿈에 관한 책'을 쓰기를 굉장히 주저하였다. 프로이트 시대에는 지금처럼 꿈을 통해 구체적인 조언을 얻으려는 독자들에게 꿈을 해석하는 방법을 알려 주는 책들이 있었다. 여기서 조언은 사랑이나 사업 혹은 실생활의 모든 것들에 대한 것일 수 있으며, 또 새로 시작한 사업이 어떻게 될 것인지에 대한 구체적인 예언도 포함하고 있다. 조언은 특정한 상징들을 해석함으로써 이루어졌다. 예를 들면, 어떤 책에는 편지에 관한 꿈은 앞으로 닥칠 어려운 문제를 그리고 장례식에 관한 꿈은 약혼을 의미한다고 쓰여 있다. 만약 꿈에서 편지와 장례식 두 가지를 모두 보았다면, 그 사람은 이 두 가지를 묶어서 누군가의 약혼에 문제가 생길 것을 예언하는 것으로 해석하였다. 미국의 어떤 하위 문화에서는 이러한 책들이 여전히 활용되고 있다. 그 책들은 19세기의 책들처럼 아직도 일상생활에 대한 조언을 하지만, 때로는 도박에 대한 조언도 한다. 적어도 프로이트 시대 이후, 대부분의 교육받은 사람들과 모든 과학자들은 그런 책들을 미신적인 넌센스라고 보았다.

프로이트는 자신이 또 하나의 그런 책을 쓰고 있다는 인상을 주지 않을까 걱정했다. 한편으로 꿈, 민속, 방언, 농담 등에 나타나는 상징에 대해 연구를 계속할수록, 그는 점점 더 꿈의 상징에 의미, 특히 성적인 의미를 부여하는 것이 타당하다고 확신하게 되었다. 가늘고 긴 물건은 남성의 성기를 상징하고, 우묵하며 물건을 담을 수 있는 것은 여성의 성기와 생식기관을 상징한다. 또 계단이나 사다리를 오르는 것은 성교를 의미한다.

프로이트는 기어오르는 것이 어떻게 성교를 표상할 수 있는가를 아는 것은 어렵지 않다고 했다. 기어오를 때 우리는 리드미컬한 동작으로 정상에 도달하여 호흡이 증가하고, 그 다음에는 몇 번의 빠른 점프를 하여 아래로 다시 내려오게 된다는 것이다. 성교의 리드미컬한 패턴은 위층으로 올라가는 것에서 재현된다.[3]

꿈은 꿈꾸는 사람의 연상에 조심스런 주의를 기울여 해석해야 하며, 동시에 꿈의 상징에 대한 분석가의 해석도 조심스러워야 한다. '조심스러운' 이라는 뜻은 비록 상징들이 보편적인 의미를 가지고 있을지라도, 그것들이 나타난 맥락에 세심한 주의를 기울여 해석해야 한다는 의미다.

이 장의 첫 부분을 쓴 후 며칠 동안 나는 꿈의 상징에 대한 좋은 예를 찾기 위해 프로이트의 사례들을 찾아보았으나 만족할 만한 것을 발견하지 못하였다. 그런데 나의 무의식이 그에 적절한 꿈을 꾸도록 다시 한 번 은혜를 베풀었다. 이번 꿈은 잘 알려진 모차르트의 오페라 〈마술피리〉에 나오는 인물들과 엉성하게 연결되었다. 오페라에서 자라스트로는 전형적인 좋은 아버지다. 그는 주인공 타미노와 여주인공 파미나를 위험한 재판에 넘겼다. 그러나 그 이유는 단지 자라스트로가 자기 대신에 그들을 마을의 공동 지도자가 되게 하고 싶어서였다. 그는 두 사람이 재판을 받는 동안 타미노에게 보호적인 마술피리를 불도록 허락한다. 자라스트로의 대표 아리아는 용서하고 복수를 하지 않으려는 자신의 다짐에 관계되는 것이다.

꿈. 내가 강 근처를 걷고 있을 때, 어떤 남자가 나에게 다가와 여러 가지 금속으로 만든 복잡한 기계를 고칠 수 있도록 도와달라고 부탁한다. 나는 그것을 다시 조립할 때 무엇을 어디에 맞추어야 할지를 기억할 수 있기 바라면서 못을 빼고 분해하기 시작한다. 기계를 거의 다 분해하고 가장 어려운 작고 단단한 부분을 분해하려고 하는데, 그 기계의 다른 부분을 분해하려면 또 다른 부분을 특별한 방법으로 움직여 주어야만 했다. 그렇게 하는 동안 나는 우리가 이 작업을 자라스트로를 위해서 하고 있음을 알았는데 고깔모자 모양을 한 그의 깃발이 우리 가까이에 있는 것을 보았다. 나는 그 깃발에서 흘러나오는 자라스트로의 아리아를 들을 수 있기를 바라면서 기다리고 귀 기울인다. 그러자 나는 어렸을 때 자라스트로가 여기서 가까운 곳에 나를 데리고 걸어갔던 것을 알게 된다. 나는 그 기계의 나머지 부분을 모두 분해했고, 모든 조각들이 땅 위에 떨어져 흩어졌다. 그리고 나는 잠에서 깨어났다.

연상. 마술피리는 그냥 어떤 남근을 상징하는 것이 아니라 힘이 있는 음경의 상징이다. 퍼즐을 푸는 것은 자위행위다. 자라스트로는 내 기억에 천둥번개가 치는 동안 숲속에서 나무로 마술피리를 만들었다. 자라스트로는 궁극적인 보호자인 아버지로서 복수를 믿지 않는 박애적인 리더다. 그는 기꺼이 그의 피리(= 남근)를 타미노에게 준다. 그는 음울한 어머니로부터 파미나를 보호한다. 내가 어린 시절 아버지가 돌아가신 직후에 몰려든 진짜로 끔찍한 두려움 중 하나는 이제 나와 어머니 사이에 아무것도 없다는 것이었다. 나는 어머니의 히스테리를 피하고자 방안에 틀어박혀 있었다. 의식적으로는 어머니의 히스테리를 피하려 했고, 무의식적으로는 갑작스러운 오이디푸스적 근접을 피하려 한 것임이 확실하다. 나는 가끔 어머니를 음울하고 위험한 사람으로 보았다. 나는 남을 돕는 것을 좋아한다. 나는 항상 그렇다. 그것은 내가 책임 있는 사람이 되고자 하는 욕구의 일부분이다. 이는 죄책감을 줄이는 것이며, 아마도 수치심을 감소시키는 것이라 믿는다. 언젠가 한번은 내가 무언가에 화가 나서 차를 몰고 가던 중 다른 차가 나를 멈춰 세우고는 길을 묻기에 가르쳐 준 일이 기억난다. 그러고 나서 내 기분은 갑자기 밝아졌다.

모든 꿈에서와 마찬가지로 이 꿈에는 많은 의미들이 담겨 있다. 다음은 하나의 해석이다.

나는 나의 성적 관심, 즉 아동기의 자위행위와 성인기의 이성애를 비난하지 않고 지지해 줄 아버지를 간절히 원한다. 자기의 남근적 힘을 이어받을 후계자로 나를 적극적으로 만들어 주고, 나의 오이디푸스적 경쟁심과 적개심 그리고 궁극적인(쓰라린) 승리를 진정으로 용서해 줄 수 있는 아버지를 간절히 원한다. 나를 유혹하는 위험한 어머니로부터 나를 보호해 줄 아버지를 원한다. 아마도 내가 남에게 도움이 되는 사람이라면 아버지는 나를 더 기꺼이 용서해 주고 지지해 줄 수 있게 될 것이다.

프로이트가 꿈 해석을 신경증 치료에서 결정적으로 중요한 기법으로 본 이유는 분명하다. 신경증은 무의식적인 갈등에 의해 유발된다. 그러한 갈등을 어떻게 발견하여 환자에게 알려 주는가? 꿈 이외에 여러 문제에 대한 환자의 자유연상이 심리적 갈등에 대해 많은 것을 알려 주기를 희망하지만, 프로이트에게 단 한 가지 확실한 방법은 '왕도'인 꿈 해석뿐인 것 같다.

꿈 해석의 현재의 위치

『꿈의 해석』이 출간된 지 한 세기가 지난 오늘날 정신분석과 꿈의 해석 간의 관계는 크게 변하였다. 많은 정신분석가들이 더 이상 꿈의 해석을 치료의 핵심적인 부분으로 생각하지 않는다. 정신분석가인 폴 리프먼은 꿈 치료를 계속 강조하는 융의 추종자들을 제외하고는 분석가들의 꿈에 대한 애정은 끝난 것 같다고 기술하였다.[4] 그는 이러한 현상이 놀랍게도 무의식을 드러내는 것을 점차 덜 강조하는 이론적 변화 때문이라고 하였다. 이러한 변화는 무의식을 들추어 내지 않고 그 대신 치료자와 내담자 간의 관계를 탐색하는 일종의 관계치료에로의 전향과 관련이 있다.

리프먼은 꿈을 중요시하지 않는 이러한 움직임의 또 다른 이유도 설명한다. 그는 분석가들이 꿈을 활용하는 것에 대해 항상 양가적이었다고 말한다. 그는 프로이트가 꿈을 해석하라고 했음을 지적한다. 이는 꿈의 검열을 제치고 꿈의 퍼즐을 풀어야 할 의무가 있다는 것을 암시한다. 분석가들은 대체로 검열에 가려져서 혼란에 빠지거나 꿈꾸는 사람을 비난하는 방법을 찾게 된다. 결국 분석가는 부적절함을 느끼고 당황하여 꿈 분석을 중단하게 된다. 조금 놀랍긴 하지만 분석가는 꿈을 해석해야 하는 부담을 벗어날 명분을 갖게 되어 안심하게 된다고 리프먼은 말한다.

리프먼은 흥미 있는 추리를 추가했다. 우리는 문화가 자연스러운 세계에서 가상의 세계로 변화하는 시대에 살고 있다. 그리고 내적인 영상보다는 외적인 영상에 더 관심을 갖게 되는 것 같다. 아마도 꿈은 모든 것 중 가장 내적인 것이어서 정신역동치료자들이 꿈을 중요시하지 않는 것은 전자세계의 범위가 넓어지고 있다는 것을 보여 주는 것 같다.

나는 많은 심층 심리치료자들이 꿈의 해석을 중요시하지 않는 쪽으로 가는 경향은 내담자의 무의식적 과정에 대한 관심의 감퇴를 의미하는 것이 아니라고 믿는다. 비록 몇몇 관계요법자들이 내담자의 무의식을 파헤치는 것을 강조하지 않는 쪽으로 전향하고 있지만, 결코 모든 치료자들이 전부 그런 것은 아니다. 관계요법의 대부인 머튼 길[5]과 자기심리학파의 창시자인 하인츠 코헛[6]은 모두 내담자의 인생 문제의 오래되고 묻혀 있는 뿌리를 표면으로 드러내게 하는 것이 중요하다고 굳게 믿고 있다. 그들의 후계자들 중 상당수가 그러한 신념을 고수하고 있다.

꿈은 무의식에 이르는 왕도라고 믿기 때문에 프로이트는 꿈의 해석이 임상 현장의 주류에서 사라지는 것을 보고 틀림없이 슬퍼할 것이다. 그러나 꿈이 결코 내담자의 무의식에 이르는 유일한 왕도는 아니며 가장 믿을 만한 것도 아니라는 것이 밝혀지고 있다. 내담자의 생활사의 세세한 것들, 일상생활의 미묘한 패턴, 치료자와 관계를 형성하는 방식 등에 주의를 기울임으로써 그들의 무의식적 과정에 대해 많은 것들을 알 수 있게 된다.

그럼에도 불구하고 심리역동적 치료자들은 꿈을 외면함으로써 아마도 많은 것들을 포기했을 것이다. 꿈을 잘 활용하면, 우리의 삶과 임상적 활동이 풍요로워진다. 리프먼의 말처럼, 분석가가 유능한 것처럼 보이려면 꿈에 감춰진 의미를 빨리 알아내야 한다는 잘못된 생각을 많은 분석가들이 가지고 있는 것은 유감이다. 이것은 꿈을 꾸는 사람과 분석가들을 꿈 자체로부터 아주 빨리 멀어지게 만든다. 표출된 이미지들을 여유 있게 심사숙고하면 많은 도움이 된다. 앞서 제시한 첫 번째 꿈에는 내가 축구경기에 더 많은 시간을 할애해야 했다는 것과 대학 축구선수가 되는 것을 포기한 것에 대한 후회가 담겨 있다. 나는 여러 명의 매력적인 여성들 틈에서 함께 일하는 것에 대한 나의 감정들을 음미했을지도 모른다.

〈새도우 랜드〉에 나오는 대사에 내가 매력을 느끼는 것도 확실히 중요한 의미가 있다. 내가 해석해 낸 것은 틀림없이 나의 무의식을 밝혀낸 것이고 또 유용하지만, 이는 꿈의 풍요로움을 파헤치기 위한 시작일 뿐이다.

융 학파를 제외하고는 꿈의 해석이 심층적 심리치료에서 다시 중심적인 위치를 차지할 것 같지는 않다. 융 학파는 왕도가 단지 환자의 개인적인 무의식만 알게 하는 것이 아니라 믿는다. 그들은 우리가 모두 보편적인 '집단 무의식'을 공유하고 있다고 믿기 때문에, 꿈의 상징들을 환자에게 현재 영향을 미치는 집단 무의식의 여러 측면들을 이해할 수 있는 단서로 본다.[7]

융 학파가 아닌 많은 치료자들이 꿈의 해석을 외면하고 있음에도 불구하고, 다른 모든 학파의 치료자들 중에는 아직도 꿈을 이해하는 것이 생산적이라 생각하며 꿈에 매혹을 느끼는 정신역동 치료자들이 있다. 꿈은 아마도 무의식에 이르는 유일한 왕도는 아닐 것이다. 그럼에도 불구하고 꿈은 중요한 내용을 담고 있다. 꿈(우리 자신이나 내담자의 꿈)을 탐색하면서 암호를 해독할 때보다는 덜하고, 개인의 시를 이해할 때보다는 더 강하게, 그러면서 그 의미에는 특별한 관심을 두지 않고 여유롭게 한다면, 꿈은 우리 생활을 밝고 풍요롭게 하는 데 도움이 될 것이다.

10 슬픔과 애도

남자여! 결코 이마 위로 모자를 끌어당기지 말라. 슬픔을 말하라. 말하지 않는 슬픔은 사무친 가슴에 스며들어 가슴을 미어지게 하노니.
— 셰익스피어의 『맥베스』에서

1917년에 프로이트는 「애도와 멜랑콜리아(Mourning and Melancholia)」[1]라는 짧은 논문을 발표하였다. 그 논문에서 프로이트는 상실, 사별, 애도에 관한 정신분석적 탐색을 시작했는데 이로 인해 정신분석적 사고가 인간의 고통을 이해하는 데 기여한 매우 중요한 공헌 중 하나임이 증명되었다. 이 첫 논문이 출판된 이래로 정신역동 치료자들은 이에 관한 탐색을 계속하였는바, 슬픔과 애도라는 주제는 치료자들은 물론 우리들 모두에 관련되는 가장 잘 이해할 수 있고 철저히 연구되는 주제 중 하나가 되었다.

정신역동적 관점에서 '**슬픔**과 **애도**'가 우리와 관계되는 측면들은 이런 것들이다. 우리에게 매우 중요한 사람이 있을 때, 우리는 그 사람들에게는 물론 그들과의 관계에 상당한 **심적 에너지(리비도)**를 투입한다. 이 에너지는 그 사람들 자체뿐 아니라 그들과의 관계에 얽힌 모든 중요한 기억과 연상에도 투입된다. 그 관계가 중요할수록 더 많은 심적 에너지를 투입한다. 이것은 부모가 어린 자녀에게 하는 것을 보면 분명해진다. 자녀가 죽거나 어떤 식으로 자녀를 잃게 되면, 그에게 투입된 모든 에너지는 온데간데없어지고 부모는 갑작스러운 고통을 겪으며 잃어버린 아이를 심하고 허망되게 그리워한다. 중요한 사람을 잃을 때마다 우리들은 일반적으로 세상과 주위 사람에 대한 흥미를 잃게 된다. 새로운 사람과 관계를 맺거나 만나는 것을 생각하기가 매우 어려워진다. 우리는 슬픔에 휩싸이는데 그 강도는 상실한 사람들과의 관계가 얼마나 중요한가에 비례한다.

이제 애도에 대해 논해 보자. 프로이트는 애도의 과정은 고통스럽고 때로는 잃어버린 사람과 관련된 모든 중요한 기억과 연상으로부터 심적 에너지를 애써 거두어들이는 것임을 알았다. 애도가 진행됨에 따라 고통은 줄어들게 된다. 애도가 끝나면, 그는 세상과 연결을 맺고 다른 사람과 교류하는 일에 심적 에너지를 다시 투입하게 된다.

애도과정에 대해 프로이트는 다음과 같은 중요한 말을 하였다.

이제 애도가 하는 일은 무엇인가? 나는 다음과 같은 방식으로 설명하면

무리가 없을 것으로 생각한다. 현실은 사랑하는 대상이 더 이상 존재하지 않는다는 사실이며 또 이 사실은 그 사람에 대한 애정으로부터 모든 리비도를 철회하도록 요구한다. 이러한 요구는 그럴듯한 반대에 부딪힌다. 즉, 이미 잃어버린 사람을 대신할 다른 대상이 있을 때조차도 사람들은 잃어버린 사람에 대한 애정을 포기하려 들지 않는다. 이런 저항은 너무나 강해서 현실을 저버리는 일이 발생하고 그 대상에 매달리게(환각에 빠짐) 한다. 정상적으로는 현실을 존중한다. 그럼에도 불구하고 이러한 현실을 금방 받아들일 수가 없다. 많은 시간과 심적 에너지를 쏟으며 조금씩 조금씩 현실을 받아들이게 되지만 그러는 동안, 잃어버린 대상의 존재는 심적으로 계속 남아 있게 된다. 하나하나의 기억과 연상 속에서 잃어버린 대상에 붙어 있던 리비도가 되살아나고, 강하게 집중되었다가 그것에 관한 리비도는 떨어져 나가게 된다. 애도가 끝나면 자아는 다시 자유롭게 된다.[2]

프로이트는 이 논문을 쓰고 얼마 되지 않아 이 이론을 바꾸었다.

7장에서 '상실한 대상의 내사'에 관해 논한 바 있다. 프로이트는 이 논문에서 그 개념을 소개하였다. 그는 이것이 때로는 상실로 인한 고통 뒤에 따르는 **멜랑콜리아** 혹은 **우울증**의 한 측면이라고 생각하였다. **상실**한 대상을 **내사**한다는 말은 멜랑콜리한 사람이 상실한 사람을 마치 실제로 지금도 자신의 일부인 것처럼 무의식적으로 믿는 행동을 한다는 의미라고 하였다. 이것은 관계가 매우 양가적이었을 때 주로 일어나기 쉽다. 이런 경우 그 사람은 고통스럽게 자기비판적이 된다. 프로이트는 그 비난의 내용이 유족이 아닌 실제로 죽은 사람에 대한 것으로 보는 것이 가장 좋을 것임을 알았다. 프로이트는 "죽은 사람의 그림자가 자아에 드리워진다"는 명언을 남겼다. 그는 이러한 내사를 상실을 막고 양가감정 중 분노의 감정을 표현하는 마지막 기회에 매달리는 것으로 보았다.

스콧이라는 내담자는 부인을 비참하게 잃은 젊은 아버지다. 상담실에서 부인을 애도할 때 그는 강한 죄책감을 경험하기 시작했다. 처음에는 자기가 무엇에 대해 죄책감을 갖는지 알지 못했다. 단지 자신이 죄의식을 느낀다는 것만 알 뿐이었다. 그러다가 차츰 죄책감의 내용을 알기 시작했다. 그는 여섯 살짜리 아들을 버린 것에 대해 강한 죄의식을 느꼈던 것이었다. 그는 너무나 슬픔에 빠진 나머지 자기 아들을 정서적으로 멀리했다는 것에 대해 스스로를 비난하였다.

몇 번의 상담 후에 나는 그들이 함께 살면서 아들에게 사랑과 관심을 정말 주지 않았다는 증거가 없다고 생각하게 되었다. 나는 자신과 아들을 버리고 죽은 것에 대해 부인에게 화가 나는지를 조심스럽게 물었다. 처음에는 이 사실을 강렬하게 부인하였고, 아내가 죽은 사고에 대해 그녀가 조금도 비난받을 수 없음을 상기시켰다. 나는 슬픔에 동반하는 감정들은 항상 합리적인 것은 아니라고 하면서, 그의 사랑하는 아내의 상실에 수반되는 모든 감정들 중에는 그녀가 그들을 떠난 데에 대한 분노도 있을 수 있음을 충분히 이해할 수 있다고 하였다. 마침내 그러한 가능성을 탐색할 수 있었을 때, 그의 죄책감은 사라지고 진정으로 애도를 하기 시작했다.

「애도와 멜랑콜리아」란 논문에서 프로이트는 죽은 사람을 내사하는 일은 병리적인 슬픔 반응에서만 일어난다고 하였다. 그는 또 죽은 사람의 내적 이미지에 매달려 있으면 유가족들이 새로운 대인 관계에 마음놓고 몰입할 수 없기 때문에, 죽은 사람에 대한 이미지로부터 사랑의 에너지를 반드시 철회해야 애도가 성공적으로 될 수 있다고 말하였다. 성공적이지 못한 애도과정의 한 가지 가능한 결과는 꼭 노예와 같은 처지로 보인다. 그러나 「애도와 멜랑콜리아」를 쓴 지 5년 후에 프로이트는 생각을 바꾸었다. 『자아와 이드(The Ego and the Id)』[3]에서 그는 죽은 사람의 내사는 결코 병리적이지 않으며 매우 보편적일 수 있다고 썼다. 이것은 죽은 사람을 포기할 수 있는 단 하나의 방법일 수도 있고, 어떤 성격 특성이 형성되는 하나의 중요한 과정일 수도 있을 것이다. 하버드 대학교의 심리학자 존 베이커[4]는 사별에 대한 동시대의 정신분석 문헌을 조사하여, 프로이트가 이후 논문에서 제안했던 것과 같이, 성공적인 애도는 유족으로 하여금 죽은 사람에 대한 따스한 내적인 상을 갖게 한다는 것이 널리 알려진 공통된 의견임을 발견하였다. 이는 위안이 되는 기억이나 환상이라는 형태를 취할 수도 있다. 베이커는 '따스한' 이란 말은 유족이 감정적으로 사로잡혀 있지 않고 그들이 원할 때는 언제나 이미지들을 불러낼 수 있음을 의미한다고 하였다. 성공적인 애도란 죽은 사람에 대해 남아 있는 이미지가 유족들이 다른 새로운 관계를 형성하는 데 사용할 수 있는 리비도를 제한하지 않는다는 뜻도 된다.

스콧이 나에게 제공한 많은 것들 중 하나는 프로이트가 상실한 대상의 내재화에 관한 이론을 수정하도록 만들게 한 임상적 경험이다. 프로이트는 처음에 죽은 사람의 내재화는 죽은 사람의 그림자가 자아에 드리워질지도 모르는 비정상적으로 양가적인 관계에서만 일어난다고 생각하였다. 모든 관계가 어느 정도는 양가적인데, 스콧과 부인의 관계도 예외는 아닐 수 있다. 그러나 나는 스콧을 잘 알게 되었고, 그와의 관계가 계속됨에 따라 그들의 관계가 특별히 양가적이었다는 것, 즉 그의 아내에 대한 엄청난 사랑 이면에는 엄청난 양의 분노가 숨어 있었다는 것을 믿지 않게 되었다. 스콧을 포함해서 나의 내담자들은 죽은 사람을 내사하는 일이 매우 흔하며 모든 상실된 관계에서 죽은 사람에 대한 무의식적인 분노는 죄책감으로 위장할 수 있다는 것을 가르쳐 주었다. 프로이트의 제자들을 포함하여 대부분의 정신역동적 치료자들은 이제 죽은 사람의 내재화는 드물지도 않고 병리적이지도 않으며 언제나 죄책감을 양산하지는 않는다고 믿는다. 이것은 중요한 사람을 상실한 느낌을 누그러뜨리는 일반적이고 심지어 공통된 방법일 수 있다. 프로이트가 기술한 것 이외에 여러 다양한 형태로 내재화가 일어날 수 있다.

나의 친구 중 하나는 자기 아버지가 다녔던 학교에 다녔고 그의 아버지가 그랬던 것처럼 강독, 특히 문학 강독에서 낮은 학점을 받고 졸업했다. 그 다음에 그는 사업 관련 직업을 가졌다. 학교를 졸업한 지 얼마 안 되어 어머니가 돌아가셨다. 그와 동시에 그는 문학 전공으로 박사과정에 등록하고 디킨스와 셰익스피어의 연구에 참여하여 우리 모두를 깜짝 놀라게 하였다. 그의 어머니는 문학을 열정적으로 좋아했는데, 특히 이 두 작가를 좋아하였다. 분명히 그는 어머니의 죽음과 자신의 갑작스러운 새로운 관심 사이를 의식적으로 연결 짓지 못했다.

또 다른 친구는 그의 친척이 독일로 여행가기 전날 밤에 만나 좋은 롤라이플렉스 카메라를 사다 달라고 부탁하였다. 그 친구는 사진에 관심이 없었기 때문에, 이러한 부탁은 놀라운 일이었다. 그의 친척은 카메라를 샀지만, 내 기억엔 그가 그 카메라로 사진을 찍은 적이 없다. 몇 년 후 그 친구가 일본에 휴가를 다녀오면서 비싼 니콘 카메라를 사왔다. 일본에서는 니콘이 그렇게 비싸지 않은데 일본까지 갔다가 그것을 사오지 않는 것은 바보같은 짓이라고 내게 말했다. 나는 그가 그 사진기로 사진을 몇 장밖에 찍지 않았다고 생각한다. 카메라는 몇 년 동안 옷장 선반 위에 놓인 채 먼지만 쌓였다. 친척이 독일에 가기 바로 전에 내 친구는 첫 번째 아내와 이혼했다. 여러분이 추측하는 것처럼 그의 아내는 열성적인 사진작가였는데, 롤라이플렉스를 갖고 있었다. 친구의 일본 여행은 두 번째 아내와의 최근 별거를 극복하는 데 도움을 얻기 위함이었다. 그녀 역시 사진작가였으며, 그녀의 카메라는 니콘이었다. 셰익스피어 학자인 내 친구처럼, 이 친구도 자신의 상실(두 여인과의 불행한 이혼)과 분명하게 설명할 수 없는 두 개의 카메라에 대한 소유욕 사이의 연결성을 의식하지 못하였다.

4장에서 우리는 자기 어머니가 동생을 임신한 것을 보고 자기는 이제 아버지를 잃었다고 생각하는 한 젊은 여성의 경우를 프로이트의 사례를 통해 보았다. 이 상실에 대한 반응에서 그녀가 내사하려고 선택한 아버지의 측면은 여성에 대한 아버지의 성적 관심이었다. 그런데 이것은 그녀의 동성애적 성향을 강화시켰다.

「애도와 멜랑콜리아」에서 프로이트는 불충분한 애도의 결과에 대해 논하지 않았지만, 그의 후계자들은 그것이 무엇을 의미하는지 알았다. 가장 영향력 있는 사람 중 하나는 보스턴의 정신분석학자 에릭 린드먼이다. 그는 참혹한 사고로 죽은 사람들, 죽어 가는 사람들 그리고 유족들로 병원이 가득 찼던 1943년에 슬픔 반응이란 주제에 대해 오랫동안 관심을 가졌었다. 토요일 밤 축구경기 후 손님들이 초만원을 이룬 코코넛 그로브라는 식당에 불이 나서 무너졌고 500여 명이 죽었다. 이 참사 때문에 린드먼과 정신과 동료들은 갑자기 많은 유족들을 도와야 했다. 이러한 경험의 결과로 「급성 비애의 증상학과 관리(Symptomatology and Management of Acute Grief)」[5]라는 매우 영향력 있는 논문이 발표되었다.

린드먼이 관찰한 주안점은 갑작스러운 슬픔의 고통과 무기력에서 벗어나기 위해서는 애도과정을 완전히 끝내고 상실의 현실과 의미를 깊이 받아들여야 한다는 것이다. 애도를 못하거나 불충분하게 하면, 유족들은 우울, 대인관계의 기피, 일상생활의 흥미 상실 그리고 심지어는 궤양성 대장염과 같은 신체적 문제 등의 위험에 놓이게 된다.

프로이트가 관찰했듯이, 애도는 굉장히 고통스러워서 많은 유족들은 순간적으로 애도를 최소화하거나 통째로 피하려 한다. 친구들과 가족은 "이제 그 사람에 대해 더 이상 얘기하지 맙시다. 괜히 당신을 울게 만들 뿐이에요"라는 말로 마음을 분산시키려 하면서 슬픔을 잊도록 돕는다.

이유를 알 수 없이 우울하거나 위축되어 보이는 내담자, 혹은 다루기 힘든 어떤 정신신체 질환을 갖고 있는 내담자를 만났을 때, 많은 치료자들은 그들에게 적절히 애도하지 못한 상실의 과거가 있는지를 조심스럽게 알아보게 된다. 그러한 과거사가 있으면, 치료자는 애도를 독려하고 지지하는 것을 치료의 중요한 부분으로서 자신이 해야 할 일 중 하나로 생각하게 될 것이다.

영국의 정신분석가인 콜린 팍스[6]는 슬픔과 사별에 관해 폭넓게 연구하였다. 그의 연구들은 유족들을 슬픔에서 벗어나 일상생활로 돌아갈 수 있도록 하기 위해서는 애도가 필요하다는 린드먼의 의견을 강하게 지지하였다. 팍스는 유럽과 미국 사회에서 애도를 관습화하지 않고 애도를 위한 종교적이고 제도적인 기회를 제공하지 않는 것이 얼마나 큰 타격인지를 지적하였다. 인류학자인 고어[7]와 버고인도 이에 동의하였다. 그들은 북유럽과 미국에서는 너무 심하게 애도를 하면 꼴사납게 생각한다는 것을 발견하였다. 그래서 이런 사회에서는 애도를 관습화하고 권장하는 사회에서 보다 유족들이 훨씬 더 불우하게 살아간다고 팍스는 주장했다. 예를 들면, 침례교로 불리는 서부 인디언 교파의 유족들은 집단 기도와 금식을 통하여 애도예식을 치른다. 그리고 난 다음에는 고통이 크게 줄어들었음이 밝혀졌다.

고어는 현대 영국 사회구조는 누구에게나 있을 수 있는 불행과 고독의 위기에서 도움을 주거나 지도하는 일이 거의 없다는 조사결과를 보고하였다. 그는 이러한 이유 중 하나로 공식적인 종교적 신앙과 예식이 줄어든 것을 생각했다. 팍스는 그의 연구에서 비통해하지 않으려는 영국 미망인들은 공식적인 애도에 참여하지 않았다고 보고하면서 이에 동의하였다. 그리고 그는 슬픔을 공식적으로 표현할 수 있는 사회에서는 이런 현상이 일어나지 않을 것으로 생각하였다.[8]

바하마의 뉴 프로비든스에 사는 최근에 남편을 잃은 미망인 집단은 런던에 사는 미망인들보다 더 건강하고 심리적인 문제 또한 적었다. 이 연구를 수행한 버고인은 이러한 현상이 뉴 프로비든스의 문화에서 슬픔을 외적으로 표현하는 것을 기대하고 권장하는 것에 기인한다고 보았다.[9]

스코틀랜드와 스와질란드 여성들의 가까운 친척의 죽음에 대한 반응을 비교한 연구에서, 애도가 널리 관습화되고 사회적으로 지지를 받는 스와질란드 여성들은 친척이 죽은 직후에는 더 많은 고통을 보였지만 1년 후에는 죄책감으로 고통받는 일이 스코틀랜드 미망인들보다 덜했음이 밝혀졌다.[10]

프로이트 이후 슬픔을 연구한 사람들은 슬픔에서 벗어나기 위해서는 모든 유족들이 충분하게 애도를 해야 한다고 말한다. 이는 실제로 유족들에게 다음과 같이 하도록 해야 한다는 것이다.

- 실컷 울게 할 것
- 죽음, 죽음의 고통, 죽음이 그들의 삶에서 무엇을 의미하는지에 대해 기꺼이 그리고 많이 얘기하게 할 것
- 죽은 사람 그리고 죽은 사람과 함께한 경험들에 대해 기꺼이 얘기하게 할 것

- 죽은 사람에 대해 남아 있는 분노에 대해서도 얘기하게 할 것
- 그 사람을 살리기 위해 최선을 다하지 못한 것에 대한 죄책감을 포함하여, 그에 대해 가지고 있는 모든 죄책감을 마음놓고 얘기하게 할 것
- 위의 모든 것에 대해 동정적인 지지를 받게 할 것

팍스는 여기에 '그러나 너무 일찍 하지는 말라'는 주의를 덧붙였다. 그는 유족들이 상실 후에 처음 몇 시간 혹은 며칠 동안 지지와 위안을 필요로 하며, 미처 애도의 고통에 직면할 준비가 되지 않았음을 보았기 때문이다. 그래서 그는 장례식이 때로는 너무 일찍 거행된다고 믿는다. 그는 고통은 천천히 겪어야 하지만 반드시 겪기는 해야 한다고 말한다. 팍스의 자료는 상실로부터 적절히 회복되지 않는 것은 애도를 충분히 하지 않았기 때문이라는 린드먼과 다른 연구자들의 주장을 강하게 지지한다. 분석가들은 우리가 "떠난 사람은 그만 생각해. 울음만 날 뿐이야"라고 말하는 것은 우리 자신이나 친구를 위해 도움이 되지 않는다고 주장했다. 이것이 주된 공헌이다.

11
전 이

전이는 정신분석의 핵심이며 프로이트의 가장 중요하고 극히 독창적인 발견들 중 하나다. 전이는 무의식(즉, 현재 속에 숨어 있는 과거)과 연속성(즉, 과거와 연결되어 있는 현재)의 본질에 대해 말하고 있는 강력한 개념이다.

―슈와버의 『심리치료에서의 전이』에서

    프로이트의 최초의 동료는 조셉 브로이어였는데, 그는 버사 파펜하임이라는 젊은 여자 환자를 치료한 신경학자다. 브로이어와 프로이트가 이 환자의 사례를 발표했을 때,[1] 그녀는 앤 O. 버사라는 가명으로 소개되었다. 버사는 매우 매력적이고 지적인 젊은 여성이었는데 한쪽 팔이 마비되고, 심한 신경성 기침을 하고, 음료수 마시는 것을 싫어하며, 괴로운 환각을 한동안 경험하고, 말하는 데 어려움이 있는 등 다양한 증상들로 고통받고 있었다. 사실 그녀는 원래 독일인이었음에도 불구하고 한동안은 영어로밖에 말을 할 수 없었다. 이러한 증상들은 사랑하는 아버지가 치명적인 병에 걸렸을 때 나타났다. 그녀는 자신의 증상들이 심해져서 더 이상 견딜 수 없을 때까지 그녀의 모든 에너지와 시간을 아버지의 병간호에 쏟아부었다.

브로이어는 이 사례를 매우 흥미 있어 하였다. 그는 프로이트에게 이 사례와 치료과정을 설명해 주었고 치료 경과를 계속 알려 주었다. 브로이어는 버사를 거의 매일 주로 그녀의 침실에서 치료했다. 브로이어와 버사가 함께 발전시킨 치료기법은 그녀를 최면 상태에 놓고 얘기하게 하는 것이었다. 그녀가 최면에 걸려 환각 상태에서 중얼거린 단어를 가지고 이야기를 시작하게 한 다음, 마음에 떠오르는 것을 자유롭게 말하라고 하였다. 그녀는 이 작업을 '굴뚝 청소'라고 하였다. 프로이트는 브로이어가 지적이고 흥미로운 그녀에 대해 묘사하는 이야기를 들으면서, 브로이어가 그녀의 사례뿐 아니라 그녀에게도 똑같이 매료되어 있다는 것을 느낄 수 있었다.

어느 날 버사는 브로이어에게 그의 아기를 가졌다고 하였다. 프로이트는 그들 두 사람의 관계에서 윤리적인 문제가 없었다는 것을 조금도 의심치 않았다. 사실 프로이트는 그녀가 처녀라고 확신한다는 브로이어의 말도 들었다. 결국 임신은 전적으로 버사의 상상이었음이 밝혀졌다. 브로이어는 치료를 즉시 중단하였고 아내와 함께 두 번째 신혼여행을 떠났다.

프로이트는 버사의 치료 중 이런 사건이 발생한 것에 대해 곰곰히 생각해 보면서, 매력적인 여성과 멋져 보이는 의사가 서로에게 호감을 가지는 것은 그리 놀랄 말한 일이 아니라는 것을 깨달았다. 그러나 버사가 자신이 임신을 했고 곧 브로이어의 아기를 낳을 것임을 확신하고 있다는 것은 놀랄 만한 일이라고 프로이트는 생각했다.

브로이어와 버사가 맺었던 관계는 그들이 전혀 알지 못했던 그들 두 사람의 마음속에 있는 깊은 감정과 열망을 자극했다. 프로이트는 여기서 치료적 관계는 치료자와 환자 모두 매우 강한 마음의 동요를 일으키게 할 수 있는데 그중 일부는, 아니 거의 대부분은 무의식적인 수준에서 일어난다는 것을 처음 느꼈다. 또한 환자는 간혹 치료자 및 치료자와의 관계를 무의식적 욕구에 의해 왜곡된 시각으로 본다는 것도 알았다. 나중에 그는 치료자에게도 유사한 강도의 감정과 왜곡이 생길 수 있다는 사실에 흥미를 가지게 되었지만 초기에는 환자에게 중점을 두고 보았다.

프로이트는 자신과 동료들의 환자들에게서 이러한 현상들이 일어나는 것을 보고, 치료에 두 가지 무의식적인 힘이 작용한다는 결론을 내렸다. 첫 번째 힘은 **판형***의 지속적인 힘이라고 불렀다. 그것은 가장 초기의 관계가 인간의 마음에 하나의 판형을 만들어 놓으며 이후에 맺는 모든 관계들을 그것에 맞추려고 한다는 의미다. 예를 들어, 내가 아버지를 엄격하고 비판적이라고 생각했다면, 이

---

* 역주: 원어는 template로서 판형이라 번역했으나, 그 뜻은 후에 인지심리학에서 사용한 스키마(schema)와 비슷하다.

후 나는 권위적인 나이 많은 남자들은 모두 엄격하고 비판적인 사람들일 것이라는 선입견을 마음 한구석에 가지게 될 것이다. 만약 판형의 영향력이 매우 강하고 지배적이라면, 나는 모든 남자, 심지어 모든 사람이 엄격하고 비판적이라는 생각을 하게 될 것이다. 마찬가지로 내가 아버지를 양육적이고 지지적이라고 생각했다면, 나는 이후 만나게 되는 권위를 가진 나이 많은 남자들 모두를 그렇게 생각할 것이다.

두 번째 무의식적인 힘은 앞에서 이미 보았던 **강박적 반복**의 힘이다. 이는 과거의 외상적 사건이나 관계를 반복하려는 이상하고 매우 일반적인 욕구다. 환자가 치료자를 만나러 올 때, 그 환자는 아마도 자기 아버지 판형 때문에 치료자를 엄격하고 비판적인 사람이라고 생각할 것이다. 그리고 강박적 반복은 의도적으로 치료자를 짜증나게 만들어 자신의 기대를 확인하게 만든다. 이러한 태도나 기대들은 부모에게서 치료자에게로 '전이된' 것이기 때문에, 프로이트는 치료에서의 이런 경향성을 환자의 '**전이**(transference)'라 명명하였다. 이는 프로이트의 가장 특출한 통찰들 중 하나가 되었다.

이러한 통찰의 중요성이 단지 치료자에게만 가치 있는 것은 아니다. 프로이트는 과거 상황을 반복하는 경향과 마찬가지로 우리의 지속적인 기대도 치료실에 국한된 것이 아니라 모든 대인관계에서 두루 나타난다고 보았다. 이 장의 뒷부분에서 우리는 전이 현상이 어떻게 하여 도처에서 일어나게 되는지, 어떻게 하여 치료 장면 내에서뿐만 아니라 치료실 밖에서도 나타나게 되는지, 또 우리 자신들을 깊게 이해할 수 있는 도구를 어떻게 제공해 주는지 그리고 이것이 어떻게 하여 정신역동이론을 계속 생동감 있게 해주고 있는지에 대해 알아보도록 하겠다.

프로이트는 전이가 여러 형태로 일어날 수 있음을 관찰하였다. 예를 들어, 환자는 치료자를 비판적인 아버지, 잘 돌봐 주는 어머니 또는 경쟁적인 형제 등 어느 것으로도 볼 수 있을 것이다.

비버리라는 내담자는 치료자인 나를 끊임없이 의심하였다. 그녀는 내가 약속시간을 지킬 것인지, 자신의 비밀을 지켜줄 것인지 그리고 내가 그녀의 감정을 이해할 수 있다고 하는 말이 진심인지 등에 대해 의심을 했다. 모든 치료자가 모든 환자로부터 절대적인 신뢰를 얻는 것은 아니지만* 이것은 정도가 심한 편이었다. 그러나 나는 이런 의심이 신뢰할 수 없는 그녀의 아버지로부터 나에게 전이되었음을 차츰 알게 되었다. 그녀의 아버지는 함께 외식하기로 약속을 하고는 지키는 일이 없었다. 아버지는 그녀가 가족들만의 비밀이라고 생각하는 일들을 그녀의 친구들 앞에서 털어놓았고, 그녀의 대학교육을 지원하겠다는 약속을 해놓고 이 또한 여지없이 어겼다.

프로이트는 전이에 세 가지 범주가 있다고 생각했다.[2]

- **긍정적 전이**로서 환자가 치료자에게 보이는 애정과 신뢰의 감정

---

* 역주: 원문에는 '신뢰를 얻어야만 하지만'으로 되어 있으나 문맥상 그 반대로 번역하였다.

- **부정적 전이**로서 주로 적대감과 의심의 감정
- **중화되지 않은 성적 전이**로서 분석가와 성적인 친밀감을 갖고
  자 하는 고집스러운 열망

프로이트는 **긍정적 전이**는 나쁠 것이 없는 것으로 생각했다. 긍정적 전이는 환자가 치료자를 신뢰하며 고통스럽고 힘든 과정 속에서 자신이 치료자로부터 지지를 받고 있다는 느낌을 갖게 함으로써 치료 작업을 완수할 수 있게 한다. 프로이트는 긍정적 전이가 일어나면 치료자는 아무것도 하지 말라고 충고했다. 그저 고맙게 생각하면 된다는 것이다. 이 전이는 치료를 가능하게 돕는다. 내가 나의 두 번째 분석가에게 그녀를 사랑한다고 말했을 때, 그 분석가는 그냥 가만히 있었다. 그 당시에는 그것이 좋은 기법으로 생각되었다. 그 기법은 긍정적 전이가 일어나면 그냥 놔두라고 한 프로이트의 지시를 잘 따라 한 것이었다.

부정적 전이가 일어나는 경우에는 반드시 해석을 해 주어야 한다. 그렇지 않으면 환자의 적대감과 의심 때문에 치료가 불가능하게 된다고 프로이트는 말했다. 내가 첫 번째 분석가에게 그가 무능한 바보 같다고 말했을 때, 그는 내가 무의식적으로 아버지에게 굉장히 화가 나 있다고 말해 주었다. 그리 세련된 방식은 아니었지만 이 또한 좋은 기법이었다고 생각되었다. 그러나 현대의 분석가들은 이와 매우 다르게 반응할 것이라는 사실을 독자들은 곧 알게 될 것이다.

프로이트는 **성적인 전이**는 분석가와 환자 모두에게 심각한 문제

를 일으킬 수 있다고 경고했다. 환자가 분석가에게 성적인 느낌을 가지는 것은 흔한 일이다. 환자들은 이것이 단지 긍정적인 전이의 약한 측면이라 생각하고 별다른 문제를 삼지 않는다. 부정적 전이처럼 이 전이가 '진정으로' 분석가에 대한 것이 아니고 부모에 대한 감정이라고 해석한다. 그러나 만약 이런 성적인 감정이 매우 지속적으로 나타나고 이를 해석해 주어도 유용한 분석적인 탐색으로 바꾸어 놓을 수 없다면 분석을 중단하는 것이 낫다. 실제로 환자는 "나는 더 이상 분석에는 관심이 없어요. 나는 단지 당신과 친밀한 육체적인 접촉만을 바랍니다"라고 말하고 있는 것이다. 분석가가 이 전이감정을 분석할 수 있는 재료로 바꾸기 위해 최대한 노력을 함에도 불구하고 내담자가 그 감정을 계속 보인다면, 다른 치료자에게 환자를 의뢰하는 것 외에는 실제로 할 수 있는 어떤 방법이 없다고 프로이트는 생각하였다.

프로이트의 이론에서 모든 부정적 감정들을 파괴적인 에너지의 표현이라고 간주하는 것과 같이, 모든 긍정적 감정은 리비도적인 에너지의 표현이다. 자아가 해결해야 할 과제들 중 하나는 원래의 그 에너지를 중화시켜 생산적이고 사회적으로 수용될 수 있게 하는 것이다. 중화란 원래의 리비도를 애정, 존경, 부드러운 사랑 등과 같은 정서로 변화시키는 것을 의미한다. 파괴적인 에너지를 중화한다는 뜻은 경쟁심, 주장성, 건전한 공격성 등과 같은 유용한 충동으로 이를 변화시키는 것이다. 성공적인 삶의 심리적 기초 중하나는 적절한 중화다. 너무 집요해서 분석을 해치는 성적인 전이란 아무런 문제가 없는 긍정적 전이를 만들어 내는 동일한 에너지가 충분히 중화되지 못한 것이다.

프로이트는 처음에 전이 현상을 무의식적인 감정과 환상들을 밝혀 내는 진정한 분석 작업을 방해하는 것으로 보았다. 그는 자신을 묻힌 기억들을 매우 조심스럽게 파내고 환자를 고통스럽게 하는 이전의 무의식적 감정과 기억을 의식에 떠올리게 하는 마음의 고고학자로 생각했다. 협력적인 관계를 촉진하는 순수한 긍정적 전이 외에 다른 전이들은 혼란과 방해를 일으키는 것들로 생각했다. 그러나 정신분석적 기술의 발달과정 중 비교적 초기에 그는 모든 전이를 자신의 동맹자로, 정확히는 골치 아픈 동맹자이지만 꼭 필요한 동맹자로 생각했다.

프로이트는 무의식을 쉽게 의식화하여 환자를 치료할 수 있다고 믿었던 초기의 희망이 사라졌기 때문에 전이라는 **동맹자**가 필요했다. 그는 문제의 근원이 되는 환자의 특별한 무의식적인 기억이나 소망을 찾아내어 환자에게 알려 주기만 하면 치료목표를 달성할 수 있다고 생각했었다. 그러나 그는 재빨리 그리고 안타깝게도 이것만으로는 충분하지 않고, 또 마음의 무의식적인 부분에 대한 단순한 통찰이 치료에 필수적인 요소이기는 하나 충분한 것은 아님을 알게 되었다. 많은 경우 환자에게 그러한 통찰을 알려 주어도 환자의 행동이나 고통의 강도를 전혀 변화시키지 못했다. 때로는 환자에게서 고무적인 변화가 일어나기도 하지만 결국은 아쉽게도 일시적일 뿐이었다. 프로이트는 환자들에게 깊이 이해하지는 못해도 머리로는 무언가를 '알게' 하는 것이 가능하다는 것을 발견했다. 나의 분석가는 내가 성인이 되어서도 끊임없이 벌 받을까 두려워하는 것은 어린 시절에 저질렀다고 상상하는 잘못에 대해 무의식적인 죄책감을 갖기 때문이라고 설명해 주었다. 이것은 그럴듯한 이야기였지만, 그럼에도 내 삶에 변화는 거의 일어나지 않았다. 치료자가 인과의 연결고리를 알게 해 주었음에도 불구하고 내 마음의 무의식적인 부분에 미치는 영향력은 거의 없었다.

프로이트가 이러한 실망스러운 발견을 한 이후, 심리치료의 역사 — 비단 정신분석만이 아니라 모든 심리치료의 역사 — 는 치료효과를 높이기 위해 통찰 이외에 무엇이 더 필요한지를 알아내려고 계속적인 시도를 해 왔다. 분석가는 반드시 추가되어야 할 무언가란 것이 바로 '정서적 훈습'이라고 보았다. 훈습이란 환자들이 사용할 수 있도록 그들의 마음속에 통찰을 심어 주는 것을 의미한다. 이를 위해서는 환자에게 무의식적인 환상의 영향으로 생겨난 사례들을 계속 보여 주어 환자가 믿을 수 있도록 증거를 계속 쌓아 가야 한다고 프로이트는 생각했다. 이것이 바로 정신분석이 오래 걸리는 이유다. 분석을 받을 때, 나는 나의 죄책감에 대한 환상이 여러 방법으로 나에게 영향을 미치고 있음을 알았다. 이는 나의 직업, 여자친구와의 관계, 선생님과 동료 학생들과의 관계, 집주인과의 관계, 자동차 수리공과의 관계 등에 영향을 끼쳤다. 나는 정신분석이 성공하려면 증상으로 하여금 지겨워 죽게 만들어야 한다고 생각하기 시작했다.

프로이트는 의사와 환자 관계에 따라 치료가 얼마나 잘 이루어질 수 있는지 또는 방해받을 수 있는지를 직접 경험하면서, 의사와 환자 관계에 대한 첫 번째 중요한 발견을 하게 되었다. 치과 의사나 외과의들은 아마도 자신들에 대한 환자의 감정에 신경 쓸 필요가 없을 것이다. 환자가 가만히 앉아 있거나 입을 벌리고만 있으면 그들은 환자가 자기들을 좋아하건 싫어하건 간에 자신이 해야 할 치료를 할 것이다. 프로이트는 심리치료적 관계에서는 절대로 그렇지 않다는 사실을 발견하였다. 그리고 그는 이 관계에 대한 두 번째 발견을 하였다. 프로이트는 비록 다루기 힘들긴 하지만 전이는 훈습을 잘 하게 하는 가장 강력한 도구가 될 수 있음을 알았다. 그는 전이가 너무 강해서 '**전이신경증**'이라 부르는 것이 일어날 수 있음을 관찰했다. 이는 환자의 문제들 중 가장 중요한 것이 분석가와의 관계를 통해 나타난다는 것을 의미한다.

앨리스는 매우 섬세한 환자로 치료 초기에 자신에게는 오이디푸스 콤플렉스 중 미처 다 해결하지 못한 중요한 것이 있다는 것을 알았다. 그녀는 아버지가 자기를 사랑스럽게 껴안아 줄 때 불편한 느낌이 있었지만 그 이유를 몰라 혼란스러워했던 어린 시절에 대해 거침없이 얘기했다. 성인이 된 이후 그녀는 주로 성관계를 원하는 남자에게 매력을 느낀다는 사실을 자주 깨달았다. 우리는 그녀가 오이디푸스 시기에 고착된 현상과 그 현상이 성인기에 다시 나타나는 것에 대해 오랫동안 매우 집중적으로 다루었다. 그녀는 이 두 가지를 고통스럽게 자세히 이해하면서도 같은 행동을 반복하였다. 나는 종종 그녀에게 나에 대해 어떻게 느끼는지 그리고 내가 그녀에 대해 어떤 감정을 가지고 있을 것 같은지를 물어보았는데, 그녀는 너무 겁이 나서 그런 생각을 안 해 보았다고 하였다. 수개월 뒤 그녀는 주저하면서 다음과 같이 말했다. 나를 믿지 않았으며, 내가 그녀에게 관심을 갖는 것은 성적인 것이라고 믿었고, 내가 치료적 관계의 적절한 경계를 유지할 것인지 믿을 수 없었으며 나를 경계해야만 했다는 것이다. 만약 경계를 침범할 위험이라는 것만 아니라면 내 의식의 어떤 수준에서는 그녀에 대한 애욕을 느꼈을 것이라는 그녀의 말이 옳았을지도 모른다. 그녀는 매우 매력적이었는데, 그런 매력적인 여성에게 아무런 에로틱한 감정 없이 오랜 시간 친밀한 관계를 유지한다는 것은 상상할 수 없을지도 모른다. 그러나 나는 이런 감정을 전혀 의식하지 않았으며 내가 해야 할 임무에만 충실하였다.

만약 이런 경우가 1955년에 있었다면, 나는 그녀가 두려워하는 대상은 내가 아닌 그녀의 아버지라고 얘기해 주었을 것이다. 그러나 지금은 1955년이 아니고, 그 후로 심리치료이론은 많이 발전해 왔다. 나는 그녀에게 우선 용기를 내어 그런 얘기를 해 준 것을 칭찬해 주었다. 그리고 자기 치료자가 자기에게 매력을 느낄 뿐만 아니라 실제로 유혹하려 한다고 생각한다면 얼마나 무서울 것인가를 충분히 이해할 수 있다고 하였다. 그리고 나는 나의 어떤 태도 때문에 그녀가 그렇게 느끼게 되었는지를 물었다. 그녀는 일반적으로 치료자가 환자를 맞이할 때 보이는 태도보다 지나치게 친절한 태도로 내가 그녀를 맞이하는 것 같았다고 대답했다. 그 후 여러 차례 치료 회기에 걸쳐 그녀는 구체적인 예를 더 말해 주었다. 나는 내가 그녀를 그렇게 친밀하게 대한 것에 대해 그녀가 내 의도를 의심한 것은 이해가 된다고 말했다. 그 다음에 계속된 여러 번의 치료 회기에서 그녀의 이러한 지각과 이를 뒷받침해 주는 감정들에 대해 토론했다. 가끔 나는 나의 다정한 태도에 대한 그녀의 지각이 확실히 정확하다고 생각한다는 말을 했으며, 그러나 내가 가지고 있어서 그녀가 두려워했다는 그런 감정을 내가 가지고 있는지는 몰랐다고 했다. 어떻든 우리 두 사람 모두 무의식에 대한 크나큰 존중심을 갖게 되었다는 말을 나는 덧붙였다.

끝으로 나는 나의 다정한 태도에 대한 그녀의 해석이 확실히 그럴듯하긴 하지만 꼭 그렇지만은 않다고 얘기해 주었다. 나의 다정함이 성적 색채를 띠지 않은 관심과 애정의 표현일 수도 있다고 했더니 그녀도 동의하였다. 나는 그녀가 나의 태도를 에로스와 유혹이라고 해석하게 된 그럴듯한 이유들을 찾아볼 마음이 있느냐고 물었다. 그녀는 소리 내어 웃으면서 "모르겠어요. 선생님은 아시나요?"라고 했다.

치료는 얼마 동안 더 계속되었고 그녀의 생활은 변하기 시작했다. 우리는, 내가 그녀에게 성적으로 관심을 가지고 있다고 믿는 그녀의 두려움뿐만 아니라 더 깊은 수준에서는 내가 그러기를 그녀가 바랄 수도 있을 가능성에 대해서도 오랫동안 탐색했다. 강한 두려움은 소망을 감추고 있다는 프로이트의 명언을 독자들은 기억할 것이다.

마침내 앨리스는 독신남을 만나 사랑에 빠졌다. 나는 전이관계에서 생긴 **통찰의 훈습**이 항상 이렇게만 될 수 있으면 얼마나 좋을까 하는 생각을 한다. 항상 그런 것이 아니기 때문에 걱정이다. 그러나 프로이트가 얘기한 것처럼 되는 경우가 많다.

전이라는 전쟁터에서는 반드시 승리해야 하는데, 승리의 징표는 신경증이 완전히 치료되는 것이다. 정신분석가에게는 전이 현상을 통제하는 것이 굉장히 어려운 일이라는 데는 이의가 없다. 그러나 환자에게 숨겨지고 잊혀진 에로틱한 충동을 알게 하여 표출시키기 위해 상상 이상으로 노력하는 사람이 바로 그들임을 잊어서는 안 된다. 왜냐하면 모든 것을 얘기하고 행할 때 어떤 사람을 그가 없을 때 혹은 그의 허상만 놓고 무너뜨리기는 불가능하기 때문이다.[3]

머튼 길과 현대의 전이분석

프로이트는 억압된 충동과 환상들을 들추어 내는 것이 치료의 비결이라고 확신했다. 전이상황에서 통찰을 훈습하는 것이 좋은 이유는 치료적 관계에서 일어나는 왜곡에 대해 알게 하는 것이 치료 상황 밖에서 일어나는 사건과 관계에서 일어나는 왜곡에 대해 알게 하는 것보다 환자에게 훨씬 더 설득력이 있을 수 있기 때문이다. 그가 출판한 마지막 논문에서 프로이트는 다음과 같이 기술하였다. "환자는 전이의 형태로 경험한 것을 절대로 다시 잊지 않는다. 이 기억 내용은 다른 방법으로 습득할 수 있는 어떤 것보다도 훨씬 더 설득력을 갖는다."[4] 이 말에는 인지적 이해에 강조점이 주어져 있다.

분석가는 환자가 치료자를 보는 견해가 환자의 판형에 의해 어떻게 왜곡되어 있는지를 알아낼 수 있으며 또 알아내야 한다고 프로이트는 믿었다. 이러한 왜곡된 지각을 보여 줌으로써, 분석가는 환자에게 해가 되는 왜곡된 지각에 대해 길이 남을 가르침을 제공할 수 있게 된다. 그러나 이러한 견해에는 문제점이 있다.

내담자가 나에게 내가 경직되고 방어적이라고 얘기하면, 나는 스스로 '아, 이 내담자의 아버지는 방어적이었구나'라고 생각하게 된다. 또 내담자가 내가 굉장히 열심히 그리고 헌신적으로 치료에 임하고 있는 것에 대해 감사한다고 말하면, 나는 스스로 '맞아, 그게 바로 나의 진짜 모습이야'라고 생각한다. 독자들은 여기서 문제점을 발견하게 될 것이다. 즉, 치료자는 내담자의 반응 중 어떤 것이 '현실적'이고 어떤 것이 '왜곡된' 것인지를 판단할 입장에 놓여 있지 않다. 정신분석가들이 마침내 이를 깨닫게 될 때, 그들은 철학이나 고체물리학을 전공하는 대학원 1학기생이 '현실'이란 정의하기 매우 까다로운 개념이라고 말할 수 있었던 것의 의미를 드디어 알게 된다.

프로이트의 가장 중요한 후계자 중 한 사람인 머튼 길(1914~1994)이라는 미국인 정신분석가는 이 문제에 대해 창의적이고 만족스러운 해답을 제시하였다. 우리 인간들은 제각기 자신의 무의식적 환상이라는 안경, 즉 각자가 경험한 일들을 정리할 수 있게 배운 독자적인 원리라는 안경을 통해서 대인관계 상호작용을 이해한다. 대인관계에서 일어나는 자극들은 매우 애매하여 다양한 해석을 할 수 있게 한다. 여러 해석들 중 어떤 것을 택하느냐 하는 것은 각자가 정리하는 원리, 각자의 판형에 의해 결정된다. 이것은 내담자뿐만 아니라 치료자도 마찬가지다.

길[5]은 정신분석뿐 아니라 다른 형태의 역동적 심리치료의 실제에도 큰 영향을 미쳤다. 오늘날 역동적 치료자들 중에서 길과 그의 제자들로부터 영향을 받지 않은 사람은 별로 없을 것이다.

대다수의 치료자들은 그들이 내담자의 지각 중 어떤 것이 현실적이며 어떤 것이 왜곡된 것인지를 판단하는 위치에 있다는 생각을 버렸다. 그들의 모든 지각이 어느 정도는 현실적이며 모두가 어느 정도는 판형에 의해 이루어진 것이다. '전이'라는 용어는 원래 내담자의 지각과 반응 중에서 치료자가 왜곡되었다고 생각하는 것을 일컫는 것이었다. 이러한 정의는 정신분석가들이 어떤 것이 현실적인가를 판단할 수 있는 특별한 통찰력을 가지고 있다는 신념을 버린 이후로는 더 이상 사용되지 않는다. 전이란 단어를 다시 정의하려는 시도가 여러 차례 있었다. 우리가 '실제적인' 것과 '왜곡된' 것을 구별할 수 없으며 우리가 지각하는 모든 대인관계가 부분적으로는 판형들에 의해 만들어졌다는 것을 인정하기에, 전이라는 용어는 내담자가 치료자에 대해 가지는 모든 감정, 사고, 지각 및 판단을 의미한다고 생각하는 것이 가장 실용적일 것 같다.

길은 또 내담자를 돕기 위해 전이를 활용하는 방법을 제안했다. 우리가 2장에서 배운 것처럼, 억압된 재료들은 표출되려 한다는 것을 그는 알았다. 그리고 그는 치료 상황은 이러한 재료들이 표출될 수 있는 이상적인 출구라고 한 프로이트의 경험을 인정했다. 그래서 길은 임상적 관계에서 주된 치료적 요인은 내담자가 오랫동안 억압해온 충동과 환상들을 전이를 통해 재경험하고, 그것들을 치료자를 향해 표출하며, 이에 대한 반응을 처음과는 완전히 다른 방식으로 경험할 수 있는 기회를 갖게 하는 것이라고 했다. 그는 또 환자의 부적응적인 신념과 태도는 대인관계에서 습득되는 것이므로, 변화 또한 대인관계에서 이루어져야 한다고 추리했다.

앨리스가 나를 두려워하는 것이 그녀가 아버지에 대한 두려움을 왜곡하여 재연하는 것이라든가, 그녀의 두려움의 밑바탕에는 아버지가 자기에게 매혹되기를 바라는 소망이 숨어 있는 것이라고 내가 그녀에게 설명하는 것은 길이 보기에는 충분하지 못했을 것이다. 길은 내가 제일 먼저 앨리스가 내게 갖는 두려움은 진짜이고 중요한 감정임을 인정해 주고, 그녀가 나의 태도에서 알아낸 단서들을 포함하여 모든 감정들을 자세히 탐색해야 한다고 길은 생각할 것이다. 그는 또 앨리스로 하여금 내가 자기에게 매혹되기를 바라는 그녀의 무의식적 소망에 대해 나에게 얘기해도 괜찮다고 안심시켜 주는 것이 중요하다고 생각했을 것이다. 그런 다음에야 비로소 앨리스의 두려움과 소망의 오래된 뿌리를 탐색하도록 도와주는 것이 가능하며 동시에 필요하다고 길은 얘기할 것이다.

당사자가 없거나 허상을 놓고 그를 공격하는 것에 대한 앞의 사례에서 볼 수 있는 것처럼, 프로이트는 이러한 입장에 대해 자기방식대로 치료를 했다. 그러나 실제로 전이분석 기법을 한 단계 더 발전시키는 데 중요한 영향을 미친 사람은 길이었다.

하인즈 코헛과 자기대상 전이

전이를 이해하는 분야에서 길과 마찬가지로 중요한 프로이트의 추종자 중 한 사람은 하인즈 코헛(1913~1981)이다. 그가 정신분석 분야에서 이룩한 중요한 혁신 중에서 지금 우리가 관심을 갖는 부분은 '**자기대상**(selfobjet)' **전이**에 관한 그의 설명이다. 자기 대상 전이란 자신이 바라고 기다리던 부모가 드디어 여기에 있다는 희망이다.[6]

자기대상에 대한 코헛의 견해는 다음과 같다. 출생한 지 얼마 안 되어 아기들은 세 가지 중요한 무의식적 의문에 사로잡힌다. 그 의문들은 건강하고 사랑이 넘치는 가정에서 부모들이 긍정적으로 풀어 줄 수 있는 것들이다. 첫째, 나는 이 가정에서 환영받는 사랑스러운 사람인가? 주로 어머니가 되겠지만, 누군가가 '백설공주' 이야기에 나오는 거울처럼 그 아기가 이 세상에서 가장 예쁘고 가장 귀엽다는 메시지를 보낸다. 이것이 그 아기의 자기존중감을 영구히 형성해 준다.

조금 지나 아기는 두 번째 의문을 갖게 된다. 나같이 작고 아무 것도 모르는 존재가 이 험난한 세상과 복잡한 감정들에 어떻게 대처할 수 있을까? 이 의문은 부모 중 한 사람 또는 두 사람 모두가 침착하고 믿을 수 있으며 유능하다는 것을 아기가 알게 되면 풀리게 된다. 아직 아기는 걱정할 필요가 없으며, 그가 좀 더 강해지고 경험을 쌓는 동안 유능한 부모가 모든 것을 보살펴 준다. 이는 중요한 안전감을 형성시킨다.

마지막 의문은 나는 다른 사람들과 비슷해서 귀여움을 받을 수 있는가, 아니면 이상하게 생겨서 귀여움을 못 받을 것인가? 이다. 부모가 어른들의 활동에 아이를 함께 끼워 주면 그 아이는 말로 하는 것보다 훨씬 더 강한 메시지를 듣게 되어 '나는 이상하게 안 생겼다. 나는 엄마나 아빠처럼 생겼다'고 확신하게 된다.

코헛은 사랑과 안전에 대한 이러한 욕구의 충족 여부는 아이의 장래의 정신건강을 좌우하는 중요한 결정요인이 된다고 믿었다. 이러한 욕구들이 충족되면(코헛은 그렇지 않은 경우가 많다고 생각함) 아이는 오이디푸스 콤플렉스를 성공적으로 해결할 수 있는 건강한 청소년으로 성장하고 나아가 건강한 성인이 된다. 그러나 이러한 욕구들을 충족하지 못하면 아이는 자라서 정신치료를 받아야 할지도 모른다. 이러한 충족되지 못한 욕구들은 영원히 남아 그 사람의 생활 속에서 무의식적인 추동력이 된다. 이는 판형처럼 모든 경우에 나타나게 될 것이다.

전이란 어릴 때 경험했던 관계를 재연하는 것이라고 프로이트는 가르쳤다. 사람들은 다른 사람이 자기가 어렸을 때처럼 대해주기를 무의식적으로 기대하면서 이 기대에 맞추어 행동한다. 재연으로서의 전이는 확실히 일어나지만 또 다른 형태의 전이, 즉 원래의 관계보다 좀 더 좋아지기를 바라는 희망으로서의 전이가 일어날 수도 있다는 것을 코헛은 알았다. 만일 아버지가 비판적인 사람이었다면, 그 사람의 무의식적 판형은 분석가를 비판적인 사람으로 보도록 만든다. 그러나 충족되지 않은 오래된 욕구를 충족시키려는 무의식적 소망 때문에 분석가를 어릴 때 갖지 못했으며 늘 갖고 싶어 했던 다정하고 애정 깊은 아버지처럼 볼 수도 있다. 코헛이 사용한 용어로 표현하면 그 사람은 간절히 원했으나 갖지 못한 사랑을 베풀고 믿음을 주는 자기대상으로 치료자를 지금 보고 있는 것이다. 코헛은 이것을 '자기대상 전이'라 불렀다.

코헛의 공헌으로 인해 정신분석가들은 이러한 두 가지 유형의 전이를 알게 되었다. 스톨로로와 그의 동료들[7]은 내담자가 이 두 유형의 전이 사이에서 망설이게 될 것이라고 했다. 스톨로로는 치료자가 내담자에게 감정이입을 하게 되면 그 내담자는 자기대상 전이를 경험할 것이라고 했다. 만일 내담자의 전이가 오래된 판형으로 옮겨가게 되면 치료자는 감정이입이 실패하지 않았는지를 의심해 보아야 한다고 충고했다. 이러한 실패의 이유를 탐색하여 바로잡으면 전이는 자기대상의 형태로 다시 바뀌게 된다.

재연된 전이는 내담자로 하여금 오래된 상처를 훈습하게 함으로써 치유력을 갖는다. 자기대상 전이는 치료자에게 내담자의 양육과 지지와 신뢰를 받고 싶어하는 오래되고 무의식적인 갈망을 알아내어 공감할 기회를 제공함으로써 치유력을 갖게 된다.

일상생활에서의 전이

원래는 전이가 치료 상황에서 주로 일어나는 현상이라고 프로이트는 생각했다. 그런데 전이는 어느 곳에서나 일어난다는 것을 곧 알게 되었다. 모든 중요한 인간관계에서와 몇몇 사소한 관계 등 어디에서나 우리는 어린 시절의 어떤 면들을 끊임없이 재연한다. 교우관계, 사업관계, 연애관계 그리고 특히 권위적 존재와의 관계에서 우리는 그렇게 한다. 치료자는 전이를 인정하고 이해해야 한다. 그러나 우리 모두가 전이를 이해하면 우리의 일상생활을 설계하는 데 많은 도움이 된다.

일상생활의 설계란 시적인, 더 정확히는 음악적인 것으로 생각할 수 있다. 18세기의 작곡가들은 소나타 형식의 음악을 활용했다. 베토벤과 모차르트의 심포니 첫 악장이 그 예다. 소나타 형식에서는 그 악장의 모든 주제들이 처음에 나온다. 그 악장의 나머지 부분은 작곡가가 이 주제들을 발전시키고 다양한 변화를 모색하고 정리하는 것으로 구성된다. 이러한 설계는 매우 효과적이어서 그 시대의 음악이 영원토록 연주될 수 있는 한 가지 이유다. 우리 인생도 소나타와 같다고 생각할 수 있다. 모든 인간관계의 주제들이 인생 초기에 나타나고, 나머지 인생은 그러한 주제들을 변화시키고 발전시키며 정리하는 일들로 구성된다.

코헛은 재연 전이처럼 자기대상 전이들도 우리 생활의 모든 측면에서 나타난다고 했다. 자기대상 욕구가 아동기에 충분히 충족된 사람들까지도 일생 동안 그들 자신들을 지지해 주고 격려해 줄 사람을 필요로 한다. 자기대상 욕구가 그렇게 잘 충족되지 못한 사람들은 더욱 그러하다.

대학생 때 나는 주로 너무 큰 강의실에서 강의를 들었기 때문에 교수님들과는 굉장히 멀리 떨어져 있었고, 따라서 교수님들에 대해 어떤 느낌이나 인상도 갖지 못했다. 물론 그 상황이 계속적인 전이 반응을 못하게 한 것은 아니라고 믿지만, 전이반응이 의식적으로 나타난 것은 중요하다기보다는 오히려 즐거운 것이었다. 대학원 시절은 전혀 달랐다. 교수님들과 가까이 접촉했고 그들의 권위는 나에게 한없이 큰 영향을 미쳤다. 나는 교수님이 나를 싫어하거나 인정하지 않는 듯한 낌새를 조금만 느껴도 나와 내 장래에 큰 지장이 있을 것이라고 믿었다. 독자들은 내가 아버지와의 관계를 어떻게 지각하고 있었는지 짐작이 갈 것이다. 한편, 교수님이 나를 다정하게 대하고 관심을 보이면 나는 그의 존중을 받고 그의 제자가 될 것이라는 상상을 금방 하게 되었다. 이것이 전형적인 자기대상 전이로서 원래의 관계보다 더 좋은 관계를 가지려는 희망이다.

우리가 일상생활에서 전이가 미치는 영향력을 이해하고 인정하면 우리는 무의식적 힘이 우리 자신들과 주위 사람들에게 어떻게 작용하는지를 더 잘 이해하고 인정하게 될 것이다.

역전이

프로이트와 그의 추종자들은 전이란 모든 사람들에게 공통적으로 나타나는 현상이라고 믿었다. 치료자들에게는 물론이고 치료자가 환자와 맺는 관계에서도 전이는 확실히 나타난다. 치료자가 환자에게 보이는 반응의 전문용어는 '**역전이**(countertransference)'다. 정신분석가들이 이 개념을 어떻게 이해했는가 하는 데는 오랜 역사가 있다. 처음에는 분석가들은 철저한 분석을 받았고 또 매우 전문적인 사람이기에 내담자를 순전히 현실적으로만 지각하고 내담자가 보이는 변덕스러운 전이에 대해 아주 적절한 반응만 한다고 생각하거나 그러기를 바랐다. 프로이트는 어떤 무의식적 파생물이 가끔 치료자의 전문성을 무너뜨리고 나와서 부적절한 반응을 하게 한다는 사실을 알았다. 그는 이 반응을 '역전이'라고 부르고 이를 제거되어야 하는 장애물일 뿐이라고 생각했다. 만일 치료자가 스스로 이 반응을 검토하여 분석해 없앨 수 없다면 자문을 청하거나 분석을 더 받아야 한다고 했다.

역전이 개념에 대한 이해는 이렇게 시작되었다. 분석가들은 그렇게 철저히 분석을 받은 사람이 있을 수 있을까 하는 의구심을 갖기 시작했다. 역전이는 어쩔 수 없이 계속 일어나는 것이라고 생각했다. 1950년대에 이르러서는 역전이란 일어날 수밖에 없을 뿐 아니라 실제로 유용한 것이라고 보았다. 그리고 1960년대에는 이를 꼭 필요한 것으로 생각했다.

분석가들은 마침내 그리고 다행스럽게도 현실과 왜곡 사이를 구분할 수 있다는 신념을 버렸음을 우리는 알았다. 이러한 변화는 역전이에 대한 관점을 극적으로 바꾸어 놓을 수밖에 없었다. 이런 관점에서 우리는 치료자가 환자에 대해 갖는 모든 감정과 사고와 지각이 역전이라고 정의할 수 있다. 우리는 역전이가 왜 꼭 필요한지를 알게 될 것이다. 예를 들면, 모든 감정이입은 역전이와 함께 시작된다.

상호주관성

현실의 불가해성을 알게 된 이후로 치료관계의 전체적인 상이 변했다. 처음에는 눈이 밝은 사람이 신경증 때문에 흐려진 시력을 가진 사람을 치료한다고 확신했다. 그러나 이제는 두 사람이 각각 자기의 독특한 정리원칙에 따라 상대방의 실체를 본다는 것이 보다 정확하고 신중한 견해다. 두 사람 중 누가 틀렸다고 할 수도 없고 누가 절대적으로 옳다고 할 수도 없다. 이 말은 그 관계를 이제는 **대칭적**이라고 본다는 의미는 아니다. 두 사람 모두 내담자를 돕기 위해 있는 것이다. 그러나 치료자의 지각, 특히 치료자의 **자기** 지각이 내담자의 자기지각보다 더 정확하다고는 더 이상 믿지 않는다.

물리학자들이 관찰자가 피관찰자에게 미치는 영향의 크기를 고려하듯이, 분석가들도 이제는 치료자의 정리원칙, 주로 무의식적인 정리원칙이 내담자에게 얼마나 큰 영향을 미치는지를 알게 되었다. 이러한 견해가 '**상호주관성**(intersubjectivity)'이라는 것인데 그 뜻은 내담자와 치료자 각자의 주관성이 함께 작용하여 내담자를 이해하게 된다는 것이다. 이제 우리는 두 쌍의 전이를 다루고 있는 것이 분명하기 때문에 역전이라는 용어를 사용하는 것은 더이상 아무런 의미가 없는 것 같다.

내가 앨리스를 25년 전에 치료했다면 그녀가 나에게서 무의식적인 에로틱한 감정을 정말로 찾아낼 수 있으리라고는 생각조차 못했을 것이다. 만약 내가 그녀를 의식적으로 원하고 있다는 것을 알았다면 나는 그 감정을 유감스러운 역전이라 생각하고 자문을 청했을 것이다. 또 내가 에로틱한 감정을 모르고 있었다면 그녀의 지각은 전적으로 그녀의 오이디푸스적 감정에 의한 것이고 내 마음속에서 일어나고 있는 것은 절대 아니라고 생각했을 것이다. 그러나 로버트 스톨로로와 그의 동료들,[8] 어윈 호프먼,[9] 스티븐 미첼,[10] 루 아론[11] 등과 같은 상호주관적 견해를 가진 치료자들은 우리로 하여금 내담자가 치료자를 어떻게 지각하는지를 진지하게 고려하는 것이 중요하다는 사실을 깨닫게 해 주었다.

이것은 치료자의 자기 노출에 관한 문제를 제기한다. 고전적 정신분석의 입장은 분명했다. 즉, 치료자는 자신의 감정을 **절대로** 노출시켜서는 안 된다는 것이다. 그런데 상호주관성을 주장하는 치료자들은 이를 다시 문제 삼았다. 이 문제는 요즈음 핵심적인 새로운 연구 주제이며 많은 논란의 대상이 되고 있다. 그러나 이 문제는 이 책에서 논하지 않겠다.

넓은 의미에서 전이이론은 우리가 맺고 있는 모든 대인관계에 우리들 각자가 오랫동안 숨겨 왔던 무의식적 소망과 공포 및 정신적 외상을 개입시키고 있음을 가르쳐 주고 있다. 치료 장면에서든 일상생활에서든, 우리가 서로를 지각하고 서로에게 반응하는 데 미치는 무의식의 영향력이 크다는 사실은 프로이트가 발견한 가장 가치 있고 빛나는 업적 중 하나이다.

12
결 론

"너 자신을 알라"는 델포이의 신탁에 새겨진 말이다. 이는 말하기는 쉽지만 행하기는 매우 어렵다. 비록 그 목표가 닿을 수 없는 저 너머에 있지만 그것을 찾아 나서는 것은 최고의 여행인바, 그 길을 따라가면 당신은 영혼의 시를 발견하게 될 것이다.

우리가 자신을 이해하는 데 기여한 프로이트의 업적은 가히 천재적이었다. 그러나 그의 이론적 탐색이 모두 성공적이지는 않았다. 특히 그를 만족시켜 주지 못한 것은 정신분석적 치료였다. 그의 생애 말기에 프로이트는 당시에 수행되었던 방식의 정신분석 치료의 효율성에 대해 큰 회의를 가졌다. 프로이트의 생전에 그리고 그가 타계한 지 적어도 30년 동안, 정신분석은 대학 졸업 후 사람들이 받을 수 있는 최상의 교육 프로그램이었다. 그러나 그것은 프로이트가 바랐던 것처럼 삶의 문제를 해결하는 데 그렇게 큰 도움은 못 되었다.

하지만 그가 창안하여 시행한 정신역동치료는 원래의 정신분석보다 훨씬 더 세련되었고, 1960년대와 1970년대에 크게 발전하기 시작하여 그 후로 꾸준히 개선되었다.

신경증적 증상은 항상 억압된 성적 충동의 표현이라는 원래의 가정은 갖가지 무의식적 갈등의 표출일 수 있다는 이론으로 확장되었다. 원래의 양육자로부터 배워서 억압한 파괴적인 금지 명령은 성에 대해서였을 것이다. 또한 분노의 표출이나 단지 분노의 감정을 갖는 것에 대한 것도 이에 포함된다. 우리는 어릴 적에 자신이 사랑스럽지 않다거나 생의 절박한 문제를 처리할 능력이 없다고 배웠을지도 모른다. 이 모든 갈등들이 살아가는 데 있어서 문제를 일으킬 수 있다. 이러한 사실들을 많이 알게 됨으로써 치료는 보다 효과적이 될 수 있었다.

정신역동적 치료자들은 이제 치료관계 자체가 갖는 치유력이 무의식적 욕구들을 표면에 떠올림으로써 치유될 수 있는 것만큼 강하다는 것을 이해한다. 이 두 가지 작업을 병행할 수 있는 방법을 이해함으로써 우리는 치료적 효과를 크게 높일 수 있다.

고전적 치료자의 입장은 주로 자제하고 침묵하는 것이었다. 그러나 현대의 치료자들은 자신들을 훨씬 많이 노출시키며 더 편하고 친절하게 내담자들을 대한다. 이러한 자유로움이 정신역동적 치료의 치료적 힘을 더해 준다.

여러 해 동안 매주 4회 내지 5회의 치료를 하는 고전적 정신분석 방식을 감수할 수 있는 사람들은 초창기 때보다는 훨씬 더 세련되게 이 방식을 아직도 실행하고 있다. 신중하지만 매우 효과적인 여러 가지 정신역동적 기법들이 프로이트의 독창적인 통찰로부터 창안되어 꾸준히 발전되고 있다. 만약 프로이트가 살아서 돌아온다면 그의 후계자들이 정신역동적 치료의 치료적 힘을 그의 우려 섞인 기대를 훨씬 능가하여 강하게 만든 것에 대해 놀라고 기뻐할 것이라고 나는 생각한다.

오늘날 전 세계에서 적용되고 있는 모든 형태의 심층치료가 오로지 한 사람에 의해 창안되었다는 것은 굉장히 놀라운 일이다. 심층치료는 가장 중요한 무의식적 동기들을 적군에서 아군으로 바꾸려는 것과 같은 시도다. 이 영역에는 많은 학파와 개혁자들이 있다. 프로이트식 정신분석의 주류로는 **관계기법**가들,[1] **자기심리학자**들[2] 그리고 대상관계 치료자들[3]이 있다. 융[4]과 아들러[5]의 후계자들은 프로이트로부터 멀리 떨어져서 그들의 영역을 탐색했다. 그러나 그들이 사용한 방법들은 모두가 프로이트의 놀라운 독창적 통찰에서 발전된 것들이다. 그러나 오늘의 역사를 쓸 때 프로이트의 유산 중 가장 중요한 부분을 구성하는 것으로 프로이트의 치료적 방법을 들지는 않을 것이다.

이 책은 다음과 같은 조셉 캠블의 말을 인용하며 시작했다.

우리들이 의식이라고 부르는 비교적 깨끗하고 작은 집의 마루 밑에 있는 인간 왕국은 알 수 없는 알라딘 동굴 속으로 이어진다. 그곳에는 많은 보석들이 있지만 무서운 신령이 살고 있다. 그 신령은 우리가 상상하지도 못했고 우리들 삶의 일부로 감히 통합하지도 못한 불편하고 저항적인 심

리적 힘들이다.[6]

프로이트는 그러한 동굴 속을 탐험하면서 우리들도 함께하자고 초대하였다. 그를 따라간 사람들 중 일부는 그 지하세계가 그들의 고통과 당황스러움을 감소시킬 방법을 가르쳐 주기를 바라면서 그 여행을 했을 것이다. 다른 일부 사람들은 남에게 도움을 주는 기술을 향상시키려는 방법을 알려고 했을 것이다. 그리고 또 다른 사람들은 인생살이의 복잡성에 관한 어둡거나 밝은 시와 아름다움을 발견하는 방법으로 그 여행을 함께했을 수도 있다. 그러나 이유야 어떠하건 그 여행을 한 사람들은 물론 그 여행의 극히 일부만 따라 한 사람들까지도 모두가 같을 수는 없을 것이다.

이 책에서 나는 프로이트의 통찰의 출처를 일찍이 간파했다. 인류 역사상 어느 누구도 프로이트가 몇 시간, 며칠, 몇 년에 걸쳐 자기 환자의 이야기를 열심히 들어준 것처럼 다른 사람의 이야기를 경청하지는 않았을 것이다. 뿐만 아니라 내담자에게 방어를 풀도록 그렇게 오랜 동안 격려한 사람은 프로이트 이전엔 아무도 없었을 것이다. (그렇기 때문에) 프로이트가 이전에는 아무도 들어 본 적이 없는 일들에 관해 들었고, 이전에는 누구도 탐색해 보지 못했던 정신적 및 정서적 생활에 대해 알게 된 것은 그리 놀라운 일이 아니다.

우리들 자신을 이해하는 데 프로이트가 공헌한 가장 중요한 것은 아마도 정신적, 정서적 생활의 대부분은 숨겨져 있으며 의식은 인간 마음의 작은 부분일 뿐이라고 가르쳐 준 사실일 것이다. 동기는 숨겨져 있고 감정은 파묻혀 있으며 갈등을 일으키는 힘들은 보이지 않게 싸우고 있다.

프로이트는 우리들에게 우리 자신을 이해할 수 있도록 다음과 같은 통찰을 더 제공했다.

- 우리들 심리적 생활의 대부분은 불안과 죄책감과 수치심으로부터 자신들을 보호하도록 되어 있는데, 이를 위해 우리들이 사용하는 방어기제는 심히 부적응적인 경우가 많다. 이 부적응적 방어기제들은 우리가 어떤 감정과 충동들을 (의식적으로) 피할 경우보다 훨씬 더 많은 고통을 일으키면서 끝날 수 있다. 비록 부적절한 방어는 혼란을 초래할 수 있지만, 방어를 너무 많이 또는 엄격히 사용하면 억제되고 왜곡된 삶을 살게 된다.
- 인간은 어릴 적의 고통스러웠던 경험들을 반복하고 또 반복하며, 이러한 반복행동을 함으로써 (자기에게) 필요한 보상적 역할을 다른 사람들이 해 주도록 가르치려는 알 수 없는 무의식적 강박증을 가지고 있다.
- 아동기에 대인관계의 어려움을 겪으면 그 영향이 오래 간다. 특히 중요한 것은 오이디푸스 콤플렉스와 그 해결이 미치는 영향이다.
- 무의식적 죄책감은 우리 생활에 강한 영향을 미친다.
- 꿈에는 의미 있고 노출되는 내용이 있다.
- 우리가 맺은 최초의 인간관계에서 만들어진 인상은 오래 지

속되며 그 후에 맺는 대인관계들에 영향을 미친다. 즉, 어디에서나 전이는 일어난다.

유럽의 르네상스를 연구하는 사람들은 우리들의 인간상을 송두리째 흔들어 놓아서 셰익스피어의 희곡들처럼 기적을 가능케 한 세 명의 사상가를 자주 인용한다. 코페르니쿠스는 인간이 우주의 중심이 아니므로 다른 모든 신적 창조물보다 하나님이 더 이상 특별한 존재가 아니라는 주장을 했다. 몽테뉴는 인간이 우아함과 도덕성과 아름다움의 측면에서 천사와는 거리가 멀고 우주의 위계에서 동물들보다 하위에 있는 존재임을 설득력 있게 주장하였다. 그리고 마키아벨리는 인간은 실제로 신성한 권리에 의해서나 하나님의 청지기로서 충성스럽게 봉사하는 왕의 지배를 받지 않고 오히려 속임수와 잔꾀에 의해 좌우된다고 했다.

오늘날 우리가 자신들을 알고 세상을 알고 있다는 신념을 누가 깨뜨리고 있는가? 다윈, 마르크스, 아인슈타인 등과 같은 사람들일 수 있다. 그러나 우리들이 알고 있다고 생각하는 모든 것에 대해 의문을 품고 정말로 무엇을 더 알 수 있을까 하고 끊임없이 호기심을 가지라고 우리에게 가르쳐 준 프로이트를 포함하지 않는 지난 세기의 지성사를 상상하기란 어려울 것이다.

주

⊖ 저자서문

1. B. Bettelheim, *Freud and Man's Soul* (New York: Alfred A. Knopf, 1983), p. 4.

⊖ 제1장

1. J. Lear, *Open Minded* (Cambridge: Harvard University Press, 1998), p. 19.
2. Ibid., p. 28.
3. R. D. Stolorow, B. Brandschaft, and G. E. Atwood, *Psychoanalytic Treatment: An Intersubjective Approach* (Hillsdale, N. J.: Analytic Press, 1987), p. 65.

⊖ 제2장

1. S. Freud, *Introductory Lectures*, vol. 15 of *The Standard Edition of the Complete Psychological Works of Sigmund Freud* (London: Hogarth, 1915), p. 57.
2. Freud, *Introductory Lectures*, p. 295.
3. S. Freud, *The Ego and the Id*, vol. 19 of *The Standard Edition of the Complete Psychological Works of Sigmund Freud* (London:

Hogarth, 1923), p. 25.

4. Freud, *Introductory Lectures*, p. 122.

5. Ibid., p. 124.

6. Ibid., p. 264.

7. S. Freud, *The Psychopathology of Everyday Life,* vol. 6 of *The Standard Edition of the Complete Psychological Works of Sigmund Freud* (London: Hogarth, 1901).

8. Ibid., p. 9.

9. S. Freud, *Three Essays on Sexuality,* vol. 7 of *The Standard Edition of the Complete Psychological Works of Sigmund Freud* (London: Hograth, 1905), p. 125.

⊕ 제3장

1. S. Freud, "Three Essays on Sexuality," in vol. 7 of The *Standard Edition of the Complete Psychological Works of Sigmund Freud* (London: Hogarth, 1905), p. 187.

2. S. Freud, "A Case of Hysteria," in vol. 7 of *The Standard Edition of the Complete Psychological Works of Sigmund Freud* (London: Hogarth, 1905), p. 51.

3. S. Freud, *Introductory Lectures,* vol. 16 of *The Standard Edition of the Complete Psychological Works of Sigmund Freud* (London: Hogarth, 1915), p. 341.

⊕ 제4장

1. S. Freud, *The Interpretation of Dreams,* vol. 4 of *The Standard Edition of the Complete Psychological Works of Sigmund Freud* (London: Hogarth, 1900), p. 261.

2. G. Lindzey, "Some Remarks Concerning Incest, the Incest Taboo, and Psychoanalytic Theory," *American Psychologist* 22, no. 12 (1967): 1051.

3. A. W. Johnson and D. Price-Williams, *Oedipus Ubiquitous* (Stanford, Calif.: Stanford University Press, 1966), p. 98.

4. Ibid., p. 141.

5. Ibid., p. 153.

6. J. M. Masson, *The Assault on Truth: Freud's Suppression of the Seduction Theory* (New York: Farrar, Straus & Giroux, 1984).

7. R. Ofshe and E. Watters, *Making Monsters: False Memories, Psychotherapy, and Sexual Hysteria* (Berkeley: University of California Press, 1996).

8. J. Benjamin, *The Bonds of Love* (New York: Pantheon Books, 1988).

9. N. Chodorow, *The Reproduction of Mothering* (Berkeley: University of California Press, 1978).

10. M. S. Mahler, F. Pine, and A. Bergman, *The Psychological Birth of the Human Infant* (New York: Basic Books, 1975).

11. J. W. M. Whiting, R. Kluckhohn, and A. Anthony, "The Function of Male Initiation Rites at Puberty," in E. E. Maccoby, T. M. Newcomb, and E. L. Hartley, eds., *Readings in Social Psychology* (New York: Holt, 1958).

12. N. Chodorow, *The Reproduction of Mothering* (Berkeley: University of California Press, 1978), p. 133.

13. Benjamin, *Bonds of Love*.

14. Ibid., p. 111.

15. Freud, *Interpretation of Dreams*, p. 265.

제5장

1. S. Freud, *Beyond the Pleasure Principle*, vol. 18 of *The Standard Edition of the Complete Psychological Works of Sigmund Freud* (London: Hogarth, 1920), p. 22.
2. Ibid., p. 7.
3. S. Freud, *Civilization and Its Discontents,* vol. 21 of *The Standard Edition of the Complete Psychological Works of Sigmund Freud* (London: Hogarth, 1930), p. 118–119.

제6장

1. S. Freud, *Introductory Lectures*, vol. 16 of *The Standard Edition of the Complete Psychological Works of Sigmund Freud* (London: Hogarth, 1915), p. 401.
2. S. Freud, *Inhibition, Symptom, and Anxiety*, vol. 20 of *The Standard Edition of the Complete Psychological Works of Sigmund Freud* (London: Hogarth, 1926), p. 75.
3. S. Freud, *Analysis of a Phobia in a Five-Year-Old Boy*, vol. 10 of *The Standard Edition of the Complete Psychological Works of Sigmund Freud* (London: Hogarth, 1909), p. 1.
4. J. Wolpe, *Psychotherapy by Reciprocal Inhibition* (Stanford, Calif.: Stanford University Press, 1958)

제7장

1. A. Freud, *Ego and the Mechanisms of Defense* (New York: International Universities Press, 1936).
2. M. Solomon, *Beethoven* (New York: Schirmer Books, 1977).
3. A. Freud, *Ego and the Mechanisms of Defense,* p. 117.

4. N. McWilliams, *Psychoanalytic Diagnosis* (New York: Guilford Press, 1994), p. 109.

5. B. Bettelheim, *The Informed Heart* (New York: Avon Books, 1960), p. 170.

6. A. Freud, *Ego and the Mechanisms of Defense*, pp. 48–50.

7. Ibid. p. 47.

○ 제8장

1. Thomas of Celano, *Francis of Assisi* (New York: New City Press, 1999), p. 221.

2. S. Freud, *Civilization and Its Discontents,* vol. 21 of *The Standard Edition of the Complete Psychological Works of Sigmund Freud* (London: Hogarth, 1930), pp. 127–128.

3. S. Freud, " 'Civilized' Sexual Morality and Modern Nervous Illness," in vol. 9 of *The Standard Edition of the Complete Psychological Works of Sigmund Freud* (London: Hogarth, 1908), p. 177.

○ 제9장

1. S. Freud, *The Interpretation of Dreams,* vols. 4 and 5 of *The Standard Edition of the Complete Psychological Works of Sigmund Freud* (London: Hogarth, 1900).

2. Ibid., p. 123.

3. Ibid., p. 355.

4. P. Lippman, "Dreams and Psychoanalysis: A Love–Hate Story." *Psychoanalytic Psychology* 17, no. 4 (2000): 627–650.

5. M. M. Gill, *The Analysis of Transference,* vol. 1 (New York:

International Universities Press, 1982).

6. H. Kohut, *How Does Analysis Cure?* (Chicago: University of Chicago Press, 1984).

7. G. G. Jung, *The Archetypes and the Colletive Unconscious,* vol. 9, part 1 of *The Collected Works* (Princeton: Princeton University Press, 1934).

◉ 제10장

1. S. Freud, "Mourning and Melancholia," in vol. 14 of *The Standard Edition of the Complete Psychological Works of Sigmund Freud* (London: Hogarth, 1917), p. 237.

2. Ibid., p. 244.

3. S. Freud, "The Ego and the Id," in vol. 19 of *The Standard Edition of the Complete Psychological Works of Sigmund Freud* (London: Hogarth, 1923), p. 3.

4. J. E. Baker, "Mourning and the Transformation of Object Relationships," *Psychoanalytic Psychology* 18, no. 1 (2001): 55–73.

5. E. Lindemann, "Symptomatology and Management of Acute Grief," *American Journal of Psychology* 101 (1944): 141–148.

6. C. M. Parkes, *Bereavement: Studies of Grief in Adult Life,* 3rd ed. (Madison, Conn.: International Universities Press, 1996).

7. G. Gorer, *Death, Grief, and Mourning in Contemporary Britain* (London: Cresser, 1965).

8. Ibid.; Parkes, *Bereavement,* p. 151.

9. E. Burgoine, A Cross–Cultural Comparison of Bereavement Among Widows in New Providence, Bahamas and London, England. Paper presented at the International Conference on

Grief and Bereavement in Contemporary Society, London, England, July 12–15, 1988.

10. D. M. Lovell, G. Hemmings, and A. D. Hill, "Bereavement Reactions of Female Scots and Swazis: A Preliminary Comparison," *British Journal of Medical Psychology* 66, no. 3 (1993): 259–274.

⊖ 제11장

1. J. Breuer and S. Freud, Studies in Hysteria, vol. 2 of *The Standard Edition of the Complete Psychological Works of Sigmund Freud* (London: Hogarth, 1885), p. 1.

2. S. Freud, *The Dynamics of Transference,* vol. 12 of *The Standard Edition of the Complete Psychological Works of Sigmund Freud* (London: Hogarth, 1912), p. 99.

3. Ibid., p. 108.

4. S. Freud, *An Outline of Psychoanalysis,* vol. 23 of *The Standard Edition of the Complete Psychological Works of Sigmund Freud* (London: Hogarth, 1940), p. 177.

5. M. M. Gill, *The Analysis of Transference* (New York: International Universitis Press, 1982).

6. H. Kohut, *The Restoration of the Self* (New York: International Universitis Press, 1977); H. Kohut, *How Does Analysis Cure?* (Chicago: University of Chicago Press, 1984).

7. R. D. Stolorow, B. Brandschaft, and G. E. Atwood, *Psychoanalytic Treatment: An Intersubjective Approach* (Hillsdale, N.J.: Analytic Press, 1987).

8. R. D. Stolorow, G. E. Atwood and B. Brandschaft, *The Intersubjective*

Perspective (Hillsdale, N.J.: Analytic Press, 1994).

9. I. Hoffman, *Ritual and Spontaneity in the Psychoanalytic Process* (Hillsdale, N.J.: Analytic Press, 1998).

10. S. A. Mitchall, *Influence and Autonomy in Psychoanalysis* (Hillsdale, N.J.: Analytic Press, 1997).

11. L. Aron, *A meeting of Minds: Mutuality in Psychoanalysis* (Hillsdale, N.J.: Analytic Press, 1996).

⊖ 제12장

1. S. A. Mitchell, *Relational Concepts in Psycholanalysis: An Integration* (Cambridge, Mass.: Harvard University Press, 1988).

2. H. Kohut, *How Does Analysis Cure?* (Chicago: University of Chicago Press, 1984).

3. J. R. Greenberg and S. A. Mitchell, *Object Relations in Psychoanalytic Theory* (Cambridge: Harvard University Press, 1983).

4. C. G. Jung, *Modern Man in Search of a Soul* (New York: Harcourt Brace, 1993).

5. A. Adler, *Social Interest: A Challenge to Mankind* (New York: Capricorn, 1929).

6. J. Campbell, *The Hero with a Thousand Faces* (Princeton, N.J.: Princeton University Press, 1949), p. 8.

참고문헌

프로이트 관련 문헌

Bettelheim, Bruno. *Freud and Man's Soul.* New York: Alfred A. Knopf, 1983.

Breuer, J., and S. Freud. *Studies in Hysteria.* Vol. 2 of *The Standard Edition of the Complete Psychological Works of Sigmund Freud.* London: Hogarth, 1885.

Freud, Anna. *The Ego and the Mechanisms of Defense.* New York: International Universities Press, 1936.

Freud, Sigmund. *Analysis of a Phobia in a Five-Year-Old Boy.* Vol. 10 of *The Standard Edition of the Complete Psychological Works of Sigmund Freud.* London: Hogarth, 1909.

____. *Beyond the Pleasure Principle.* Vol. 18 of *The Standard Edition of the Complete Psychological Works of Sigmund Freud.* London: Hogarth, 1920.

____. *Civilization and Its Discontents.* Vol. 21 of *The Standard Edition of the Complete Psychological Works of Sigmund Freud.* London: Hogarth, 1930.

_____. _"Civilized" Sexual Morality and Modern Nervous Illness._ Vol 9 of _The Standard Edition of the Complete Psychological Works of Sigmund Freud._ London: Hogarth, 1908.

_____. _The Dynamics of Transference._ Vol. 12 of _The Standard Edition of the Complete Psychological Works of Sigmund Freud._ London: Hogarth, 1912.

_____. _The Ego and the Id._ Vol. 19 of _The Standard Edition of the Complete Psycological Works of Sigmund Freud._ London: Hogarth, 1923.

_____. _Five Lectures on Psychoanalysis._ Vol. 11 of _The Standard Edition of the Complete Psychological Works of Sigmund Freud._ London: Hogarth, 1910.

_____. _Inhibition, Symptom, and Anxiety._ Vol. 20 of _The Standard Edition of the Complete Psychological Works of Sigmund Freud._ London: Hogarth, 1926.

_____. _The Interpretation of Dreams._ Vols. 4 and 5 of _The Standard Edition of the Complete Psychological Works of Sigmund Freud._ London: Hogarth, 1900.

_____. _Introductory Lectures._ Vols. 15 and 16 of _The Standard Edition of the Complete Psychological Works of Sigmund Freud._ London: Hogarth, 1915.

_____. _An Outline of Psychoanalysis._ Vols. 23 of _The Standard Edition of the Complete Psychological Works of Sigmund Freud._ London: Hogarth, 1940.

_____. _The Psychopathology of Everyday Life._ Vol. 6 of _The Standard Edition of the Complete Psychological Works of Sigmund_

Freud. London: Hogarth, 1901.

____. *Three Essays on Sexuality.* Vol. 7 of *The Standard Edition of the Complete Psychological Works of Sigmund Freud.* London: Hogarth, 1905.

Lear, Jonathan. *Open Minded.* Cambridge: Harvard University Press, 1998.

Madison, P. *Freud's Concept of Repression and Defense.* Minneapolis: University of Minneapolis Press, 1961.

Masson, J. M. *The Assault on Truth: Freud's Suppression of the Seduction Theory.* New York: Farrar, Straus & Giroux, 1984.

대인관계 정신분석 관련 문헌

Aron, Lewis. *A meeting of Minds: Mutuality in Psychoanalysis.* Hillsdale, N.J.: The Analytic Press, 1996.

Gill, Merton. *The Analysis of Transference.* New York: International Universities Press, 1982.

____. *Psychoanalysis in Transition.* Hillsdale, N.J.: Analytic Press, 1994.

Hoffman, Irwin. *Ritual and Spontaneity in the Psychoanalytic Process.* Hillsdale, N.J.: Analytic Press, 1998.

Mitchell, Stephen. *Influence and Autonomy in Psychoanalysis.* Hillsdale, N.J.: Analytic Press, 1997.

Stolorow, R. D., B. Brandschaft, and G. E. Atwood. *Psychoanalytic Treatment: An Intersubjective Approach.* Hillsdale, N.J.: Analytic Press, 1987.

Stolorow, Robert, George Atwood, and Bernard Brandschaft. *The intersubjective Perspective.* Hillsdale, N.J.: Analytic Press, 1994.

Teicholz, Judith Guss. *Kohut, Loewald, and the Postmoderns.* Hillsdale, N.J.: Analytic Press, 1999.

대상관계 관련 문헌

Greenberg, J. R., and S. A. Mitchell. *Object Relations in Psychoanalytic Theory.* Cambridge: Harvard University Press, 1983.

자기심리학 관련 문헌

Kohut, Heinz. *How Does Analysis Cure?* Chicago: University of Chicago Press, 1984.

Wolf, Ernest. Treating the Self. New York: Guilford Press, 1988.

기타 관련 문헌

Adler, A. *Social Interest: A Challenge to Mankind.* New York: Capricorn, 1929.

Benjamin, J. *The Bonds of Love.* New York Pantheon Books, 1988.

Campbell, Joseph. *The Hero with a Thousand Faces.* Princeton, N.J.: Princeton University Press, 1949.

Chodorow, N. *The Reproduction of Mothering.* Berkeley: University of California Press, 1978.

Johnson, A. W., and D. Price-Williams. *Oedipus Ubiquitous.* Stanford, Calif.: Stanford University Press, 1966.

Jung, C. G. *Modern Man in Search of a Soul.* New York: Harcourt Brace, 1993.

Mahler, M. S., F. Pine, and A. Bergman. *The Psychological Birth of the Human Infant*. New York: Basic Books, 1975.

McWilliams, Nancy. *Psychoanalytic Diagnosis*. New York: Guilford Press, 1994.

Ofshe, R., and E. Watters. *Making Monsters: False Memories, Psychotherapy, and Sexual Hysteria*. Berkeley: University of California Press, 1996.

Schwaber, E. A. *The Transference in Psychotherapy*. New York: International Universities Press, 1985.

Wolpe, J. *Psychotherapy by Reciprocal Inhibition*. Standford, Calif.: Stanford University Press, 1958.

찾아보기

용어색인

 **저자 소개**

• 마이클 칸(Michael Kahn, Ph.D.)

산타 크루즈(Santa Cruz)에 있는 캘리포니아 대학교 명예교수로서 현재 샌프란시스코 소재 캘리포니아 종합학문연구소(California Institute of Integral Studies)에서 심리치료 전문가들을 양성하고 있다. 칸 박사는 개인적으로 심리치료 연구소를 운영하고 있는 임상심리학자다. 그는 캘리포니아 주 밀 밸리(Mill Valley)에 거주하며, 저서로는 『대화의 도 (The Tao of Conversation)』와 『치료자와 환자 사이(Between Therapist and Client)』가 있다.

 **역자 소개**

• 안창일

고려대학교 심리학과 명예교수로서 고려대학교 심리학과를 졸업하고, 미국 오하이오 주립대학교에서 상담심리학을 전공하여 박사학위를 받았다. 오하이오 주에 있는 중·고등학교에서 상담교사로 활동하였고, 오하이오 주립대학교 강사, 메릴랜드 대학교 용산 분교 강사, 국민 대학교 교수를 거쳐 1981년부터 2007년까지 고려대학교 교수로 재직하였다.
고려대학교에서 문과대학장의 보직을 수행하였고, 한국심리학회장 등을 역임하였다. 공저서 및 공역서로는 『임상심리학』, 『상담과 심리치료의 제기법』, 『심리학적인 연금술』, 『성격의 자화상』 외 다수가 있다.

21세기에 다시 읽는
프로이트 심리학

2008년 8월 26일 1판 1쇄 발행
2024년 3월 25일 1판 4쇄 발행

지은이 • Michael Kahn
옮긴이 • 안 창 일
펴낸이 • 김 진 환
펴낸곳 • (주) **학 지 사**
　　　　04031 서울특별시 마포구 양화로 15길 20 마인드월드빌딩 5층
대표전화 • 02) 330-5114　　팩스 • 02) 324-2345
등록번호 • 제313-2006-000265호

홈페이지 • http://www.hakjisa.co.kr
인스타그램 • https://www.instagram.com/hakjisabook

ISBN 978-89-5891-750-2 93180

정가 13,000원

출판미디어기업 **학 지 사**

간호보건의학출판 **학지사메디컬** www.hakjisamd.co.kr
심리검사연구소 **인싸이트** www.inpsyt.co.kr
학술논문서비스 **뉴논문** www.newnonmun.com
원격교육연수원 **카운피아** www.counpia.com